U0448550

现代中国的土地问题

陈翰笙土地制度研究文集

陈翰笙 著

孟庆延 编

百年中国社会学丛书

北京大学社会学系 编

商务印书馆
The Commercial Press

本丛书由北京大学余天休社会学基金提供出版支持。

百年中国社会学丛书

总　序

中国社会学的发轫，起于变法维新与共和鼎革之际。先是康有为经由经学革命而提出的"大同说"，后有章太炎通过再造历史民族而确立的"正信观"，为这场现代思想变革的底色。而康、梁所倡导的"合群立会"主张，或是严复借移译西学而确立的群学思想，则是由西学东渐而来的另一层底色。

现代中国所经世变之亟，社会学之为新学，形成伊始便承担着综合学问的角色。章太炎先生说："人类有各种学术，则有统一科学之二法。其一，欲发现一切科学之原理，而据此原理，以综合一切科学者，是为哲学之目的，此所以称科学之科学也。其二，欲测定复杂之程度，而使一切科学，从其发现之早晚而排列之，是为社会学之任务，此所以亦称科学之科学也。"（章太炎译《社会学》）严复先生主张"以群学为纲"，认为"群学之目，如政治，如刑名，如理财，如史学，皆治事者所当有事者也"（《西学门径功用》）。

由此可见，从百余年前中国社会学发生以来，即确立了上接中国经史传统、下融西方科学观念，上识国体、下察民情的基本精神，不仅作为引入和融合各种思潮学说的桥梁，而且为各个学科提供了可资借鉴的概念和方法。百年间,社会学也曾伴随现代中国曲折前行的道路,经历有多变的命运。

从民国时期社会学的诞生,到20世纪70年代末社会学的恢复重建,北京大学在社会学学科发展上始终产生着重要影响。如今的学科体系,汇合有1952年院系调整之前北京大学和燕京大学的两大学术传统。民国期间北京大学虽未有社会学的系科建制,但李大钊、陶孟和、梁漱溟等先生一直通过课堂教学和政治实践传播社会学思想。燕京大学则学科设置齐备,前有步济时、甘博等国外社会学家的贡献,以及吴文藻、杨开道、杨堃等第一批中国社会学家的开拓性工作;后有李安宅、林耀华、费孝通和瞿同祖等学者发扬光大,由此奠定了中国现代社会科学史中最具学术创造力的"燕京学派"。改革开放以来,雷洁琼、费孝通和袁方等先生为北京大学社会学系的复建和社会学人类学研究所的成立,倾注了毕生心血,为后人留下了宝贵的学术遗产。

北京大学社会学前辈始终致力于社会学"中国化"的事业。无论是马克思主义学说的传入和践行,还是乡村建设运动的展开;无论是基于中国社会本位的社区研究及实验,还是有关中国文明传统及其历史变迁的探究;无论是对于中国边疆区域的田野考察,还是关于中华民族多元一体的理论构建;无论是对美国"芝加哥学派"的借鉴,还是对法国"年鉴学派"的引进,无不被纳入社会学家的视野之中,并真正为代代后学培育了立国化民的社会关怀感和学术使命感。时至今日,世界历史有了新的图景,中国文明也迎来了复兴的时代。今天的社会学家不仅需要有宏阔开放的眼光,需要细致观察社会生活变化的点点滴滴,更需要不断追溯以往,去重新领悟先贤们的智慧和胸怀。

诚如费孝通先生所说:"从宏观的人类文化史和全球视野来看,世界上的很多问题,经过很多波折、失误、冲突、破坏之后,恰恰又不得不回到先贤们早已经关注、探讨和教诲的那些基点上。社会学充分认识这种历史荣辱兴衰的大轮回,有助于我们从总体上把握我们很多社会现象和社会问题的脉络,在面对人类社会的巨大变局的时代,能够'心有灵犀',充分'领悟'这个时代的'言外之意'。"(《试谈扩展社会学的传统界限》)

为传承中国社会学的学术传统,推进中国社会学的未来发展,北京大学社会学系编纂出版"百年中国社会学丛书",通过系统整理以北京大学和燕京大学为主的前辈学人的研究成果,全面呈现中国社会学百年以来所确立的学科范式、视角、概念和方法,以飨读者。

因丛书所收篇目部分为20世纪早期刊印,其语言习惯、遣词造句等有较明显的时代印痕,且作者自有其文字风格,为尊重历史和作者,均依原版本照录;丛书底本脱、衍、讹、倒之处,唯明显且影响阅读者径改之,不出校记;数字、标点符号的用法,在不损害原义的情况下,从现行规范统一校订。特此说明。

北京大学社会学系
2018年7月

编者导言

一

陈翰笙先生是我国著名马克思主义经济学家、社会学家、历史学家。他在20世纪20年代初留学欧美，先后于美国芝加哥大学和德国柏林大学取得历史学的硕士与博士学位。后于1924年应蔡元培之邀回到国内，在北京大学任比较制度史专业教授。后来，随着帝国主义列强对中国侵略的进一步加深，以及当时国内总体性社会危机，陈翰笙经李大钊介绍参加革命，于1926年加入第三国际，并于其后在莫斯科担任第三国际农民运动研究所研究员一职。后来，陈翰笙带着对当时中国社会性质、中国农村社会性质等一系列重要问题的关切回到国内，在1929年到1933年间担任当时的中央研究院社会科学研究所研究员、代所长，发起组织中国农村经济研究会，并组织了一系列覆盖中国不同农业区的大型社会调查。[①] 陈翰笙先生的学术生涯，始终聚焦于20世纪上半期

[①] 中国社会科学院科研局编，《陈翰笙集》，北京：中国社会科学出版社2002年版，第458—461页。

中国的农村社会与农业经济问题并展开调查研究，形成了大量兼具理论与实践意义的开创性研究作品。

在中国现代学术史上，陈翰笙是一位特殊的人物，因为在他的身上，兼具学者和革命家两种身份。在新中国成立之后，陈翰笙又先后担任外交部顾问、中国人民外交学会副会长、中印友好协会副会长、外交部国际关系研究所副所长、中国科学院哲学社会科学部世界历史研究室主任、中国社会科学院顾问、中国社会科学院世界历史研究所名誉所长等职务。① 作为一位跨越了三个世纪的百岁老人，陈翰笙丰富的人生经历和大量的研究著述给我们留下了一笔丰富而宝贵的学术遗产。应该说，正是因为陈翰笙在20世纪20年代留学欧美，接受了系统的人文社会科学训练，后来又投身革命，同时还有着在第三国际农民运动研究所的工作经历，才使得陈翰笙的学术研究与社会调查有着更为鲜明的问题意识与现实关切。然而，正如王中忱所指出的，这样一种独特的经历和复杂的身份同时也使陈翰笙的学术研究往往被"简单化"理解，即"让人们以为陈的农村研究只是为了证实现成的'主义'"②。

著名历史学家钱穆先生在《中国历代政治得失》中曾经指出，历史研究要有"历史意见"而不要有"时代意见"。所谓"时代意见"，其实是历史研究者本身很容易陷入的境况，简单来说，就是每个研究者在面对历史以及历史人物的时候，总是自觉

---

① 中国社会科学院科研局编，《陈翰笙集》，北京：中国社会科学出版社2002年版，第460—461页。
② 王中忱，《"翰档"之憾——兼议全面整理陈翰笙的学术遗产》，载《读书》，2018年第6期。

或者不自觉地以研究者当时所处的时代情境和思想氛围来理解历史。在钱穆看来,这样一种"时代意见"容易使研究者对历史造成某种误读,进而很容易产生抽象的意见。与之相对,所谓"历史意见",是指研究者尽可能还原历史人物的真实时代处境,在这个基础上去理解其所思、所为与所想。① 在笔者看来,对陈翰笙的学术史梳理,同样更加需要我们站在"历史意见"而非"时代意见"的角度上来展开。

陈翰笙所处的时代,既是东西方文明开始全面遭遇和碰撞的历史时期,亦是西学东渐开始不久、近代中国人刚开始开眼看世界不久的历史时刻,更是当时的中国面临着帝国主义殖民扩张和资本主义工业经济在世界范围内进行急速扩张的时刻,整个中国社会既面临着亡国灭种的危机,也面临着政治失序、社会解组和经济崩溃等一系列内在挑战。对陈翰笙一系列学术研究和社会实践的理解,应当放在这样的具体社会历史情境下展开,才能真正理解20世纪二三十年代以陈翰笙为代表的左翼知识分子以马克思主义的基本理论观点与方法,为分析和解决当时的中国农村社会问题所做出的努力。

二

"1928年,在莫斯科出版了马季亚尔的《中国农村经济》一书,将这场关于中国社会性质的争论引向高潮。马季亚尔是匈牙

---

① 钱穆,《中国历代政治得失》,北京:生活·读书·新知三联书店2001年版,第5—6页。

利人，1926年到过中国。我到苏联时，他正在国际农民运动研究所担任东方部部长。马季亚尔和瓦尔加可以说是亚细亚生产方式论的代表人物。我与马季亚尔在同一个研究所工作，经常见面，他那时正在写那本《中国农村经济》，对于刚从中国来的我和顾淑型还是比较注意的。我们有过几次接触，但一谈到中国农村、中国革命，观点就迥然不同，还发生过几次激烈争论。马季亚尔认为，中国社会自原始社会解体后，既无奴隶社会，又无封建社会，而只是一种由亚细亚式生产方式决定的'水利社会'。而到20世纪初，西方资本主义传入中国后，中国也就成了资本主义，因此中国的农村也就是资本主义的农村。我说，你讲的那只是农产品商品化问题，实际上，农产品商品化，早在中国宋代就开始了，如烟草、丝、麻等，但这只是商业资本，而不是工业资本，所以不能说是资本主义社会。马季亚尔不以为然地说，资本就是资本，还有什么工业资本、商业资本的区别呀？我不客气地对他说：'还是请你读读《资本论》吧！'我认为，中国农业基本上是个自给自足的自然经济，是封建社会性质。但是，由于我不了解中国农村的具体情况，因而拿不出更充分的理由、实例来驳倒马季亚尔。在莫斯科的这场争论，使我认识到，作为一个革命者，不了解自己的国家，就无法决定革命的方针路线，因而决心返回祖国后，一定要对中国的社会作一番全面的调查研究。"①

以上文字节选自陈翰笙先生自己的回忆录，这段文字既揭示了陈翰笙在20世纪20年代末至30年代组织并开展对当时中国乡

---

① 全国政协文史和学习委员会编，《四个时代的我——陈翰笙回忆录》，北京：中国文史出版社2012年版，第39—40页。

村社会的大规模调查的实质背景，同时也有助于我们理解其一生学术研究与著述的总体问题意识。陈翰笙先生的学术研究生涯，著述颇丰，既有围绕调查研究的方法论文章，也有大量围绕不同主题、基于具体实证研究材料而形成的调查报告，同时也还包括对当时中国乡村社会性质的总体判断。这些看上去风格不同的文章与著述，实质上蕴含着内在统一的问题意识，即如何理解20世纪二三十年代的中国社会。换言之，陈翰笙的学术关怀，其核心在于当时的中国社会特别是中国乡村社会究竟是何种社会性质的，他通过自己的一系列研究，将这一问题的答案归结为帝国主义和农村封建势力的双重压迫，并认为当时中国社会的性质是半殖民地半封建社会。

实际上，我们不能简单地将这一问题意识及其具体回答理解为意识形态的表述，具体原因在于：一方面，在20世纪二三十年代的中国社会，无论是政治精英还是知识精英都在迫切地寻找着救亡图存的道路，也在不断汲取着各种各样的外来学说认识中国社会的症结。由此，才有了当时关于中国社会性质、中国社会史和中国乡村社会性质的论战[①]，而陈翰笙恰恰是在通过学术研究的方式，来回应最为重要的现实关切。另一方面，陈翰笙对这一问题意识的回应方式，是通过对中国乡村展开大规模社会调查的方式来实现的，他的调查研究范围，涵盖了东北、长三角、珠三角、关中、西南等地区，基本上覆盖了中国各种类型的经济区域。这样一种大规模的学术调查，在当时的中国的现实情况下实属

---

① 温乐群、黄冬娅，《二三十年代中国社会性质和社会史论战》，南昌：百花洲文艺出版社2004年版。

不易。

不仅如此，陈翰笙的社会调查，还有着不同的主题。其中，他于1934年完成的《帝国主义工业资本与中国农民》一文，结合山东、河南等地的调查资料与数据，对国际资本影响下的中国种植烟草的农民的生活状况与生产情况进行了翔实的分析。他指出，在20世纪二三十年代，帝国主义对中国的侵略不仅体现在军事上，同时还体现在工业资本将原本中国社会中的小农经济和家庭手工业生产冲击得支离破碎，以一种残酷的方式将中国社会卷入资本主义生产的世界体系末端；当时的外国金融资本与中国本土的商人和高利贷这样的剥削方式相结合，从而造成了中国农民所受的帝国主义与封建的双重剥削。① 在这个意义上，陈翰笙揭示了当时中国社会的半殖民地性质。

此外，陈翰笙还围绕土地问题这一理解中国农村的根本问题，展开了大量的调查研究，这些研究，具体体现在《广东的农村生产关系与农村生产力》《黑龙江流域的农民与地主》《亩的差异——无锡22村稻田的173种大小不同的亩》《解放前的地主与农民——华南农村危机研究》《崩溃中的关中的小农经济》《破产中的汉中的贫农》《中国西南土地制度》等文章与专著中。通过一系列具体的调查研究，陈翰笙围绕土地的使用权与所有权分离这一基本情况，对具体的剥削机制、地主的不同形态进行了深入分析，指出了近代中国所发生的农村劳动力流失与乡村社会凋敝的时代危机，同时亦揭示了不同类型的经济区域所具有的地权结

---

① 陈翰笙，《帝国主义工业资本与中国农民》，载中国社会科学院科研局编，《陈翰笙集》，北京：中国社会科学出版社2002年版，第121—195页。

构与剥削结构，进而得出了中国社会的半封建性质这一重要结论。

因此，陈翰笙的社会调查和研究，始终有着内在的论题统一性，即面对中国社会性质与革命出路的基本问题而做出回应。他最终得出了"帝国主义"与"封建剥削"的答案，作为理解当时中国农村衰败与社会总体性危机的主要线索。

三

在陈翰笙的诸多研究中，有大量围绕中国土地问题展开的论述。为什么他要聚焦于土地问题呢？因为这既关乎民生之本，同时更是与中国社会性质这一核心问题密切相关的，陈翰笙指出："我们研究中国的田地问题，先得要研究中国的社会，中国社会是什么社会呢？中国社会是一个非常特别的社会，纯粹的封建已过去，纯粹的资本主义尚未形成，正在转变时期的社会——我们给它一个名字叫前资本主义的社会。在这种社会里，田地所有者和商业资本及高利贷资本三种合并起来，以农民为剥削的共同目标。这是在中国特别的社会里发生的特别的田地问题。"① 在这样的认识与判断下，陈翰笙进一步指出，"中国农民耕地的不足"和"中国农民资本的不足"是中国田地的两大问题，而在这两大问题背后，则是由下述"三方面的重大剥削而形成的"：商业资本、

---

① 陈翰笙，《中国田地问题》，载陈翰笙、薛暮桥、冯和法编，《解放前的中国农村》（第二辑），北京：中国展望出版社1986年版，第78页。

封建余孽和帝国主义。①

由此，我们可以看到，陈翰笙进行社会调查并展开分析的主要入手点，在于对乡村社会生产关系的详细考察。在他看来，生产关系乃是理解一个社会的"基础结构"。因此，他关于20世纪上半叶中国农村土地问题的调查，都是从这一角度展开的。因此，陈翰笙关于土地问题的研究，既关涉社会性质这一总体问题意识，又集中体现了他的方法论与分析框架，后者更是陈翰笙留给我们的重要学术遗产。从总体上看，围绕陈翰笙对土地问题的研究，我们可以从下述三个层面进行理解。

（一）关系与结构：陈翰笙与"中国农村派"

如前文所述，陈翰笙组织实施大规模农村社会调查的一个重要时代背景就是20世纪二三十年代在中国社会中所展开的一场有关社会性质与社会史分期的大论战。当时陈翰笙所发起组织成立的中国农村经济研究会，通过大规模的调查研究实质性地参与到这场论战中来。不仅如此，以陈翰笙为核心成员的中国农村经济研究会，还凝聚了当时一大批有志于农村研究的"新青年"，也正是有了这一学会形式的组织，覆盖全国的大规模社会调查才得以开展。陈翰笙曾经写道：

"中国农村经济研究会始终是在中国共产党的领导下成立和开展工作的。一九二八年王寅生、我、薛暮桥、张锡昌、刘端生、陈

---

① 陈翰笙，《中国田地问题》，载陈翰笙、薛暮桥、冯和法编，《解放前的中国农村》（第二辑），北京：中国展望出版社1986年版，第78—79页。

洪进等在中央研究院社会科学研究所进行农村调查。……在陈翰笙、王寅生主持下，一九二九年到一九三〇年先后在江苏无锡、河北保定进行农村调查……同时，薛暮桥、刘端生等曾在广西进行农村调查。"①

实际上，中国农村经济研究会的骨干成员，就是在中国农村社会性质论战中的"中国农村派"。若要理解以陈翰笙为代表的"中国农村派"的方法论原则与核心主张，则首先需要了解其论战对手"中国经济派"。所谓"中国经济派"，其实就是以王宜昌、张志澄等人为代表的农村经济研究流派，在他们看来，对中国乡村经济的研究，更应该注意自然基础以及人与自然之间关系这一维度，从而将研究的焦点集中在中国土地的自由买卖以及农业生产中的雇佣劳动这两个现象上，并由此得出了资本主义在当时的中国乡村经济中占据着主要成分这一实质判断。② 除此之外，当时的其他一些农村问题研究者，对当时乡村经济问题的研究也经常集中在生产力水平这一角度上。例如，乔启明认为，当时中国农村经济衰弱的根源，在于人口、土地、文化三者失调，并主张应该重点考察和讨论究竟如何利用土地，在具体的对策上则提出了一系列以技术为核心的方法。③

如果说"中国经济派"对当时乡村社会问题的理解路径侧重于资源与技术的话，那么陈翰笙等人的研究则重在"关系与结构"。

---

① 陈翰笙，《中国农村经济研究会成立前后》，载陈翰笙、薛暮桥、冯和法编，《解放前的中国农村》（第二辑），北京：中国展望出版社1986年版，第18页。
② 温乐群、黄冬娅，《二三十年代中国社会性质和社会史论战》，南昌：百花洲文艺出版社2004年版，第210页。
③ 乔启明，《中国农村社会经济学》，上海：上海书店出版社1992年版。

在他们看来，当时中国农村危机的根本原因并非自然条件或者单纯的技术因素，而是在土地分配上的严重不均。更为重要的是，陈翰笙等人通过调查研究发现，这样一种土地分配上的严重不均，在具体的社会结构上又体现为各种类型的地主通过各种机制对广大无地、少地的农民所形成的深刻而残酷的剥削：

"现在中国的贫农，难有增加其土地之望。因为在近代的经济影响之下，私人财产的发展，已有一世纪的行程。国有及公有的土地，为大地主所掠夺，他们非法的然而在事实上垄断了这些土地的地租。"①

需要指出的是，陈翰笙有关20世纪上半叶中国农村土地问题的研究，并非单纯停留在观点的表达上。在笔者看来，真正构成其学术生命力的地方在于，他通过大范围、全方位的社会调查，在"关系与结构"这样的分析路径之下，通过"所有与使用""阶级与剥削"等不同层次的论证，条分缕析地论证了其核心观点。

（二）所有与使用：土地分配的现实张力

如前文所述，陈翰笙所主持的农村调查，在地域上的覆盖范围包括了东北、关中、江南、华南、西南等诸多地区，而在这些研究中，又以陈翰笙对广东农村的研究最具有代表性。以这一地区的调查资料为基础，陈翰笙在1934年公开出版了《广东的农村生产关系和农村生产力》这一论著，其后又于1936年

---

① 陈翰笙，《现代中国的土地问题》，载中国社会科学院科研局编，《陈翰笙集》，北京：中国社会科学出版社2002年版，第44页。

先后以英文和日文出版《华南农村土地问题》，直到 1984 年《华南农村土地问题》才翻译成中文，以《解放前的地主与农民——华南农村危机研究》为题名在国内出版。陈翰笙通过对 20 世纪二三十年代广东农村的调查，发现当时农村衰败的一个重要症结在于土地分配这一环节。这又可以分为两个层次：其一，这种土地分配不均的现象首先体现在土地占有上。根据其对广东的调查，地主与农民之间以及农民内部之间都出现了这样的问题，例如，番禺农民耕种的全部土地中，有三分之二以上是租种地主的土地，占人口 30% 的私人地主家庭，占有 19% 的土地，而人数比例最少的富农家庭，则占有全体农民所有土地的二分之一。① 不仅如此，陈翰笙还充分注意到了广东农村的内在社会结构——即在这样一个以宗族为主要社会分化机制的、聚族而居的宗族社会中，存在着大量的宗族田产，这种宗族田产并非私有财产，而具有某种公共属性，即公田。陈翰笙通过调查指出，族田在当地耕地总面积中的比例高达 40%。② 由此，陈翰笙认为这种土地分配上的现实张力是造成农村危机的一个重要原因。其二，土地分配的张力不仅体现在土地占有情况的失衡上，同时还体现在土地所有权与使用权的分离上。陈翰笙认为，大量土地的所有权集中在少数不从事耕种的人手中，或者集中在类似宗族这样的"集团地主"手中。这种耕地所有与使用层面的背离导致了一方面是土地所有权的集中，另一方面

---

① 陈翰笙，《解放前的地主与农民——华南农村危机研究》，冯峰译，北京：中国社会科学出版社 1984 年版，第 11—22 页。
② 陈翰笙，《解放前的地主与农民——华南农村危机研究》，冯峰译，北京：中国社会科学出版社 1984 年版，第 42 页。

则是耕种的土地所有者不时将土地零散地分包给其他人耕种，其结果自然是无法实现"规模经营"。①

在这个意义上，陈翰笙指出，广东农村所呈现出来的在土地分配层面的张力，是造成生存危机的重要原因，而耕地所有与耕地使用的背离，则成为更为根本的结构性因素——因为正是有了这样的背离，才能使得田租、捐税、利息的负担与生产力状态相互背离，进而塑造着乡村社会中复杂的阶级结构与剥削形态。

（三）剥削与阶级：生产关系的实践形态

实际上，单纯的土地分配层面的张力尚不足以揭示陈翰笙农村调查中一直强调的构成社会生活基础结构的"生产关系"的全部意涵。他的调查研究之所以重要，就在于其结论建立在对具体社会历史情境中的剥削机制与阶级形态的分析之上。那么，当时的乡村社会中，都存在着怎样的机制呢？陈翰笙主要通过对租佃制度、地租形式和田赋税捐三个层面的分析来呈现生产关系层面矛盾的具体演进过程：

其一，通过"预租"、押金等具体的租佃制度来完成地主对佃农的剥削。因为预租、押金等的缴纳，势必造成农民卷入高利贷的旋涡。其二，在具体的租佃过程中，分租制的出现实质上加剧了剥削的程度。因为在分租的过程中，到了收获时节，不仅地

---

① 陈翰笙，《解放前的地主与农民——华南农村危机研究》，冯峰译，北京：中国社会科学出版社1984年版，第21页。

主要来分成，而且乡里的更夫、包税商等都有可能加入到分成的过程中来。其三，田赋与捐税也在这样的情况下加剧了对农民的剥削。陈翰笙明确指出在当时的乡村自治的幌子下所建立的大量区公所等机构的运转造就了另一批捐税的名目和来由。① 基于此，陈翰笙认为，当时的广东农村社会中的地主、富农、高利贷者乃至商人、政客，尽管他们看上去有着并不相同的社会身份，但是一方面这些社会身份在具体的历史时空中往往是交叠或者互相转换的，另一方面这些社会身份本质上都在通过上述三种主要机制进行着剥削。尽管在这里我们只是以陈翰笙在广东农村的研究作为例证，但是实质上这样一种从生产关系入手，对剥削机制的分析一直贯穿陈翰笙研究始终。有了这样一种对剥削机制的透彻分析，陈翰笙进而揭示了当时中国乡村社会中"隐秘"而复杂的阶级关系形态。

在具体的研究中，陈翰笙将生产关系理解为人与人之间基于土地而产生的剥削关系，并以此来解释当时乡村社会的危机，这样一种分析思路，实际上面对着诸多内在的挑战。例如，中国不仅是一个幅员辽阔的国家，同时更是一个内在有着多种经济类型和地域文化的国家。无论是从华南到东北，还是从关中到江南，不同地区都有着不尽相同的地权结构，也有着看上去大不相同的土地分配状况。例如，对于广大"北方"社会特别是对于华北地区和东北地区社会而言，本身就不是以宗族为核心社会分化机制的区域，因此在这些地方，"族田"并不占据主要位置，甚至由于

---

① 陈翰笙，《解放前的地主与农民——华南农村危机研究》，冯峰译，北京：中国社会科学出版社 1984 年版，第 42 页。

历史上的常年战乱以及黄河改道，很多北方农村在20世纪初都有大量自给自足的自耕农，而大地主的数量也并不多；尽管都有着宗族的形态，但是江南和华南在地权结构上又不尽相同，无论是永佃制问题还是一田二主的问题，在这些地区都有着不同的形态。那么，面对着如此复杂的地方社会，陈翰笙又是如何展开"阶级分析"的呢？换言之，他的研究又揭示了怎样的阶级形态呢？

实际上，陈翰笙的调查研究揭示了另一个长期以来在学术界被忽视的问题，即20世纪前半期的中国乡村社会，已经相当大程度地出现了"劣绅化"的问题。如果教条地按照"地主"的定义来进行理解的话，所谓地主，就是指那些自己占有土地，但却自己不耕种，而是将所占有的土地出租给他人耕种，自己依靠收取地租的方式完成剥削的阶层。那么，如果按照这样的定义，当时类似宗族共同体所公有的土地以及依靠高利贷等方式完成盘剥的人就不属于"地主"这一概念范畴。然而，陈翰笙的调查揭示了这样一个现实：尽管族田的收入名义上用于宗族内的公益性事业，但是实际上作为祖产的公田已经化为私有了。特别是在民国时期实行了所谓乡村自治制度之后，大多数乡长、村长等官吏多为地方大宗族势力的当权者所推荐，甚至宗族组织中很多权力精英自己直接兼任乡长，这样一来，宗族成员不仅要向租种族田的农民收取地租，同时还要替政府收集各户应纳的田赋和税款。"公田"在很大程度上早已失去其公共属性，而被用来谋取私利。

陈翰笙敏锐地指出，民国时期，中国的地主和法国旧时代即大革命前的地主不同，前者大都是"四位一体"的。这具体是指："他们是收租者、商人、盘剥重利者、行政官吏。"不仅如此，"许多的地主兼高利贷者，可以变为地主兼商人，许多的地主兼商人,又可变为地主、商人兼政客。同时许多商人、政客,也可变为地主"①。由此,我们可以看到,陈翰笙在调查研究中所发现的包括"四位一体的地主"以及"集团地主"等在内的多种"地主",尽管可能不构成纯粹经济意义上的地主,但是却存在着压迫与剥削的"封建势力"。如果我们将研究视野放得更宽就会发现,陈翰笙对当时乡村社会中"劣绅化"现象的认识与判断,与其他很多学者是内在一致的。例如,傅衣凌曾经指出,华南地区由于特殊的地权结构和宗族结构,造成了纯粹经济意义上的大地主并不多见,但是依然存在着在地方社会中发挥着重要影响力的"乡族势力"②;而秦晖也曾提出"关中无地主,但关中有封建"的著名论断③;不仅如此,杜赞奇笔下华北乡村社会中地方精英从"保护型经纪"到"攫取型经纪"的转变④,实质也是揭示了这样一种"劣绅化"的总体趋势。

因此,陈翰笙的农村调查,实质上是从生产关系的实践形态来展开分析的,从而形成了对中国乡村"半殖民地半封建"性质的实质判断,进而揭示了20世纪二三十年代乡村破败的内在机制。

---

① 陈翰笙,《现代中国的土地问题》,载中国社会科学院科研局编,《陈翰笙集》,北京:中国社会科学出版社2002年版,第49页。
② 傅衣凌,《明清农村社会经济·明清社会经济变迁论》,北京:中华书局2007年版。
③ 秦晖,《封建社会的"关中模式":土改前关中农村经济研析》,载杨念群编,《空间·记忆·社会转型——"新社会史"研究论文精选集》,上海:上海人民出版社2001年版,第284—304页。
④ 杜赞奇,《文化、权力与国家:1900—1942年的华北农村》,王明福译,南京:江苏人民出版社2007年版。

四

实际上,陈翰笙先生的很多著作都在不同的历史时期公开发表过,同时,学术界亦已编纂并出版了《陈翰笙集》①和《陈翰笙文集》②。其专著《解放前的地主与农民——华南农村危机研究》③的中文版也已于1984年出版。但是,陈翰笙一生围绕20世纪初的中国土地问题和中国农村问题所做的调查以及基于此而形成的一系列文章,都并没有得到系统的整理与编纂,而是"散落"在上述两本文集以及陈翰笙自己所编纂的《解放前的中国农村》(共三辑)中。尤其需要指出的是,陈翰笙所带领的研究团队从20世纪20年代末开始,就对黑龙江地区、长三角地区、华南地区、关中地区围绕土地问题进行了深入而扎实的调查,是当时的左翼知识分子以马克思主义社会学理论和方法开展土地问题研究的先驱,对我们系统认识当时中国农村社会经济状况、社会结构形态有着非常重要的理论意义。不仅如此,陈翰笙先生的研究,尽管表面上看,是对不同区域的具体研究,但是因为其内在含有着"中国社会性质"这一总体问题意识的核心关切,使得他的这些研究没有陷入"碎片化"的陷阱。纵观陈翰笙的学术著述史,我们会发现,他的调查研究既有翔实的调查报告文本,又有

---

① 中国社会科学院科研局编,《陈翰笙集》,北京:中国社会科学出版社2002年版。
② 陈翰笙,《陈翰笙文集》,北京:商务印书馆1999年版。
③ 陈翰笙,《解放前的地主与农民——华南农村危机研究》,冯峰译,北京:中国社会科学出版社1984年版。

对总体问题的理论判断，同时还蕴含着对调查研究的方法论讨论。正是在这个意义上，在今天重新整理和编纂陈翰笙有关土地问题的文章，有助于我们从方法到理论，从个案到整体，整体性地理解其学术思想，认识其学术体系，并真正在学术史意义上理解马克思主义中国化的实质内涵。

本文集系由北京大学社会学系组织编纂、商务印书馆出版的"百年中国社会学丛书"中的一本。该丛书旨在通过系统整理以北京大学和燕京大学为主的前辈学人的研究成果，全面呈现中国社会学百年以来所确立的学科范式、视角、概念和方法，重新挖掘中国社会学发展百年以来的学术传统与理论资源。正是在这个意义上，编者开始了《现代中国的土地问题：陈翰笙土地制度研究文集》的编辑工作，在这一过程中，编者从陈翰笙有关土地问题的全部论著中，以"实证研究""总体论断"和"方法路径"三个角度进行选取，并分为上下两编。其中，上编主要收录陈翰笙关于20世纪上半叶中国农村问题与土地问题的总体判断的文章，这些文章包括《国民党统治下的中国农民》《封建社会的农村生产关系》《中国农村经济研究之发轫》《中国田地问题》《现代中国的土地问题》和《三十年来的中国农村》，同时，这些文章还涉及陈翰笙本人进行土地调查和学术研究的方法路径这一主题；下编主要侧重收录陈翰笙先生及其带领的学术团队所做过的一系列实证研究，这些文章包括《中国西南土地制度》《亩的差异——无锡22村稻田的173种大小不同的亩》《黑龙江流域的农民与地主》《山西的农田价格》《崩溃中的关中的小农经济》《破产中的汉中的贫农》《广东的农村生产关系与农村生产力》等文章。考虑到丛书在总体设计上的一致性，陈翰笙先生《解放前的地主与农民——华南农村危机研究》由于篇幅过长而且已经单独出版,因此在本次编选过程中并未列入,特此说明。

孟庆延
2021 年 8 月 13 日

目　录

上编　总论与方法

国民党统治下的中国农民 …………………………………… 3

封建社会的农村生产关系 …………………………………… 24

中国农村经济研究之发轫 …………………………………… 44

中国田地问题 ………………………………………………… 55

现代中国的土地问题 ………………………………………… 61

三十年来的中国农村 ………………………………………… 90

下编　调查与研究

中国西南土地制度 …………………………………………… 103

亩的差异 ……………………………………………………… 192

黑龙江流域的农民与地主 …………………………………… 221

山西的农田价格 ……………………………………………… 235

崩溃中的关中的小农经济 …………………………………… 243

破产中的汉中的贫农 ………………………………………… 250

广东的农村生产关系与农村生产力 ………………………… 259

上编 总论与方法

国民党统治下的中国农民*
（1928年）

一、上海农民

众所周知，国民党南京政府去年4月对上海工人的镇压多么残酷，同年11月对江苏农民运动的摧残多么无情。

然而令人感到特别新奇的是，它如何把上海农民的最新要求化为乌有，这使国民党政策特有的伪善本质暴露无余。这个"国民的党"各级组织中都有农民部，但是它迄今为农民做了什么呢？

去年10月，就已经看出这个地区的收成会大大低于上年，于是上海县西部农会请国民党地方党部帮助他们降低地租。地方党部则请有关负责官员查明真相，也按此精神答复了农民。县政府委派一个名叫蒋世济（音）的绅士写了一份农民之"真实状况"的报告。

上海有两种地租交纳方式，大部分佃户预先向地主交纳一部分地租（作为某种程度的"保障"基金），当时每亩地租为74升

---

* 本标题下的9篇短文原载《国际农业研究所通讯》（莫斯科）1928年第1—14期。

稻谷或6.808元。有些佃户不预交地租，则每亩交94升稻谷或8.648元。县政府通知党部，根据蒋世济的报告，地主们情愿降低今年的地租，分别从6.808元降为6.438元，8.648元降为8.178元，同时说："因为地主今冬每亩地还将补交2元附加税，佃户不应使地主过分艰难。"

这份官方文件刊登在1927年12月9日上海《申报》上，该报自1927年4月起坚决支持南京政府。

二、华北的农民运动

豫东部和鲁东南部各有20个村庄毁于大火。匪兵杀害27 000余人。中国军阀就这样对1926年曾经反抗官军征收附加税的"红枪会"进行报复。[①] 而现在"红枪会"的活动已扩展到直隶、山西、江苏和安徽等省。从最近报告可以看出，湖北西部也有了他们的活动。

"红枪会"运动是典型的农民起义，比1914—1915年陕西和1915年山东的农民运动更加强大，也许更有组织。

长矛、大刀、马刀是农民仅有的自卫武器。他们枪上系有红缨，故称"红枪会"。

1915年张宗昌当上山东省的独裁者之后，6个月内把军队扩充2倍。为保证枪支弹药，他收缴了地方武装的枪支，致使农民完全丧失了抵抗匪徒和与土匪无异的士兵的手段。河南冯玉祥的

---

① 1926年7月21日，《犁》杂志第11期。

第二师，主要是从土匪中招募而来，他们对农村实行恐怖统治。

张宗昌在1925—1926年间的8个月时间里，预收了3年的土地税。他还发行了1 300多万银票，这些银票目前是不可能偿付的。可耕地税收按银两行情征收，目前纳税时每两收8元，而不是原来的2元。

京汉路经过河南，津浦路经过山东。这两条平行的铁路线与陇海线汇合，是中国最重要的战略地带。因此，沽名钓誉的军阀们对这一地区垂涎三尺，你争我夺。为得到这块理想的要地，必须维持大量军队。为应付军事开支，张宗昌对牛、狗之类也征税，然而他从来无力按时发放军饷。士兵们三四个月拿不到俸薪，便到农村去抢。瞬间就把佃户几个月辛辛苦苦积攒的钱物一扫而光。

如果前来袭击的是小股匪兵和散兵游勇，"红枪会"就把他们缴械。直隶南部活埋匪兵的事件时有发生。有些地方，"红枪会"夺取士兵枪支武装自己，他们占领一座座城镇，赶走地方官吏，直到荷枪实弹的大股匪兵到来才肯罢休。军阀们组建了讨伐队，很像1905年俄国沙皇的讨伐队。

"红枪会"善于游击战，故军阀们常常利用它对付自己的敌人。吴佩孚曾联合"红枪会"击溃冯玉祥的第二师。而"红枪会"又联合张作霖把吴佩孚赶出河南。河南可称之为这类小冲突的发源地。各种政治势力若不能联络"红枪会"，就站不住脚。

华北大量农民加入这个革命组织。

河南一般是20至60名"红枪会"组成一个教导队，由一名队长和一名副队长领导。5至30个教导队组成一个大队。山东省每10人为一小队，此种小队就是该省唯一的"红枪会"组织。

开始时，"红枪会"是中小农民为自卫而联合起来的。

山东省自耕农占全体农民的30%，河南占60%。据5年前官方公布的材料，仅拥有2英亩以下土地的农户，山东有2 106 970户，河南有3 453 552户。

除了自耕农，参加"红枪会"的还有其他成分，如乡绅、地主、半自耕农、无地农民和土匪。绅士和地主一旦在组织内占上风便经常背叛。他们把"红枪会"出卖给军阀，以求升官发财。

现在情况完全变了。无地农民的人数及其所占比重迅速增加，他们开始占上风。他们在组织内部进行反对奴役者的斗争。"红枪会"不同组织之间也经常发生冲突，主要是由于地方偏见或地区间关系不睦。但是，在某些情况下，特别是在河南北部，这类冲突的原因是阶级对立，最近的一些事件可以证实这一点。

许多县的无地农民同一些土匪联合成立了独立组织，名叫"天门会"。去年夏天山西省东南部地区，阎锡山接纳"红枪会"加入其正规军，但他却派兵讨伐"天门会"。1927年11月中旬一名《晨报》的撰稿人告诫政府当局，必须区别对待"红枪会"和"天门会"这两个农民组织，他建议帮助"红枪会"消灭"天门会"。但是，就在这时，河南的"红枪会"被张作霖统率的军阀利用；根据现有的报告，冯玉祥则把河南北部的"天门会"招募到其正规军中。①

"天门会"已扩展到3个省：河南、直隶和山东。他们的首领韩月民1926年夏天之前是林县（河南北部）的一名石

---

① 1927年12月22日，北京《顺天时报》。

匠。他的下属赵秘书手下也有20名男子和20名女子，领导着不同地区的组织。每个这样的头目都有司库、办事员、视察员和军需。①

1927年秋，北京附近有些县在冯玉祥的帮助下成立了"大刀会"，其头目不是财主，也不是绅士，而是那些在农村老老实实种地的人。② 他们的阶级基础与"天门会"一样。但是，现今"大刀会""红枪会"和"天门会"是中国北方最有声望的农民组织，并在不同程度上被军阀利用于相互残杀。

三、华北农民的合作运动

华洋义赈会5年来对农民合作社给予优惠，目的是尽量改善农民的经济状况，从而把他们的生活水平提高到"贫困线"以上，避免灾年之苦。然而，该会帮助农民组织合作社，只有提供农业贷款一个渠道。注册的农村合作社已有百余个，凡注册的合作社可以从义赈会取得现金贷款，而且只付8%的年息（相当低的年息），当时农村一般年息为30%—50%或者更高。义赈会已发放5万美元。

义赈会举办合作社讲习所，向成员介绍合作社的任务和合作实践（向参加学习的人发放津贴，作为鼓励）。1926年北京和定县办了讲习所。讲习所大纲包括：学习合作社的原则、规定、条

---

① 1927年12月12日，北京《晨报》。
② 1927年12月20日，《顺天时报》。

款、章程和农业实践等等。

定县讲习所有200人,代表直隶、山西两省各地农民,北京讲习所有150名学员。

参加学习的人认真上课,注意听讲,表现出很大的学习热情。

合作社在中国完全是件新生事物。资助这一运动的人应该从一开始就谨慎行事,以免失败。许多参加合作社的人最初只是为了能够得到低息贷款。这表明,中国的土地商品化正在发展,预示着对资本的需求正在增长。原有放贷单位大多完全掌握在中国基督教徒手中。他们的倾向很明显,就是使教徒和非教徒有所区别,当然是对非教徒不利。因此许多普通农民对合作社的好处感到可疑。参加基督教的农民多数比一般群众富足,而且有文化。因此他们是合作社的核心。由于这个原因,广大农民群众认为合作社完全是"外国的或基督教的组织",也就是"帝国主义者手中的工具"。

当前,封建军阀是帝国主义政权在中国的主要支柱。军阀之间的一切斗争都会使农民在经济上破产,而军阀们都自肥腰包。

信用合作社社员遭到破产并忍饥挨饿,他们最终削弱了合作组织。1927年华北的军阀混战使那里无法举办全年的合作讲习所。华洋义赈会给合作组织办成的几件事,现在几乎完全荒废。

四、东三省东南部的农民运动①

1928年1月间,奉天省东部"大刀会"的活动如火如荼。万余农民举行起义反对中国政府。这一运动蔓延到通化、东丰、辑安、长白、临江和抚松等6个山区。后因东三省督军吴俊陞将军率1 600名骑兵和3 000步兵专门讨伐,于1928年2月初被镇压下去。

农民们组织起类似互救会的组织来抵御匪徒。1927年夏天,山东迁来的年轻道教徒尤兆海(音)凭借个人感召力登上首领宝座。众多农民组织依据这位道教徒传播的教义联合起来,同山东省一样,取名为"大刀会",其会员至今留着辫子,他们较保守。他们所到之处,"马贼"闻风而逃。

这次暴动的原因尚不清楚。1928年1月农民们进攻通化城不下三次。1928年1月14日该城电话电报联系中断,大刀会60余人手持长枪大刀冲进城里,进行巷战。两营配备火炮的政府军竟伤亡百余人,最后把"大刀会"赶出城外。

农民同蔡少校谈判中提出两个条件:1. 不交出武器,2. 免除

---

① "大刀会"遍布东三省东南,就其性质而言近似北方的"红枪会"。"大刀会"和"红枪会"的阶级基础和宗旨完全不同于"农民协会",后者于1926至1927年曾在广东、湖南、湖北和华南、华中一些省份组织起一个稠密的网。阶级基础和宗旨不同的原因在很大程度上是因为华中、华南主要是佃农,而华北和东北是自耕农。同时,"农民协会"主要是反对地主、争取土地,而"大刀会"主要是反对土匪、军阀的苛捐杂税和暴力,反对军阀造成的混乱,争取一个平安的生存环境。

有些地方农民运动已发展成为针对抗税、不参加护村活动的高利贷者和豪绅的斗争。——原编者注

一年的全部赋税。

东丰镇的警察没有采取任何措施镇压"大刀会",怕"大刀会"人多势众,或许还因为政府给警察的薪俸太少。农民要求地方商会把当局的武器和装备转交给他们。1928年1月5日3 000农民攻打辑安城,缴获警卫队1 000多支步枪和手枪。临江农民打电话要求县政府辞职并立即关闭盐税局,袭击警察局,打死其局长,带走不少枪支。政府当局宣布,抓获6个农民领袖之一者悬赏1万元。"大刀会"以奉天省农业联合会主席的名义在许多地区张贴告示说,张作霖及其下属官吏是人民的压迫者和剥削者。

近两年来东三省的生活条件恶化。日用品价格大大高于正常水平,纸币急剧贬值,例如吉林票、哈尔滨票和奉天票均已贬值。赋税按银元征收,而贬了值的奉天票仍强行在农民中流通。估计有5亿奉天票停止流通。不久前重新在美国印制的纸币已经投放市场。近两年来,农民无偿地或报酬极少地给军队供应食品和牲畜。抵制这种掠夺者,则被按"军法"处死。

"大刀会"是专门反对作恶多端的警官和税官的农民组织。

日本《满洲日报》特派记者写道:"他们不是土匪,他们从未攻击日本人或朝鲜人,一次也没有攻击俄国人,无论是赤俄,还是白俄。"

镇压这一运动的不单是蔡少校指挥的地方警卫队,吴督军也亲自去北京同张作霖密谈"如何制止暴动"。抵京三天后,即自1月16日至19日,他发回12门火炮、120枚炮弹,1万挺机关枪与子弹带和40万元奉天票,他于1月底指挥骑兵1 600人向通化方向进军,2月3日"大刀会"农民250人阵亡,150条长枪和50支步枪被收缴。

据英国路透社报道，作为"大刀会"基地的两个村庄遭政府军攻击。在这两次战斗中，12岁以上的所有男性居民，无论是被俘的还是投降的，全部被政府军杀害。

据朝鲜报纸消息，"大刀会"根本没有被消灭，而依然是张作霖统治东三省的严重威胁。

资料来源：

1. 1928年1月10日，大连《满洲日报》。

2. 1928年1月15日—17日，北京《晨报》。

3. 1928年1月26日，《北京导报》（*Pekin Leader* 法文，下同）。

4. 1928年2月4日，《顺天时报》。

5. 1928年1月21日，《顺天时报》。

6. 1928年2月4日，《顺天时报》。

7. 1928年1月18日，《北京导报》。

8. 1928年1月21日，《北京导报》。

9. 1928年2月7日，《满洲日报》。

10. 1928年1月26日，《北京导报》。

11. 1928年2月7日，《顺天时报》。

12. 1928年2月7日，《北京导报》。

五、寅征卯粮

军阀需要资金支付内战费用。为了筹集钱财便预收数年后的土地税，而根本不顾居民的支付能力，导致地主对佃农的更大剥削。从下表可看出一些年份预征土地税的情况。

地区	省份	收税时间	预收至何年
郴县	湖南	1924年春	1930年
渭南	陕西	1925年秋	1927年
海丰	广东	1925年秋	1930年
梓潼	四川	1926年春	1957年
南宫	直隶	1927年秋	1932年
郫县	四川	1927年秋	1939年

山西是所谓"模范省",该省战事比其他省份少些,近年来省长把土地税提高四五倍。目前,他同北京的张作霖交战,就要预收土地税。1929年的税额要加上战争补贴税,每两加一元,比以前的税金增加一倍。由于征税时间远远早于秋收,省长实际上把老百姓推到高利贷者手中。

农业现金贷款的利息一般是年息20%—30%,近来大大提高,有时月息达40%。

资料来源:

1.《中国青年》,1925年第111期。
2.《大公报》,1928年2月10日,天津。

六、中国东部的饥荒

军阀混战和自然灾害使直隶南部、安徽、江西北部和山东一片荒芜,农民的处境更加恶化。从1925年起,张宗昌将军让其妻妾的亲戚及其同伙、匪徒等操纵山东大权。这些"主人"把所有税收攫为己有。大部分收入用于军队给养。可军队里薪饷不济，伙食不好，士兵就到农村打家劫舍。1927年春，山东省大部地区遭蝗灾，夏季干旱，冬天铁路沿线又打内战，农民处境雪上加霜。全省107个区中局势最严重的有65个。30个区的产量只等于正常年景的10%—40%，35个区收成不到10%。

华洋义赈会宣布，山东省60%的居民迁移到其他地区，主要是东北北部。山东东南部22个区的居民全都走光。牲畜头数日益减少，许多人拆房变卖换取食品，弃儿逃荒，卖儿卖女，一个女孩只卖5元。约有400万人需要紧急救助，30多万人病入膏肓，5万多人死于饥饿。安徽省有7个区遭水灾颗粒无收。山西和直隶军阀混战连年不断，直隶南部已荒无人烟。虽然安徽和直隶的局面不那么可怕，然而丝毫不比山东好。

中国慈善组织从东北给山东发去6万担①粮食，发放1万件衣服，在济南成立4个米站，约4万难民集中在省城，但是仅有一半人能够得到一份数量极少的粮食，一天发放两次。外国人虽提供援助，但不像1920—1921年饥荒时那么热情。看来，他们认为饥饿是合法和非法的苛捐杂税造成的，因此纯靠慈善无济于事。

难民纷纷去东北逃荒，指望在那里饷口，当地农民组织"大刀会"正在进行反对苛重税务，反对政府压迫的斗争。一部分难民参加了这个斗争。吉林省当局十分惧怕，决定禁止难民滞留本省。每天约有4 000人经过奉天市被分送到黑龙江省铁路沿线各地。

---

① 一担等于60.453公斤。

资料来源：

1. 《大公报》，天津，1927年12月28日、12月17日。
2. 《益世报》，北京，1928年11月5日。

七、广西省的租赁法

广东邻省广西公布了新的租赁法律。《广州民国日报》1928年3月24日引述了该法内容及司法厅长所作的解释：

1. 田主因生计关系收回自耕，经证明属实，仍复在所订耕约期满方能收回。

2. 口头订约，至发生期限上之争执，此属事实问题，应饬双方分别举证，及由县长彻查明确，斟酌认定。

3. 一切应依民事诉讼手续办理。

4. 如耕约未满，及无收回自耕之必要，田主于田上强施工作者，应予制止，但佃农应于因此实受利益之限度内，补回田主施工之费用，仍由原佃耕种云。

新法律阐明了广西土地问题的现状。土地所有者当中存在着某种缩短租期的倾向，租赁期限的争端经常发生，要求政府予以迅速干预。

八、江阴暴动

江苏省南部愤怒的农民自1927年11月已开始试图起事，反对高额地租，反对新增加税收。南京和上海之间的常熟、宜兴、无锡和江阴等4个人口稠密的地区，革命行动尤为突出。该地区自耕农的比例：宜兴15%，无锡10%，常熟7%，在这些地区佃户起最大作用，然而江阴佃农仅占人口的20%。贫农和农民也反对国民党政府向他们征收捐税。所谓沙地的土地税是发生暴动的一个导火线。江阴地处长江南岸，每年春汛后泥沙淤留，形成新的沙地，可供耕种。在229 262亩新地中已有13 800亩用于农业。政府拟增加税收6 300元，超过原税2 900元。预计，测地局将丈量全部新增沙地，以便征收更多的土地税，由此导致1928年3月6日的农民起义。

400—500名持手枪和步枪的农民奋起保卫6个村庄。起义者招募16至25岁成年人组成一支志愿队。起义时他们焚烧了一家大土豪的房子，打死一名当过税官的地方官。

九、总的经济形势

除东北北部、贵州、广西和浙江外，全中国经济均处于停滞状态。

中国资本少得可怜，财政和贸易在很大程度上取决于外国商品。外国资本和外国商业，尤其是日本资本比比皆是。

1927年11月和12月北京2 200家商店倒闭。仅举居民日常必需的药店为例，1927年北京除一家中药铺外，所有中药铺和大多数西药店亏本。中国生产的享有专利的药品年销售量不及往年的月销售量。

商业状况非常不妙。倒闭的商业企业成千上万,例如1928年1月广州有1900家商店倒闭。此外,经营豆油的商店有40%停业。20%—30%的鞋店和30%以上的运输公司歇业。1927年广州市许多大商家亏本,平均每店亏损10万元。

1928年上海有4000多家商店难以为继,47家钱庄关闭。该市北部的钱庄由80家减少到69家,其资本也从1670万元减至1100万元。下述材料可以证明1927年上海商业的衰败。

经过上海市钱庄收银台的票据总额

1924 年	4 542 078 000 两	937 811 500 元
1925 年	7 858 005 000 两	1 303 506 000 元
1926 年	9 677 047 500 两	1 559 583 000 元
1927 年	7 843 099 500 两	1 470 409 000 元

经过钱庄的钱票总额

1924 年	42 759 000 元
1925 年	34 251 000 元
1926 年	51 200 000 元
1927 年	30 392 000 元

经过钱庄现金总额

1924 年	384 010 300 元
1925 年	402 349 000 元
1926 年	499 916 000 元
1927 年	430 030 500 元

沪宁铁路货运量和收入

年份	货运量	收入
1926 年	1 553 959 吨	2 569 201 元
1927 年	697 427 吨	1 187 914 元

沪甬铁路货运量和收入

年份	货运量	收入
1926 年	866 702 吨	1 370 871 元
1927 年	531 433 吨	995 953 元

福建省1927年进口减少，以致白银过剩。福州市场上通常银元与现钞的比价为1∶1 060元，如今仅等于910元。

1928年1月1日起倒闭的银行有：

1. 盐业银行：汉口、南京和扬州分行。
2. 济南通海银行。
3. 北京五族商业银行。
4. 上海东南殖业银行。
5. 上海正华银行。
6. 上海信贷银行。

济南的山东商业银行和直隶省银行前不久宣布延期偿付。中国丝绸银行和制茶工业银行1928年1月1日把办公地点迁到北京"使馆区"。根据广州中央银行的命令，1927年11月之前，10%以上的存款未支付给储户。由于1927年4月关于禁止携出黄金的规定，上海各家银行的业务量减少60%。

自1928年起，许多工厂倒闭，如：

1. 石家庄织布厂，拥有资本……

2. 苏州市苏纶和苏经棉纺厂。

3. 山西丰镇电力公司。

4. 上海宏源棉纺厂，拥有180万两资本，4万支纱锭，240台织机，3 000工人。

据统计，中国人开办的纱厂正在减少：

1926年　67个厂　1 982 272支纱锭，12 283台织机。

1927年　64个厂　1 878 023支纱锭，11 121台织机。

作为山西主要农产品的棉花，产量也在下降：

年份	播种面积	亩产	年产量（担）
1924年	1 642 288亩	29凯季①	467 888
1925年	1 316 260亩	32凯季	428 772
1926年	1 056 585亩	30凯季	220 970
1927年	807 347亩	26凯季	211 637

茶叶出口也在减少。1927年上海80余家制茶厂开工不足。

由于人造丝生产的增加，以及同日本和意大利生丝的竞争，中国生丝出口量急速下降。

1927年上海生丝出口量

月份	1926年	1927年
1月	4 113吨	656吨
2月	4 343吨	1 904吨
3月	2 705吨	3 451吨
4月	5 957吨	642吨

---

① 1凯季等于600克。

月份		
5月	5 498 吨	784 吨
6月	8 560 吨	2 265 吨
7月	2 754 吨	1 759 吨
8月	4 580 吨	3 207 吨
9月	13 426 吨	1 727 吨
10月	4 275 吨	534 吨

因此，1927年上海生丝出口仅为2万包，而1926年为6万包。夏季上海100凯季生丝值1 300两，而1927年底同样数量的生丝值800两，价格下降达60%。

浙江地方市场生丝年平均价为：

年份	细丝线	粗丝线
1923年	每百两83元	每百两75元
1924年	每百两70元	每百两68元
1925年	每百两59元	每百两55元
1926年	每百两55元	每百两51元
1927年	每百两48元	每百两44元

1927年某些地区丝价过低，乃至不够桑叶和劳务的成本。

尽管1927年无锡有8个丝厂亏本，1928年无锡又有4个新的丝厂开始营业。这几个厂兴建于1927年，还引起一场轩然大波，自1926年就围绕丝业赢利问题议论纷纷。

1928年1月开业的新工厂有：天津硫黄厂，青岛肥皂厂，四川面粉厂，顺德电力公司（直隶省），曲阜棉织厂，靖江卷烟厂，上海化妆品厂，罐头厂，无线电厂和卷烟厂，所有这些厂都是小型企业，资金超过50万元的厂一个也没有。大多数开工的厂都负债累累，国有工厂尤其亏本，把它们交给私人企业全无可能。

1928年最后5个月，上海有两家较大的企业开业："慈幼"人寿保险股份公司，拥有20万元资本，以及国华银行，拥有50万元资本。该行系由来自贫困地区的中国商人开办。中原公司在天津开设地方商店，拥有150万元资本。前不久开始运作。然而，同上海的中国地方商店比较，这个商店并非很大。中国城市的地方商店主要是出售进口商品的中介公司。

中国货币的比价经常变化，发行新币（银行已存有5 887万元）将会对中国货币的比价造成更大混乱，因为新发行的银元中含银成分少于老"袁头"，商人们要求上海市场付"袁头"。

"袁头"与"孙头"含银比重

厂家	"袁头"	"孙头"
南京造币厂	891‰	888.3‰
杭州造币厂	891‰	890.5‰

目前"袁头"比价为0.000 375元，"孙头"比价为0.002元。

中国严重的经济形势也反映在交通上，除在"东三省"建筑哈尔滨—海兴（音），齐齐哈尔—昂昂溪，棉河（音）—三姓等线外，中国未建一条新的铁路。浙江省政府不久前把修建两条铁路的权利交给私人企业，一条长250里，通往安徽省界，另一条长525里，通往江西省界，然而，征集股份工作尚未开始。

公路数量在增加。广西近一年半以来已兴建2 000里长的公路。贵州用国际援助委员会的资金，建成500里长的公路。由美国人支持的这个委员会还将在河南和山东两省修建公路。

目前，中国公司尚未参加大的航运公司，芝罘的胶东航运公司1928年1月关闭，长江上大约47艘中国船只已有一年多未开航。这段时间的纯收入为1 800万元，或更多些，已转到英、美、日的公司。

1927年山东英美烟草公司满足卷烟业的需求不少于70%，价值3 000万元。中国最大的"南洋兄弟烟草公司"仅满足需求的25%。

天津6家中国纺织厂拥有2 300万资本和储备基金，但欠外国资本大量债务。这些厂总共有223 000支纱锭，4 000工人，年产6 700万俄磅纱。其中两个厂已转到日本人手中。

关于日本向南浔线投入资本的数量，可以从其给这条铁路的4笔贷款中看出。

贷款（元）	年息	付款期限
5 000 000	6 1/2%	1927—1931年
500 000	6 1/2%	1929—1933年
2 000 000	6 1/2%	1937—1941年
2 500 000	7 1/2%	1932—1936年

日本资本当然不仅限于东北，而是渗透到长江流域。

郑州是陕西和河南两省的商业中心之一。每年（1921—1924年）经此运出的棉花平均100万担以上。由于内战和铁路交通的中断，1927年仅运输以往数量的1/5。

从郑州至汉口运一担棉花价格之高，我们可以根据中国《北方经济》杂志（北京，1928年4月1日，第2卷第9期）公布的材料进行分析。以往从郑州到汉口一担棉花的运费为1.9元，现在呢？运输公司实行垄断制后，每担运费为5.90元，还不时涨到每担7元。平均起来，高运费加其他费用，一担棉花运费15.37元。

本地棉花的价格

运价成本	6.45 元
打折	0.40 元
铁路运输的杂项开支	0.50 元
每包的税款和保险金	1.52 元
清选费	1.00 元
票据费（或汇款费）	1.50（元）
其他税	1.00 元
装卸费和增值税	3.00 元
总计：	15.37 元

目前，陕西棉花39元左右，河南的好棉花49.50元左右。陕西或河南棉花每担的运输费占上海棉花售价的31%—40%，尽管郑州至汉口的铁路是政府所有，而不是某个私人康采恩所有。

农民经济的平均水平及其指数

江苏省昆山

年份	小私有者	半自耕农	佃农
1905 年	23.1 亩 100%	23.4 亩 100%	24.6 亩 100%
1914 年	14.5 亩 63%	20.5 亩 88%	24.3 亩 99%
1924 年	9.4 亩 41%	16.9 亩 72%	23.2 亩 94%

江苏省南通

年份	小私有者	半自耕农	佃农
1905 年	16.6 亩 100%	18.8 亩 100%	19.0 亩 100%
1914 年	12.8 亩 77%	14.2 亩 76%	15.0 亩 79%

| 1924 年 | 10.0 亩 60% | 11.0 亩 58% | 11.8 亩 62% |

安徽省宿县

1905 年	53.4 亩 100%	62.6 亩 100%	29.2 亩 100%
1914 年	37.7 亩 71%	47.8 亩 76%	106.7 亩 90%
1924 年	33.9 亩 63%	47.9 亩 77%	90.3 亩 76%

每亩土地的平均价格及其指数

江苏省昆山

年份	优质	中等	劣等
1905 年	25.09 元 100%	16.35 元 100%	8.09 元 100%
1914 年	50.00 元 199%	30.91 元 189%	17.27 元 213%
1924 年	87.73 元 350%	60.45 元 369%	37.55 元 464%

江苏省南通

年份	优质	中等	劣等
1905 年	39.28 元 100%	28.06 元 100%	19.32 元 100%
1914 年	59.76 元 152%	39.24 元 140%	28.48 元 147%
1924 年	98.09 元 250%	67.96 元 242%	49.23 元 253%

安徽省宿县

年份	优质	中等	劣等
1905 年	20.21 元 100%	9.67 元 100%	3.75 元 100%
1914 年	23.18 元 115%	11.70 元 121%	4.94 元 132%
1924 年	37.00 元 183%	21.47 元 222%	9.58 元 255%

资料来源：

1928 年 7 月 25 日，南京《红星新报》，第 102 期。

（录自《国际农业研究所通讯》［莫斯科］，1928 年第 1—14 期）

封建社会的农村生产关系

（1930 年）

导　　言

从古代到近代，从奴隶买卖到"个人自由"，这个演进的过程便是封建社会。要明了这社会的本质，如同其他社会一样，非剖析它的生产关系不可。封建社会的生产简直可说全部是农村生产。这种生产关系，因为地方和时代的不同，显然有很多的差别。赋役制（日本的庄园制，西欧东欧的 Colonia，俄国的 ОБРОК），强役制（西欧的 Villainage, le servage, die Leibeigenschaft，俄国的 БАРЩИНА），工偿制（俄国的 ОТРАБОТКА），都是封建社会的不同的生产关系。

赋役制	强役制	工偿制
农民有一切农本；对于他所耕的农田有永久使用权。	农民有一切农本；对于他所耕的农田一部分有永久使用权，一部分既无所有权又无使用权。	农民大部分有一切农本，有少量的土地；但是或者钱或者谷或者土地往往不能够用。

续表

赋役制	强役制	工偿制
地主没有农具耕畜；但领有全部农田，分给农民耕种。	地主没有农具耕畜；但领有全部农田，一部分自己经营而役使农民耕种，一部分分给农民耕种。	地主大部分没有农具耕畜；但有多量的农田，或全部分自己经营而使负债的农民耕种，或分一小部分给农民耕种。
地主所借以剥削农民的是经济外的强制权。	地主所借以剥削农民的是经济外的强制权。	地主所借以剥削农民的是因为他借钱借谷或借地给农民而发生的债款，和经济外的暂时强制权。
剥削的普遍形式是物租，但一部分是力租。	剥削的普遍形式是力租，有时还附加些物租。	剥削的普遍形式仍旧是力租，一部分是物租，但工资形式已经存在。
农民的必要劳动和剩余劳动在时间上空间上并不分开，而农民不能享受他的剩余劳动的生产物。	农民的必要劳动和剩余劳动在时间上空间上都划然分开，而农民不能享受他的剩余劳动的生产物。	农民的必要劳动和剩余劳动在时间上空间上，或分开，或不分开，而农民但求他自己能够享受他的必要劳动的生产物。

强役制到雇工制（即资本主义社会的生产关系）转变的程序中，在俄国有工偿制；在法国另有别种制度。中国现在赋役制，强役制，工偿制或雇工制虽然不能说完全没有，可是绝不占农村生产关系的主要地位。封建社会的农村生产关系，除赋役制，强役制和工偿制以外，其他制度的分析还待继续进行。

一、赋役制

赋役制以小规模农业的自然经济为基础；联合着农业与家庭手工业，在小经营中制造必要的及剩余的生产物。这种剩余生产物以物品田租的形式流入地主的掌握中。物租与力租不是没有合并的可能，但在赋役制下力租确限于极小部分。即使中国或印度的地主比较法国地主所领的土地面积要小得多，土地所有者与直接生产者间的生产关系还是丝毫不变的。印度的与中国的地主在赋役制下同样是以物租的形式向农民榨取剩余生产物的。这种榨取方式同欧洲中古时代地主所用的完全没有什么差别。在赋役制下，这种榨取的方式决不会因土地属于封建国家或属于私人所有而有所改变。因为赋役制时代的赋税与田租是同一性质的。那些专门注意到土地所有的大小，或僧侣政治的有无，或集权分权的差异，或地主是否有司法权的人们便错认了封建组织的根本。他们因为忽略了农民与地主间的生产关系及掠夺方式，所以不能明白封建社会的本质。封建社会的这种生产关系和掠夺方式很能够从田租的形式中观察出来[①]。在自然经济还没有破坏的时候，如果物品田租流行得最广，即是表现着赋役制势力的支配；如果力役田租流行得最广，即是表现着强役制势力的支配。

赋役制的剩余劳动生产物普通和必要劳动生产物都在直接生产者的经营中间。强役制下的必要劳动生产物虽然在直接生产者

[①] S. Dubrowski, „Ueber das Wesen des Feudalismus, der Leibeigenschaft und des Handelskapitals", *Agrar-Probleme*, 2 Bd. 2 Heft. Muenehen, 1929, S. 209ff.

的经营中，其剩余劳动生产物却在地主的土地上面。赋役制下的农民是相对的独立生产者。强役制下的农民则除能自由经营他的小小的"分有地"以外，却完全失去他的独立性质。自地主看来，他们和其他的生产手段没有什么多大的区别。西欧从赋役制到强役制的转变和从地方分权到中央集权的过渡完全相符合①。因为西欧赋役制时代的政治表现为分权；强役制时代为集权。

13世纪的末年莫斯科附近地方有一种封建社会。土地的全部当时皆为那些战争的领袖所有。他们和他们部下的武装者统治了全部的劳苦群众。这些武装者便是后来的地主，又名贵族。他们主要的职业是战争，对于农业经营原来没有什么兴趣。除开住宅以外，他们自己只管理菜园果园以供给自家应用。他们坐收农民的物品田租。农民自己贩卖生产物的很少；他们的生产物一部分留给自用，一部分缴给地主。物品田租不仅限于农场生产品，并且还包含着许多手工制造品。

14世纪时代莫斯科商人渐渐发展他们的威权，已经到黑海和意大利等地方去经商。16世纪的莫斯科是欧洲著名大城之一②。从莫斯科运往各地的货物多极了；从各地运往莫斯科城内的日用品亦很多，单说从伏尔加流域一方面运来的每日平均就有700大车左右。那时农业的幼稚，生产力的薄弱，加以商业的发展和奢

---

① 日本封建的前期表现地方分权，后期则表现中央集权。但小野武夫尚疑中央集权在封建社会中存在的可能（小野武夫，《农村社会史论讲》，东京，昭和二年，页13, 180）。

② Dubrowski："16世纪俄国的商业发展并不比中国落后。外国人那时游历俄国的都说莫斯科商业不亚于那时的伦敦，甚至说不亚于那时的日尔曼自由商业都市。"

侈品的要求，种种情形使地主的欲望和农民的劳苦同时并增。地主不仅需要谷物，羊，鸡，鸡蛋等等给他们自家应用；并且还要求农民格外多缴些租，可以使他们把物租方面得来的东西贩卖到市场去换得种种奢侈品。于是农民所缴纳的田租，由定额的物租一变而为谷物的分租。分租的成数又从 1/4 变为 1/3，再变为 1/2。地主榨取的谷物愈多，他们在市场上换得的金钱也愈多。有时因为地主来不及贩卖谷物，便向农民索取一部分钱租。

地主要求金钱的迫切，使他们觉得农民所供给的谷物还不十分可靠。他们终于自己经营农田，想自己独立"生产"。当然他们自己不会去做苦工，还是要他们的仆人去下田耕种。他们经营的农田扩张起来，单靠仆人的工作是不够的；他们就不得不强迫那些有农具的农民来替他们耕种。所以从前农民缴纳物租以外只须替地主担任很轻的劳役；现在这种劳役，处于地主强迫之下，便很快的加重起来①。从前替地主做工，一年以内不过八天。现在每星期须有两天。后来每星期三天，并且还有增加。力租与物租农民必须同时负担。

但如此还不足以使经营农田的地主满意。要应付地主农田上正在扩大的工作，只有增加农民的一法。恰好那时许多新结婚的青年农夫农妇，因为要打算成家立业，必须要求得家庭以外的援助。他们需要农舍，耕畜，农具；他们并需要种籽和食粮，开始去从事农作。经营农田的地主们就利用这良好机会，给与农民上述的一切需要品；同时便一步一步的紧逼着农民替他们做工。因

---

① M. Pokrowski, „*Geschichte Russlands von seiner Entstehung bis zur neuesten Zeit*," Leipzig, 1929, S. 46 – 57；„Zerfall des Moskauer Feudalismus."

为借贷的关系，农民就完全被地主制服了。自然最初的时候农民不惯于这样的压迫。无论是陷于力租的旧农民或是负债而劳役的新农民，都设法要逃避那苛刻的商业性质的地主经营①。于是地主们勾结封建主，最后又凭借莫斯科王公的势力，得着自由处置农民的特权。农民虽然逃避，地主可以找他们回来，严紧的给他们工作，使他们无法可以离开耕地。没有这样权力的地主们只得眼看着他们的农田一天一天的荒芜起来；这些农田便被有威权有势力的大地主们（当时最著名的大地主就是寺院）并吞去了。在这个局面里，强役制的经济便建立于俄国。

西欧的强役制比俄国早得多。西欧的赋役制更是早于俄国。第3至第5世纪时代东方（Delos, Corinth, Athens, etc.）的奴隶市场已衰落了，大规模的地主经营（Latifundia）便向小规模的农民经营（Colonia）迅速的让步②。这种农民（Coloni）的农具和耕畜最初虽由地主供给，后来完全要由他们自己置备。他们假使耕种官地，必须缴纳物租和少量的力租；假使耕种私人的土地，同样须缴纳

---

① Dubrowski："商业资本和高利贷资本的发展引起赋役到强役的过渡；它们本身没有什么生产方法，没有剥削直接生产者的特殊方式，也不能单独创立一种社会构造。但在封建社会各种构造的罅隙中，商业资本和高利贷资本确负了重要的任务。在许多要素中间商业资本和高利贷资本即是使任何一种封建社会构造兴起，扩大，而后解体的一个因子。"

② 西欧强役制的时代，一般说来，是700—1200 A. D.。西欧赋役制的时代大约是200—700 A. D.。Paul Vinogardoff 解释476—1000 A. D. 西欧的社会时，似乎没有注意到赋役制（colonia）。他说"Although the turnover of this economy [the Manor] appears to be very considerable, the home-farms with independent cultivation a large scale are not common, and there are no latifundia in the sense of great plantation estates. The type of combined economy based on the mutual support of a Manorial centre and its satellite holdings is the prevalent one."—*Cambridge Medieval History*, Vol. 2, Cambridge, 1913, p. 650。

物租，但力租的部分往往用钱租去替代。物租租额的多少要看农产的性质而定，有时占产量 1/5，有时 1/4，有时 1/3。力租的担负较轻。一年不过是六天的工作。至于钱租在那时就没有通行的可能；因为第 3 世纪中罗马的币制已很纷乱，钱的价值早已跌落了①。

5 世纪后东罗马帝国招抚夷狄，释放奴隶，积极改良农业，帝国的威权因此大振。可是，屯田一天一天的扩大，地权亦一天一天的集中到寺院和贵族的手里；政府的官地渐渐减少；小地主（原来经营军屯或民屯的主人）也渐渐降而为贫民（penetes）。贫民先失掉自己的农田接着便替人家耕作。6 世纪至 8 世纪间在寺院和政府官地上耕作的农民（liberi coloni）② 对于耕地虽然没有所有权，却还有永久的使用权（ususfructus），能够享受一部分的生产物。这种使用权可以世袭，也可以移转给人家。农民的婚姻和迁徙可以自由，在家庭中可以执行父权，在法庭上可以有证人资格。他们把农产物的大部分献给地主作为物租（cens），另外缴纳些钱或物品作为附租（canons）③。

赋役制在日本盛行的时期大约是从 9 世纪到 14 世纪④。那时

---

① W. E. Heitland, *Agricola*, Cambridge, 1921, pp. 211–212.

② coloni 有两种。第一种是 liberi coloni，又名 tributarii，又名 inquilini。这种农民在贵族的土地上耕作的很少。第二种是 adscriptitii，又名 enapographoi，大多数在贵族的土地上耕作。第 8 世纪以后第一种已实际变为第二种，而第二种已和农奴（servi rustici 又名 paroikoi）没有什么不同。

③ P. Boissonnade, *le travail dans l'Europe chrétienne au moyen age*, Paris, 1921, 1 livre, 3 Chapitre.

④ "农民的形成农奴在镰仓时代即有之。"佐野学，《日本历史研究》，东京，昭和五年，第 75 页。

渔猎已经不是重要的生产事业；全部生活都被农业所支配。耕地扩张起来，灌溉很快的发达，技术向前进步，于是贵族们将他们所占有的"功田""位田""赐田"和"私垦田"悉数分给农民耕种。农民除有时须替他们的地主筑路，造屋，建设桥梁以外，普遍的须缴纳谷米作为田租。这种赋役关系在日本史上称为庄园制①。庄园的物租最初不到收获量的一半。12世纪的时候，上地的租是收获的6/10，中地的是4/10，下地的是2/10；平均要占收获的4成②。可是正式田租外，军米（兵粮米）的供给也归农民负担③。到了14世纪，日本商业有长足的发展，赋役制势将崩溃，农民所出的物租竟占收获总量的2/3。

二、强役制

强役制的本质就是每一块世袭财产的土地，划分为地主的和农民的两种农田。后者分给农民作为他们的"分有地"。这些农民除土地外还得到林地，有时并牲畜，等等。他们用自己的劳力和自己的农具来耕种这土地，以获得自己的食料。农民从这样得来的生产品就是代表一种必需生产品；对于农民是一种必要的生

---

① K. Asakawa, "Agriculture in Japanese history," *The Economic History Review*, Vol. 2, No. 1, London, Jan., 1929, p. 81ff.; "The early Shō and the early Manor," *Journal of Economic and Business History*, Vol. 1, No. 2, Cambridge, Mass., Feb., 1929, p. 1ff.

② Oleg Plettner, „Zum Studium des japanischen Feudalismus," *Agrar-Probleme*, 2 Bd., 1 Heft, Meunchen, 1929, S. 119－132.

③ 本庄荣治郎，《日本社会经济史》，东京，昭和三年，第229—230页。

活资料，而对于地主就是一种必须要的劳动的保障。农民的剩余劳动是用在以他同一的农具去耕种地主的土地上的。这种劳动的生产物便流入地主的仓库中。所以剩余劳动在空间上就和必要劳动分开：替地主耕地，另外替自己耕种"分有地"；某几天替地主劳动，某几天替自己劳动。在这种经济组织中，农民的"分有地"，依现代的概念讲来，不啻代表一种现物工资；而对于地主便是一种保障劳动力的方法。"分有地"上的农民的"自己"的经济，就是地主经济的条件；它的目的并不是来保障农民的生活资料，实在是保障地主以必须要的劳动力①。

很显明的，要强役制支配社会，必须具备下列四个条件②。第一，自然经济占统治的势力。地主的田庄和外界的联系是很薄弱，自成为一个自给自足和闭关自守的世界。到了强役制的末期，那专为贩卖的地主的谷物生产特别发达。这便是指明强役制崩溃的现象。第二，在这种强役制经济之下直接生产者必须分得林地，特别是分得农田；并且他必须束缚在土地上，完全不能离开，否则地主所需要的劳动力便不能有所保障。所以掠取剩余生产物的方法，在强役制经济中和资本主义经济中完全是相反的。前者的基础是以土地分给生产者；后者则反而使生产者从土地上解放出

---

① А. Н. ЭНГЕЛЬГАРДТ（1832—1893）在他所著的ПИСЬМА ИЗДЕРЕВНИ（CTP. 556-557）中很明白的估量这一种经济制度；他指出强役经济是一种完备的制度，支配这制度的就是地主，地主分土地给农民并给他各种工作。W. Sombart 亦承认强役制是为满足地主的欲望而成立的；地主的需要决定了这种经济关系。"Das Bedarfsdeckunngsprinzip bleibt in der grundherrlichen Wirtschaftsverfassung das regulierende Prinzip," Sombart, *der moderne Kapitalismus*, München, 1916, 1 Bd. 1 Halbbd., S. 63.

② Л. Б. КАМЕНЕВ, РЕД., В. И. ЛЕНИН СОЧИНЕНИЯ, МОСКВА, 1926, ТОМ 3, STP. 139-141.

来①。第三，农民个人的隶属于地主也就是这种制度的一个条件。如果地主对于农民的个人没有直接的权力，那么占得"分有地"而自己经营的人们就不会受地主的统治而替地主去劳役了。所以马克思讨论力租的时候，对于这种经济制度的估量曾说"经济以外的强制"是不可少的②。这种强制的形式和程度有许多很显然的差别，从农民被束缚在土地上起直到有身份的农民也被剥夺权利为止。第四，技术极低和守旧的状态也就是强役制的条件和结果。因为这种经济制度是完全靠那困于贫穷，被压迫而有个人的隶属，且知识又十分愚昧的一般小农来维持的。

强役制在西欧 8 世纪时已是普遍。农民经营（colonia）很快的转变到地主经营（Villainage）。在罗马和日耳曼两种文化愈加混合的地方，这样的转变是愈加迅速，并且愈加完全，特别是在法国。英国，挪威，瑞典，丹麦等处，虽然并不当这个潮流的要冲，虽然各自有它的特殊习惯，但也随着各自的路线而达到强役制。不自由的农民（adscriptitii）死了或被驱逐了，他们的耕地便收归地主。地主强迫其他农民除缴纳物租以外，还要在这耕地上工作。他也许清理出一块整块的土地以便自己来经营，因此对于力租的要求更是扩大③。

---

① Henry George 以为群众的失去土地是贫穷和压迫的一个很大的综合的原因。F. Engels 反对他这种论断，曾说："在历史上讲来，这个论断并不完全正确。在中世纪时代封建剥削的源泉并不是把人民从土地上解放出来，而是使人民系结在土地上。农民保留着自己的土地；但隶属于土地而成为农奴，必须以劳役或生产物缴纳于土地占有者。" Engels, *The Condition of the Working Class in England in 1844*, N.Y., 1882, Preface, p. III.

② K. Marx, *Das Kapital*, 8 te Auflage, Berlin, 1929, 3 Bd., 2 Teil, S. 289.

③ W. Hasbach, *Die englischen Landarbeiter in den letzten hundert Jahren*, Leipzig, 1894, 1 Kapitel.

试看 12 世纪末年（强役制在西欧快要崩溃的时候）英国地主经营的地方（Manor）。首先可注意的就是地主的住宅，附近有马房、堆栈和奴仆住的小屋。这些房屋的后面是一大块的耕地，就是地主的自营地（home-farm）。离此不远住着地主隶属下的许多农民（villains）①。这些农民住所（village）的周围分散着一条一条的耕地，就是农民的"分有地"。夹在"分有地"中间还有几条耕地也归地主自己经营的。"分有地"和自营地既如此错杂，所以西欧强役制的地主经营中力租以外还要附加物租②。

　　力租有时分正附两种。可举英国的一个地主经营（Manor of Tidenham）为例。农民替地主耕作每星期三天；这是力租的正租（week-work）。另外每年替地主做几天劳役；这是力租的附租（bene-work）。西历 950 年时 Tidenham 只有正租，没有附租。那时当地的物租是蜜、酒、棉纱和猪肉。三百年以后，该处农民有 18 英亩"分有地"的，须担负的力租如下：正租是 138 工，附租是耕种半英亩的小麦和一英亩的燕麦。农民替地主耕作必须使用农民自己的农具和耕畜（大半是八只牛）。同时物租虽然减少（在耶稣"圣诞节"纳母鸡一只，在耶稣"复活节"纳鸡卵五枚），钱租却已经开始征收。农民养一只一岁的猪须纳一便士，半岁的纳半便士。农民

---

①　强役制下的英国农民在 1086A. D. 时仅占全国人口总数的 38%；1200A. D. 时就有 75%，Boissonnade, p. 136。

②　有时因为土地的位置关系，地主竟收取物租而附加以力租。Vinogradoff, ibid., p. 650，但力租（agricultural services）还是最普遍最主要的。"These can be no doubt that villain service meant agricultural service. But surely villain service was due, as a rule, from villain tenants, and villain tenements, as a rule, were tenements of villains. Other combinations were not impossible, but exceptional." —The Collected Papers of Paul Vinogradoff, Oxford, 1928, Vol. 1, pp. 123-124。

出卖马或小马也须同样向地主纳钱。不向地主纳钱，农民就不能嫁女（merchet）；不向地主纳钱，农民就不能擅自离村（chevage）①。

强役制在法国最好的例子，便是第9到11世纪的 L'abbaye de saint-Germain des Prés。这个著名的寺院便是当时的一个大地主的。自营地（Terra dominicata）有6 471法亩（hectare）；"分有地"（Terra indominicata 或 le terre du maître）17 112法亩。自营地包含着农田，牧场和林地。"分有地"分成1 646段耕种，属于2 851户的农民（vilains serfs）。农民替地主每星期工作三天；如果逃到外边去，地主就用铁链将他们拘回来重罚。地主可以随时随意向农民索取大车，耕畜和粮食（droit de prise）②。农民如果有肥鹅或母鸡，或白面做的糕点，只能够完全献给他的地主。

S'il a grasse oie ou la géline,
Un gastel de blanche farine,
A son seigneur tot le destine.

三、工偿制③

强役制破坏以后，农民经济便从地主经济中分离出来。在俄国农民能够赎回他自己的土地而变成完全的财产主人；地主经营

---

① F. Seebohm, *English Village Community*, 4th edition reprinted, Cambridge, 1926, pp. 155 - 158.

② Boissonnade, pp. 86, 92, 96, 101, 145, 146, 181.

③ 撮译 Л. Ъ. КАМЕНЕВ, РЕД., В. И. ЛЕНИН СОЧИНЕНИЯ, МОСКВА, 1926, ТОМ 3, STP. 141 - 155。

同时转变到建筑在资本主义基础上的一种制度。但这种转变，因为有两个主要的原因，绝不会立刻完成。第一，资本主义生产上所必需要的各种条件还没有完备。一方面它需要惯于工资劳动的人们；农民的农具必须有地主的农具来替代。另一方面，农业上的需要组织如同工商企业的需要组织一样。这些条件只能渐次形成。在农奴解放或强役制崩溃后有些地主想立刻从俄国国外运入机器，并且想招收外国的工人来发展企业。他们的这种计划终究完全失败了。强役制不能立刻转变到资本主义经济制度的第二原因，就是强役制虽然已经破坏，却还没有完全消灭。农民经济还没有完全从地主经济中分离出来。因为俄国农民的"分有地"中最主要部分如"割取地"①，森林，草地，水池，牧场等等，还是在地主手里。农民没有这些土地的使用权，就不能完全独立经营，而地主却可以用工偿制的形式来继续享受他旧有的权利。短期义务，轮流帮工，派用车辆，擅加体刑和农民的被编入社会团体工作等等的"经济以外的强制"依然存在。

资本主义的经济既然不能立刻成立，而强役的经济亦不能一时消灭，所以唯一可行的经济制度只是一种过渡的制度；就是资本主义的和强役制度的特征连接起来的一种制度。农奴解放以后，地主经营便包含着这些特征。在这过渡时代所特有的各种形式不同的地主经营，可以归纳到最复杂的两种基本制度：工偿制度和资本主义制度。在工偿制下地主用附近农民的农具来耕种土地。至于报偿的形式并不足以变更工偿制的本质（例如在契约的雇佣下，就用货币来支付；在对分农产制下，就用生产品来支付；在

---

① "割取地"即1861年俄国地主从农民的"分有地"中所割取的土地。

狭义的工偿制下，就用农田或林地来支付）。工偿制简直是强役制的遗物①。强役制的特征差不多完全和工偿制相同（唯一的例外就是在有一种工偿制的形式中，缺少了强役制的一个条件：就是在契约雇佣下，劳动的报偿并不用现物而用货币来支付）。可是工偿制和雇工制事实上互相错综，构成了极不相同，极其奇异的经营形式②。在许多大地主的土地上，这两种制度会合并起来，去对付各种不同的工作③。这样不相同甚至互相矛盾的经济制度的结合，在实际生活上当然会引起许多最厉害最复杂的冲突。许多经营的主人就因为这些矛盾的影响而遭覆灭了。这也是一切过渡时代所特有的现象。

当着工偿制过渡到雇工制或和雇工制相融合的时候，它们中间几乎不能分划或者有所区别。例如工偿制下的农民租得一小块土地，他必须为它而替地主做一定日数的工作（这种现象是最普遍的）。在这样情形之下，这种农民和西欧的或沿波罗的海各地的雇农有什么区别呢？后者同样的因为要得到一小块土地而必须替地主做一定日数的工作。根本相反的两种经济制度显然的被生活

---

① 举一个显明的例：俄国农部的一位新闻记者写着，"在 ОРОЛ 省 ЕЛЕЦКИЙ 县南部，大地主的土地除由常年的雇工耕种外，大部分都租给农民而由他们来耕种。以前的农奴现在还是向他的旧地主租借土地，并以耕种地主的土地为交换条件。像这样的农村里仍保留着强役制的名称"。另一个例：某地主自己说，"在我的经营中一切工作都由我的以前的农奴来执行。他们非这样替我耕作，就不能在我的牧场上放牛牧马。只在开始翻耕和播种的时候，我才雇用短期的工人"。

② 雇工制就是地主企业家雇佣自由工资劳动者（年工、季工和日工等）用地主的农具来耕种的一种制度。

③ 大多数的地主经营都是将极小部分的土地雇年工或期工用地主自己的农具来耕种；其余一切土地交给农民去耕种，或用对分农产制，或用土地，或用货币作报偿。在大多数的大地主土地上，同时存在着差不多一切，或者很多的雇佣方法。

上的要求所逐渐混合,直使我们不能断定什么地方是工偿制的末尾,什么地方是资本主义的开端。

工偿制的形式确是非常复杂。有时农民用自己的农具替地主耕种以求得金钱;这就是所谓"契约的雇佣",或"按亩的工资",或"轮流耕种"(一亩春耕,一亩冬耕)。有时农民向地主借谷或借钱而替地主耕种。这种还债或还利的形式,格外显明的表示一般工偿制所特有的一种高利贷的奴役的雇佣性质。有时农民因为损害了地主的土地而替他工作(就是农民以耕作来抵补法律上所规定的,损害地主土地而应受处分的,罚款)。有时农民是"出于尊敬"地主而替他耕种——实际是农民为了要求地主给以他种雇佣工作而奉送给地主的一种赠品。最后还有一种最通行的工偿制形式。在这个形式下,农民借用地主的土地,或农田,或林地,而和地主对分农产;拿物品或货币缴纳给地主;或直接的替地主工作。

这些不同的偿还方法有时竟会合并起来。举一个例来说:为着租借一俄亩的田,农民须替地主种一俄亩半田;还要缴纳10枚鸡卵,一只母鸡,再加上一天女工。农民租了43俄亩去种春麦,就要缴纳12个卢布;租了51俄亩去种冬麦,就要缴纳16个卢布;货币以外,还要缴纳多少堆大麦,7堆荞麦,20堆燕麦;并且所租的农田在5俄亩以上时,还要用自己牲畜的粪来施在地主所有的土地上。每一俄亩至少需要300马车的粪料;农民所有的粪料也变成地主经济的一部分。俄罗斯工偿制下各种名称的繁多,便足以证明这个制度的普遍和它形式的复杂。一般讲来,农民必须听从"土地所有者的吩咐"而替他工作。工偿制实包含着农务全部的工作:耕种,收获,割草,采柴,装运,修屋顶,通烟囱和其他一切农家杂务,甚至还要农民供给鸡和鸡卵。

最重要的一种工偿制便是因为农民要求土地而成立的，即所谓"工偿的和物租的租佃"。这种"租佃"简直是强役制的残余。在强役制下地主把土地交给农民而使他工作，和在工偿制下地主把土地出租而得到劳役的报偿，显然的有完全相同的经济意义。但有时"工偿的和物租的租佃"也会转变成资本主义的租佃。地主借给农民小块的土地，无非是要保障他自己经营的地上能够得到农民的劳动。俄国所有的统计上曾经证明这种"租佃"和出租者自己的经济有很密切的联系。地主自己经营的土地上耕种的发展，就使地主在必要的时候要求取得劳动力的保障。所以在许多地方发现这一种的趋势：地主把土地租给农民而使农民到他自己经营的地上来工作；有时地主使农民替他工作以外，还要收取一些生产品。出租土地者自己的经营愈加发展，可以出租的土地愈加减少；对于出租的需要反而愈加紧张。所以这种"租佃"的形式愈加推广，出租的土地就愈是狭小。这是一种特殊的租佃。它表示土地所有者并不是在那里放弃而是在那里发展他自己的经营；它也表示农民的经济并不因为耕地扩大而得到巩固的地位，农民反因此而变成农村的工人。租佃的成立在农民经济中含有相反的意义：一方面是为着扩张经营的利益，另一方面是被贫穷所逼迫的原因。在地主经济中出租土地也含着两种不同的意义：有时这种租佃不过是把土地交给人家以换得地租；有时这种租佃就是自己经营的方法，就是保障地主土地上劳动力的方法。

各种来源不同的统计上都一致证明工偿制下雇佣劳动的报偿，常常会比资本主义的"自由"雇佣劳动的来得低。工偿制下对分的物租，一般讲来，总比钱租贵，有时甚至贵过两倍。付物租的租佃在最贫苦的农民中特别发展。这是饥寒交迫下的一种租佃。

在这种租佃下的农民已经没有能力来反抗他自身变成农村雇佣劳动者的趋势了。比较富裕的农民都希望用货币来缴纳田租。用货币缴纳田租不但可以使田租减贱,并且还可以使缴纳者自身能够从奴役的雇佣中间解脱出来①。据俄国农部发表的统计,在用农民的农具去耕作的工偿制底下,每俄亩冬麦所需的平均工资只是六个卢布(中央黑土带 1833—1891 年的统计)。按"自由"雇佣的雇工制来计算,同样的工作除马匹外,单单人力一项已是六又百分之十九卢布(马的劳动至少需四个半卢布)。所以当时统计者很惊异的认为"这是完全非经常的现象"。如此看来,纯粹资本主义的"自由"雇佣劳动的报酬,确高过于一切奴役形式的或资本主义以前各种形式的报酬,这个事实不但见之于农业,而且见之于工业;不但见之于俄国而且见之于其他国家。

再举一个比较完全的统计,就是俄国 САРАТОВСКИЙ 县的:每一俄亩的耕种,收获,上仓和打禾所需的平均工资,在工偿制下是九又百分之四十卢布;而在"自由"雇佣的雇工制下就需要十七个半卢布。每一俄亩的收获和上仓所需的平均工资,在工偿制下是三又百分之八十卢布,而在雇工制下就需八个半卢布。

按这统计看来,工偿制下劳动的价格比资本主义制度下的普通要低到两倍以上。工偿制工资的这样得低,很显明的指示"分有地"是一种现物工资,也就是土地所有者得到贱价劳动的一个保障。但工资上的差别还不能完全描写"自由"劳动和"半自由"劳动间的分别。更重要的一点就是在"半自由"形式的劳动

---

① 关于那时候租佃的统计,完全证明只有贫农才用工偿制及农产对分制去租借土地;富农则都想用货币去缴纳地租。这是因为在工偿制下物租比钱租要贵些。

必须使被雇者个人隶属于雇主；必须多少保留着"经济以外的强制权"。恩格卡尔脱①很恰当的说："借钱而用工偿制来作抵，是最有保障的一件事。因为用刑法的命令叫农民偿债是很靠不住的；可是，农民所欠的工作长官可以逼迫他去执行，他虽然自己的田里还没有收获。"只是多年有奴役习惯的，多年充当农奴的人们才会养成这样的驯服。所以如果一般人民没有某种系结——或系结于所在地，或结系于公社——没有相当的不平等，那么工偿制便不能成立。同时工偿制的这些特征必然地会使生产力降低。建筑在工偿制上的经营方法一定是很守旧的。工偿制的奴役劳动，依它的质量来讲，一定很接近强役制的农奴的劳动。

工偿制和雇工制的结合，便使现代的地主经营很像俄国在大规模机器工业没有出现以前的纺织业中所统治着的那种经济组织一样。当时纺织工业中一部分的工作由雇佣劳动者用商人的工具来执行（如摇线染色和理纱等）；另一部分是由有工具的习于手艺的农民用商人的原料来做。这是好比在地主经营中一部分工作由雇佣工人用地主的农具来执行，另一部分是由有农具的农民在地主的土地上来做。在纺织工业中除商业资本和工业资本的联系外，统治手艺工人的势力还有奴隶式的劳动，中间人的操纵和物品工资，等等。在地主经营中，商业资本，高利贷资本和工业资本同样的结合起来；地主用减低工资的各种形式来维持农民的个人的隶属。建立在幼稚的手工技术上的纺织工业生存了数百年；但三十年的大规模机器工业的发展，便把它打击得粉碎。地主经

---

① А. Н. ЭНГЕЛЬГАРДТ（1832—1893），俄国著名文人，主张改良农业，且曾将其所有土地拨作农事试验。1871年他被彼得堡土地问题研究所聘为教授。

营中的工偿制也是几百年建立在守旧的技术上的,可是农奴解放后也就很快的开始向资本主义制度让步。这样看来,在纺织工业中和地主经营中,旧的制度是代表生产力停滞的形态(所以也就代表一切社会关系的保守性质)和专制的残酷的统治。同样的,在纺织工业中和地主经营中,新的资本主义制度是代表一种进步的势力,虽然这个新制度的内部暗藏着不少的矛盾。

现代地主经营中的工偿制可以分为两种:第一,只是有耕畜和农具的农民所能履行的;第二,没有任何农具的农村无产者所能履行的。第二种工偿制就是向着资本主义的直接的过渡形态。它在无形的转变中和资本主义相融合起来。许多人往往没有把这第二种工偿制和雇工制划然分开。可是这样的区别在工偿制被雇工制排挤的过程中,工偿制的重心从第一种转到第二种的时候,却具有极大的意义。试看莫斯科省土地统计册上的一个例子:"那里大部分的地主的土地上,翻耕和播种(这些工作的好坏对于收获的多少有很大的关系)由雇佣的长工来执行;谷物的收割(这是需要时间适当而迅速的一种工作)就交给邻近的农民来执行。这些短期雇农所得的报偿便是货币或林地。"在这样的经济关系中,大部分的劳动力虽然还属于工偿制,可是资本主义制度(雇工制)已无疑的占了统治的地位。那些"邻近的农民"实际已是农村中的工人;正像德国的"契约日工"一样,自己也都有一点土地,而每年在一定时季中被人雇佣去做短工。

农民的分化也是工偿制崩溃的主要原因。富裕的农民自然不会去接受工偿制;因为只有比较贫穷的人才去执行那报酬最少而又会破坏自己的经济的一种工作。农村中无产者也不能适合于工偿制;因为他们没有任何的小块土地,绝不像中等农民那么系结着土地；他们可以在"自由的条件"下被人雇佣。这就是说，无产者倒反能够避免奴役性质的劳动，而他们劳动的报偿倒反要比工偿制下的来得高些。至于中等的农民，随着自然经济的破坏和商品经济的发展，或者渐渐的无产化，或者渐渐的变成富农。纯粹的资本主义必然要掘去工偿制的根基。所以工偿制快要崩溃的时候，地主们就大家起来反对农民的离村。

农村经济的著作者早已指示，农民的分化和资本主义的排斥工偿制有不可分离的联系。例如史脱步德教授[①]在他的《俄国农村经济论文集》"序言"中曾写着："现在农民的经营中，已发现了纯粹的雇农和兼营农工业者的分化。这些兼营农工业者已经是大规模的经营者；他们自己开始雇用着纯粹的雇农。除非有十分的需要去增加耕地或借用山地，他们自己就可以不去给人家做工。可是万一要多得些耕地或山地的时候，他们还是要屈服于工偿制的。农村中有许多劳动者连马匹也没有；这些人们自然就不得不变成纯粹的雇农。至于那些逗留于工偿制下的农民，因为自己所有的马匹不足，并且还有许多烦杂的事务，种种影响到工作的质量和时间，他们竟变成低能的生产者。所以他们必然会很快的降为纯粹的雇农了。"

（录自国立中央研究院社会科学研究所出版"农村经济参考资料之一"，单行本，1930年）

[①] И. А. СТЕБУТ（1833—1925）教授刊印的论文都作于 1857—1882 年。

中国农村经济研究之发轫[*]

（1930年）

社会科学中有二种重要科学，非专究社会生活之某一方面如经济法制宗教等等，而以至周密之方法整个观察社会生活之全部者。此即史学与社会学也。史学所以追求且叙述某一时代某一地方社会生活之全部。社会学则应付普遍问题：例如，何谓社会？社会发展与衰落之基本原因何在？各种社会现象如经济的，法律的，科学的有何相互关系？各种社会现象之演进作何解释？历史上社会形式有几种？各种形式又如何转变？社会学探讨人类进化之原则，以为研究史学之方法，故可称为社会科学中最概括，最抽象之科学；史学则整理可靠之史实，以供研究社会学之材料。史学固当以社会学之哲理为指南而后可得正确之方法，社会学亦须筑于历史的事实上而后可免错误之论断。

社会学者有以经济为各种行为之动机，有以经济为特殊环境之成因；至经济的事实莫不认为组织社会学之基础。构成今日中

---

[*] 本文系国立中央研究院社会科学研究所1929年至1930年的工作报告。由陈翰笙起草，社会学组讨论定稿。陈翰笙于1929年到1933年在中央研究院社会科学研究所任副所长时（正所长蔡元培兼），组织了在上海的日本纱厂操身制的调查和其他地区的农村调查。在这期间，陈翰笙领导社会学组，同王寅生一起组织对无锡农村的调查，但因1933年中央研究院的总干事杨杏佛被暗杀，1934年初，陈翰笙出走日本，社会学组被撤销，资料散落，无锡农村调查的报告未能整理发表。——原编者注

国社会之经济的事实，大都属于资本主义制度发达以前之种种关系。吾人所谓都市，其性质不似 City；吾人所谓乡村，其性质不似 County。即与欧洲前资本主义社会相较，都市之来历非 Polis 及 Compagna Communis 可比；乡村之组织亦非 Mir 及 Manor 可比。中国社会调查与统计尚在极幼稚时代。研究社会学者苦无可靠可用之材料；除参考关于欧洲前资本主义社会已有之出版品如 J. Salvioli, M. Kovalowsky, Max Weber, P. Vinogradoff 等氏之著作外，目前急须从事中国社会经济之调查与统计。

关于都市社会，本组首从上海工人生活状况之调查着手。杨树浦乃上海工厂密集之区，其中尤以雇用工人甚夥之纱厂为多；本组因此择定杨树浦全区为调查工人生活状况之地点。该项调查自 1929 年 9 月中开始，迄 1930 年 2 月终结束。实际参加调查者共 42 人。调查之对象以工人生活为中心，旁及工厂内部之组织暨里坊，草棚，工房，市街，码头，栈房，工会，茶馆，押当等等之情形。杨树浦共有大小工厂 530 家，其中曾经调查者 474 家，余则因遭拒绝，无从调查。兹将曾经及未曾调查之中外各厂数目列表于下：

	曾经调查者	未曾调查者
中国	433	23
日本	21	10
其他外国	20	23
共计	474	56

关于工人生活之个别调查，共曾调查 1 991 人；内男工 1 267 人，女工 724 人。童工则因事实上困难，曾作个别调查者甚少。

至补充调查可列举如次：

里坊367处；草棚1 268户；工房66处；市街，杨树浦区内各市街；码头6处；栈房8处；工会6处；茶馆8家；押当100家。

以上调查所得之材料现皆尚待整理。调查期中本组乘便从工人处直接搜集笔记信札之类以资参证。宗法社会之礼教对于工人生活殆已完全丧失其作用。工人笔记及信札中关于离婚事件之记载不一而足。例如以下一段笔记所载，女也妹劫而父亡，男则鬻妻以放债。

王承业年三十八岁，泰县东乡人，本有妻室。王于民国十四年由泰来申，投入大康纱厂，作二工房十四号业烧包饭，共有女工七八名。其中有一女工姓缪名大居子，现年二十三岁，姿色略高，已经嫁过，其夫在里务农。该女在大康第一厂甲班二五二号粗纱间；入厂未久即与王姓姘识，居然共枕同衾，乃与夫妇无异。既情投意合，至民国十六年，王即返里将原配之妻另嫁别人，得洋百元以上来申放债。忽于民国十八年十月间，大居子之夫协同该女之父突然来申，直至工房，到王处询问该女。王已将女藏匿，答谓其人不在此地。来人等至旬日，寻觅不着，遂抱恨回里。但该女之夫因怀恨已极，抵家后遂将该女十三岁胞妹劫去，放在自处以作押交。女父因颜面难措，乃气闷成病，延至十一月间竟死矣。该女在申闻知，甚为悲泣，故于十二月廿四日回里探望。不料才至母家，忽被婆家知道。由该女之夫带领多人，突然走到，竟将大居子接去；一时众寡不敌，未能逃脱。……

农村经济之衰落，在中国已成普遍之现象。水旱蝗蝻之天灾，兵匪苛税之人祸，物价之飞涨，举债之绝路；凡此种种，驱使大批穷苦无告者群趋城市以供包身制度之牺牲。纱厂丝厂女工包身制度之盛行，实为现代劳动雇佣制度在中国特有之征象。乡村妇女之被吸引来申作工，大都仅以二三十元之代价，出包两年三年。出包期内，女工虽得维持其最低限度之生活，无丝毫自由之可言，而莫不陷于悲惨堕落之境域。兹将此种包身契约照录其一于次：

> 立自愿书人〇〇〇，情因当年家中困难，今将小女〇〇自愿包与招工员〇〇〇名下带至上海纱厂工作。凭中言明，包得大洋三十元整，以三年满期；此款按每年三月间付洋十元。自进厂之后，听凭招工员教训，不得有违。倘有走失拐带，天年不测，均归出事人承认，与招工员无涉；如有头疼伤风，归招工员负责。三年期内，该女工添补衣服，归招工员承认。倘有停工，如数照补；期限〇〇年〇月〇日满工。满工后，当报招工员数月。恐后无凭，立此承证。

本组搜罗所得杨树浦各厂工人家书之内容，十分之九皆为工人在乡亲属向其作经济援助之要求：非工作介绍之哀恳，即寄款回家之催逼。在工业资本已甚发达之欧美，工人自身与农村间之直接经济关系早告断绝。顾中国工人，则虽喘息绞汗于工厂机器行间，精神上仍不免乡间亲属之牵累。是以研究中国劳工问题者，同时不可不切实明了一般劳工之乡村经济背景也。

前北京农商部之农村经济调查与统计，其简陋虚妄之点不胜枚举。据农商部报告，1914至1915年，一年中广东农民骤增900

万；1922年一年中吉林耕地面积骤增两倍。试问农村经济学者如何能应用此种报告，而研究中国土地关系！金陵大学美国教授主持之农村调查，所用表格大都不适于当地情形。不但对于各种复杂之田权及租佃制度未能详细剖析，甚至对于研究农村经济所绝不容忽视之雇佣制度，农产价格，副业收入，借贷制度等等，亦都非常忽略。由此观之，美国教授对于中国农村经济之尚无深刻认识，以视农商部亦仅为五十步与百步之差。1922至1923年间，哈尔滨东省铁路经济调查局之北满农业调查，其统计报告视金陵大学发表者较为详确。但所调查之农户绝少贫农；对自耕农与其他农民在投资上及收获上之各种差异，全被忽视；且与农村经济关系重要之借贷事项，亦未调查（参阅本所专刊第一号"黑龙江流域的农民与地主"）。社会学组同人因此决心抛弃以前政府统计之残屑，不顾一切违反中国实情之报告，而从事有意识有组织之农村经济调查。

中国各地农村社会进化之程度，甚不一致。农村经济之调查势必分区进行，方为合理。划分区域虽可以作物，土壤，交通，市场，农户类别，租佃制度等作一定标准，奈关于此种标准之基本知识现尚缺乏。不得已只能先从农村经济显然特殊之地方着手调查。1929年7月初至9月底，本组实行无锡22村之挨户调查。1930年5月又与北平之社会调查所合作，组织保定农村经济调查团。无锡工商发达，佃农占村户全数之39%。保定自耕农较多，而工商业尚未发达。无锡黏土，种稻最多；保定沙土，种麦最多。无锡普通收获一年两熟；保定普通三年两熟。两处显属不相同之农村经济区域。

无锡农村经济调查团，由调查员及办事员45人组织而成。办事处设无锡城中。调查员分四组,各组之组长,交际,文书,会计等职务,由组内调查员分别兼任。无锡各乡地势水利,大都相同;但农村中村户田权分化颇深。故依各村自耕农,雇农,佃农,工人,商人之多少,可分普通村与特殊村二种。就各乡选出普通村9,特殊村13,共22村;挨户调查1 207家。又择其附近之33村,及为各村经济中心之8市镇,作一概况调查。

种稻农户51%,所耕稻田均在5亩以下。一户之耕地每分散于四五处。每处往往不及一亩。无锡农民之耕地面积极小,而所耕之地亩又甚零碎,于此可知。根据当地插秧与割稻之技术,挨户细究田亩之大小(参阅本所集刊第一号"亩的差异"),吾人确知被调查之22村内至少有173种大小不同之亩。最小者不及3公亩,最大者几合9公亩。一村内亩的差异即有5种至20种。中国工业资本尚未发达,度量衡自不能统一。受数千年分家,租佃,典押,买卖等影响,迄今同一农户之亩甚至有两三种大小。田亩各种大小折合为公亩,然后可以统计各户极小极零碎之所有地与使用地。苟所有地与使用地之实际面积不求真确,则与土地有连带关系之各项农村经济统计,均将全部动摇矣!

无锡调查所得材料,尚在整理中。唯使用田亩及田亩上所用各项农业成本,已统计完毕;不久可以付印。就22村言,田亩之所有权与使用权竟多至12种。故无锡材料整理之第二步,当进而观察各种田权田租与农业成本之关系。(见下页"无锡田权分析表")①

保定农村经济调查团,由调查员、向导员、办事员共66人组

---

① 由于付印和排版的缘故,将"无锡田权分析表"移至下页。——编者注

织而成。办事处设清苑城内。调查员分组，一如在无锡。唯组长不复兼调查员，所以增加工作之效率也。清苑各乡地势水利大不相同，但农村中村户田权尚无甚分化。故依农作地利，可分全县为四区。每区中择其最普通之村庄，作分村经济，村户经济，城镇分业及农户抽样，四种调查。第一种注重分配，第二种注重生产，第三种注重交换，第四种注重消费。第一二两种各自独立，第三四两种则系补充性质。据无锡挨户调查之经验，若干事项非每户所能详答。所答含糊，反有碍统计。故在保定，拟作农户抽样之调查。

保定挨户调查之表格，其形式较无锡者大加改良。纸张大小划一，免折叠与展开之烦。表格布置整齐，节省总面积 1/3。表格内容，更多进步。例如田亩上之各项农业成本，不以每一作物亩设问，而以每块作物亩设问。又如人工与畜工，不以作物之各熟所需总量设问，而按工作之种类分别设问。关于典地，赊账，作物副产，畜养副产等项，亦较无锡表格为详备。

1928 年夏季，本组在杭嘉湖属 20 县内 85 村作分村调查，其详已载于上年度总报告中。调查所得材料，由本所特约研究员计划整理。现各村之人口，农产，耕畜，田价，粮价，租额，工资，副业以及借贷制度，已统计完毕。关于浙西农村概况，不久可以编印成册。嘉兴米谷，湖州丝茧与长兴山货之市场调查报告，亦将附载其中。

浙江省政府近有移送难民往东北从事垦殖之举，其成绩如何，尚无确实报告。唯据可靠统计，1927 至 1929 年山东河南难民流亡于东北者，至少有 484 430 人。到北满之难民人数虽多，耕地面积仍无与人力相当之增加。现时东北土地问题之亟待解决，至为明

无锡田权分析表

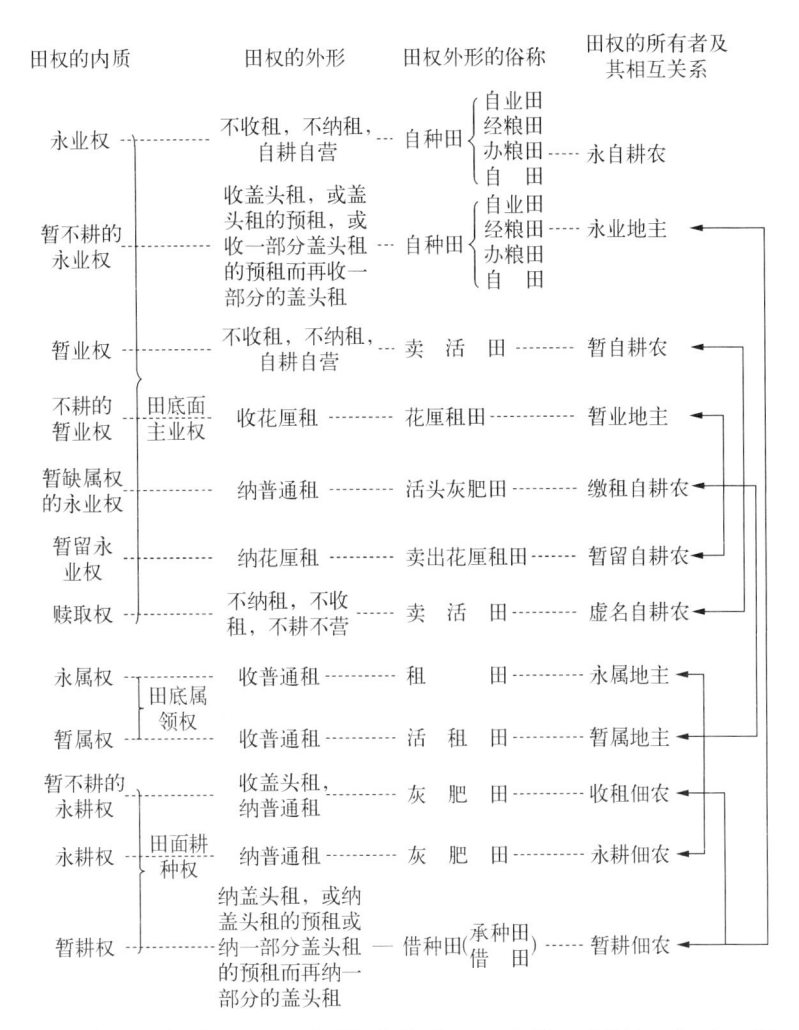

田权的内质		田权的外形	田权外形的俗称		田权的所有者及其相互关系
永业权		不收租，不纳租，自耕自营	自种田	自业田 经粮田 办粮田 自田	永自耕农
暂不耕的永业权		收盖头租，或盖头租的预租，或收一部分盖头租的预租而再收一部分的盖头租	自种田	自业田 经粮田 办粮田 自田	永业地主
暂业权		不收租，不纳租，自耕自营	卖活田		暂自耕农
不耕的暂业权	田底面主业权	收花厘租	花厘租田		暂业地主
暂缺属权的永业权		纳普通租	活头灰肥田		缴租自耕农
暂留永业权		纳花厘租	卖出花厘租田		暂留自耕农
赎取权		不纳租，不收租，不耕不营	卖活田		虚名自耕农
永属权	田底属领权	收普通租	租田		永属地主
暂属权		收普通租	活租		暂属地主
暂不耕的永耕权		收盖头租，纳普通租	灰肥田		收租佃农
永耕权	田面耕种权	纳普通租	灰肥田		永耕佃农
暂耕权		纳盖头租，或纳盖头租的预租或纳一部分盖头租的预租而再纳一部分的盖头租	借种田(承种田/借田)		暂耕佃农

显。本组研究员于1929年夏季赴营口，大连，辽宁，吉林，长春，珠河，哈尔滨，齐齐哈尔，实地考察难民状况。嗣后将收集所得资料，如各地难民收容所之难民表册等，详细分析，再参考

各省赈务机关之案卷与报告，著有《难民的东北流亡》一书（本所集刊第二号）。自难民之成因以至难民到东北后之生活，靡不深究详述。

本组对于西北农村经济之研究，亦未尝忽视。盖长城以南，秦岭以北，太行六盘之间，黄土漫漫，雨量稀少，农业上自成一区。该区为中国古代之文化中心。自西周秦汉六朝，以迄隋唐，前后二千年间，产业兴盛，人才辐辏，不特为当时中国全国人士之所仰慕，抑亦为全世界文化之中枢。洎乎唐亡宋兴，元明相继，经济上失其地位；灾害迭见，日甚一日。1925 年以来，旱雹连年，复加兵匪，700 万人民尽罹死亡，一千万方里俱成赤地，演为世界最广大之灾区。影响国民经济，莫此为甚。本组研究灾荒之西北，始于 1930 年 2 月，其结果当俟下年度发表。唯西北成灾之根本问题，据现时研究所得，决非普通所谓人口过剩，或地力递减，实属资本周转之关系。故吾人分析西北灾因，尤将注重中国现社会制度下农产之商品化及农民之无产化。

为探测目前中国社会最明显之种种趋势，以作研究问题之南针，本所特就全国最重要 24 都市，择其中文报纸内容最丰富者共 35 种，搜集各项社会纪实材料。此项材料，经第十次所务会议议决，委托本组选择剪贴，分类保存。积半载之经验，材料分类之纲目暂定如下：

（一）社会门

农人　工人　职工　苦力　小商人　知识分子　军人　妇女　华侨　贫民　地主　官僚　土劣　资本家　外国人　盗贼　土

匪　□□　监犯　失业　人口　家庭　文化　教育　习俗　宗教　毒物

(二) 经济门

土地　气象　水利　农业　垦殖　农产　粮食　田租　渔业　矿产　陆运　水运　邮电　航空　币制　工业　商业　银行　钱庄　当押　借贷　天灾　兵灾　勒索　物价

(三) 政治门

政治　军事　财政　党务　外交　法规　市政　乡政　团练　税捐　关税　田赋　盐务　公债　外债　租界　国际

本年度内报中所载，以关于灾荒，匪祸及税捐之材料为最多。国历与废历年关之前后，各地商店倒闭之多，殊属可惊。即就沈阳，北平，哈尔滨三处而言，在此期间商店骤然减少百分之七至八。1930年春季粮价之飞涨，亦为全国普遍现象。据上海，无锡，杭州，嘉兴，湖州，福州，南昌，芜湖，长沙，汉口等十处之市价，半载以内，每担米价平均竟由14元涨至19元。中国社会经济目前之趋势，于斯得以探索其一二焉。

生产工具乃现代工业之命脉，当此项工具之制造为帝国主义国家所垄断时，殖民地与类似殖民地无论如何模仿工业先进国之技术与经营，决无产业独立之希望。欧洲大战中，殖民地与类似殖民地之轻工业固一时发展甚速，唯战后即显形停滞，且有日趋衰落之势。中国旧工业如丝绸，纱布，纸张，砂糖，瓷器；新工业如卷烟，火柴等，莫不似风前之烛，奄奄仅存一息。乡村中农民无产化之速度，则又远过于都市中中外工厂及商店雇用力之增加。非农非工脱离生产之流氓队伍，其数量乃日益扩大。谓欲解决中国今日生产问题，而不根本解决农村经济问题，自无可能之理。故下年度本组专门从事于中国农村经济之调查与研究。本年度杨树浦调查所得材料，则请本所经济学组计划整理。

下年度除整理无锡保定两处 3 000 余户调查材料，及继续研究灾荒之西北外，本组拟开始调查中国农村中各种借贷制度；并从事分析正在衰落之江浙丝绸业与农村经济之关系。为交换参考材料，讨论专门问题，本组现与下列国外学术机关及学者随时通讯。（略）

（原载国立中央研究院社会科学研究所社会学组单行本，1930 年 7 月）

中国田地问题

(1930年)

田地问题和广泛的土地问题不同,中山先生关于土地问题的讨论是偏于都市方面的,不一定是专讲田地问题。

这个问题,可以分作三段来讲:第一,田地问题是什么;第二,中国田地问题的征象;第三,中国田地问题如何形成。

一、田地问题是什么

要明白田地问题是什么,先要明白田地是什么。田地不是人类创造的,是先人类而存在的。田地是天然赋给人类利用的工具。它原来不是一种资本,不过到了资本主义发展以后,才变为一种资本。所以我们可以下一个定义:田地是先人类而存在的不可移动的工具。

田地既为人类利用的一种工具,怎么有问题发生呢?就是因为原有的田地,不能尽量地为人类利用,于是便发生了问题。这种问题的发生,完全是由于社会关系而来的,因为人类社会关系不是固定的,是变化的,社会关系发生了变化,田地问题也随之以起。

社会关系随着时代而转变,所以田地问题也随着时代的不同而异。在古代奴隶社会，劳役者只有田奴还没有佃农，田主是人力与地力的剥夺者。到封建社会时代，就有佃农发现，田地也变成商品化。及进至资本主义社会时代，不但有佃农，且有雇农；田地不但商品化，且变为一种富有剥削力的资本，因为应用科学方法的关系，剥削更烈。这三种不同的社会里，就有三种不同的田地问题。

田地问题既跟着社会关系而异，那么，我们研究中国的田地问题，先得要研究中国的社会，中国社会是什么社会呢？中国社会是一个非常特别的社会，纯粹的封建已过去，纯粹的资本主义尚未形成，正在转变时期的社会——我们给它一个名字叫前资本主义的社会。在这种社会里，田地所有者和商业资本及高利贷资本三种合并起来，以农民为剥削的共通的目标。这是在中国特别的社会里发生的特别的田地问题。

二、中国田地问题的征象

中国田地问题有两种特殊的征象：一、中国农民耕地的不足；二、中国农民资本的不足。现在把它分开来讲一讲。

（一）中国农民耕地的不足

中国佃农雇农特别的多，即自耕农所有田地也很小很小，这是无可否认的事实。

甲、耕田工具的退步　　中国在东周时候，就发明了耕田的犁，近代耕田工具陆续以锄头来代替，这足见得田地的逐渐分散。

乙、耕畜的减少　　现在以人力代替畜力的现象，日益普遍。这种现象，一方面证明农民所有田地太少，用不着牲畜来耕田；另一方面又证明无田耕种的农民太多。

丙、田价之高　　中国的田价，比任何国家要高。如山西田价，已高过于印度，加拿大，菲列滨等殖民地。耕地的价格，占农业资本中的最大部分，在北方要占到百分之六十，在长江流域一带，要占到百分之七十。田价之高，一部分就是田地缺乏造成的。

丁、田租之高　　增高田租，即增加剥削。近年来田租增高的速度非常之快，在黑龙江，吉林两省的田租，十年内竟增高四倍，这显然表示要求租田的人多而田地不够的缘故。

（二）中国农民资本不足

有了田地，还要靠资本去经营。中国许多占有小量田地的农民，没有资本去发展种植，增加其生产，看了下列几种事实，就可明白中国农民资本缺乏到如何程度。

甲、肥料问题　　粪和豆饼是最廉价的肥料，但多数农民连这种极低廉的肥料还买不起，生产因之减少。

乙、难民问题　　近年来西北等处的大批难民，几乎走遍了国内各地。这些难民，据确实调查，多半原是有田可耕的，为了资本缺乏，终于流落到外边来；难民移往东三省去的，最近每年有十六万之多，但是东三省的耕地为的没有资本而未见有相当的增加。

丙、雇农工价的低落　　雇农向来是贱卖其劳力的，近几年来工资实价又减低了不少，十三年内吉林，黑龙江两省，雇农工资的实价，减低百分之五十八至百分之七十，这无疑是农民资本不足的结果。

丁、高利贷之增加　　农民受了种种的剥削，借贷的需要非常迫切，不得不忍痛投入高利贷之一途。以前二分钱的利息，要算很高的了，现在四分钱的利息却不算稀奇。

戊、荒地之增加　　中国未经开垦的荒地，固无力投资，就是已经开垦过的地方，也没有人能添加资本去种植。这种现象，在东三省看见得最多。

中国农民耕地与资本的不足，已经到了如此地步，往后趋势，只有日益加厉！

三、中国田地问题如何形成

中国田地问题，是一个历史的问题，也是一个整个的政治经济问题，这个问题是由于下列三方面的重大剥削而形成的。

（一）商业资本

二千五百年以来，商业资本无时无刻不是和高利贷资本合并起来，向着农民作猛烈的剥削的。米价腾贵的一部分原因，即为商业资本的垄断。商业资本收买了大量的米，运往外国，使国内米价高涨，在占全国人口最多数的农民身上博取厚利。

(二)封建余孽

封建余孽剥削农民的方式,最主要的是税捐;他们巧立种种苛捐杂税的名目,直接间接地加之于农民身上。普通的税捐还不稀奇,尤其可怕尤其危险的,还有各种变相的税捐和预约的税捐,如纸币公债票等!因为拿纸币到农村里流行,就是从农村里吸取一笔现金,一旦政局动摇,所谓纸币,等于废纸。至于公债票,其发行百分之八十以关税作抵,如遇公债票发得过多,政府无力收回的时候,帝国主义者可以其大量的资本来收买公债票,于是便好乘机操纵我国关税,握著我国命脉,这是值得我们注意的。此外,因为国内军阀常常作乱,交通阻断,农产物运输停滞,也很足以增加农民的失业和破产的速度。

商业资本和封建余孽在农村里剥削之所得,统统集中到都市里去,再由都市流到外国。

(三)帝国主义

帝国主义侵略农村经济的方法直接而显明的借款之外,还有大量商品的输入。从前本国土布非常畅销,自从洋布侵入以后,土布简直没有销路。丝和糖,向为中国的大宗出产,自从外国的人造丝和洋糖侵入以后,中国的丝业糖业就一蹶不振。外来商品之中,更有麻醉毒物好像山西省的金丹料面和机器炮,每年价值达六千万以上,超过山西全省岁收有半倍。这些洋货侵入农村,将农民的资本吸收到外国,作循环不息的剥削。不但如此,最近帝国主义者用大量资本输入中国，直接便捷地在中国设立银行，工厂，把持中国的金融，垄断中国的工商业，操纵中国的航路，铁路，原料等等。这都是帝国主义剥削能力增加的现象。

商业资本，封建余孽，帝国主义，三者剥削的方式虽然各自不同，但都以农民为共通的对象，中国田地问题就在这三种剥削的形态之下形成了！

中国农民因为受了商业资本，封建余孽，帝国主义三者连环的继续不断的剥削，更加贫穷，更加不能扩大耕地。现在农民失业，日益加多，农村经济日益破产。田地问题是很严重的，这个严重问题如果不得解决，整个的国家前途也断然不会光明！

（原载《农业周报》，1930年第41期）

现代中国的土地问题

（1937 年）

"每当权利失去均等，土地转移到少数人手中的时候，社会与政治，必起绝大的变异，中国历史显示多数朝代的覆亡，皆以此为主因。"意大利特来贡尼（C. T. Dragoni）教授对中国土地问题这样说。他应全国经济委员会之聘，由国联来华专意指导作现代中国农村情况的研究。今年春季，他到湖北兵燹之区，游历一遭，观察所得，曾有郑重的报告说："倘若新旧地主，依照旧俗，随心所欲的下去，数年之间，必将重蹈覆辙。将来新的情况，将更恶劣，因为一切事态皆利于富人阶级掠夺穷人的土地。我终以为这种情形，必须尽力免除。"

一、贫农需要土地

中国的经济构造，建筑在农民的身上，是人所周知的事实。殊不知农村中不下于 65% 的农民，都很迫切的需要土地耕种，中国的经济学者以为自耕农是自给自足的，其实这是远于事实的见解，在黄河及白河两流域间，自耕农很占优势，然而大多数和别处的贫农一样，所有土地，不足耕种。

（一）土地分配不均

白河流域的土地，分配的就很不平均。河北省定县，自耕农占70%，佃农仅占5%，然而经过调查的14 617农家之中，有70%的农家占有耕地不到全数的30%，其余不到3%的农家，占有耕地几当全数1/5。

定县的土地分配表（134村，1930—1931年）

耕地量	农家数目	农家百分比	占有地亩	地亩百分比	每家平均数
无地可耕者	1 725	11.8	—	—	—
25亩以下者	8 721	59.7	95 139	29.4	10.9
25—49.9亩者	2 684	18.3	87 903	27.1	32.8
50—99.9亩者	1 152	7.9	79 035	24.4	68.6
100—299.9亩者	302	2.1	46 357	14.3	153.5
300—300亩以上者	33	0.2	15 481	4.8	469.1
总　计	14 617	100	323 915	100	22.2

定县是河北富庶之区，所以以保定为代表，来研究河北省的土地问题，较为合适。中央研究院社会科学研究所曾与北平社会调查所，协同合作，在保定做过一次农村调查，调查者计有10村，凡1 565家，其中65%的农家，不是无地可耕，就是耕地不足。

保定土地分配表

（10个代表村中之地主与农民，1930年）

类别	农家数目	农家百分比	占有地亩	地亩百分比	每家平均地亩
地主	58	3.7	3 392	13.4	58.5
富农	125	8	7 042	27.9	56.3
中农	362	23.1	8 400	32.8	23.2
贫农与雇农	1 020	65.2	6 686	25.9	6.6
总计	1 565	100	25 520	100	16.3

以每个农家占有耕地的平均数而论，定县实较保定为多①。定县的多数农民，每家都有25亩以下的土地，即贫农每家也有10亩土地，而保定的贫农与雇农，平均每家不到7亩地。所以65.2%的农家只有耕地的25.9%，反之11.7%的地主与富农，却有土地41.3%。

在保定60%以上的地主，人口占村民2.36%，虽然自家管理产业，但不从事耕种。其中有3%以下的土地，占地10.57%，是雇用无地或土地不足的贫农与雇农②来代他们耕作的。

扬子江下游的情形与河北省大不相同，在扬州与杭州之间的地带，地主完全是收租的。自己经营的地主，甚属少见。在杭江平湖，很多大地主，该处土地多为地主所独占的，地主以3%的人口，而占有土地80%。

---

① 定县每家平均较保定多36%。

② 保定的雇农和普通资本主义国家的农业劳动者不同，他们自己都占有一些土地。所调查的203个雇农农家，有6%是有一些土地的。

在平湖，因为尚有4%以下的耕地未曾开垦，所以地主占有耕地的百分数，显见得是耕地分配之十分不均。中小地主占有耕地40.52%，大地主占有39.56%。占有千亩以上的地主，并不是普遍的现象，因为在扬子江流域中，中小地主实占主要地位。

平湖土地分配情形表（1929年）

产业量	农家数目	占有地亩	对全耕地的百分比
小地主（1—99.9亩）	1 200	60 000	11.63
中地主（100—999.9亩）	380	149 000	28.89
大地主	66	204 000	39.56
总计	1 646	413 000	80.08

在江苏无锡，千亩以上的地主仅有耕地8.32%，中小地主却有耕地30.68%。该地9%的土地，属于地方公团、庙宇及各宗族。只有余下的52%的耕地，为600 000农民所有。中央研究院社会科学研究所曾在无锡调查20个代表农村，在1 035农家中，其土地分配情形如下表。

无锡土地分配表（1929年20个代表村）

类别	农家数目	农家百分比	占有地亩	地亩百分比	每家平均地亩
地主	59	5.7	3 217	47.3	54.5
富农	58	5.6	1 206	17.7	20.8
中农	205	19.8	1 418	20.8	6.9
贫农与雇农	713	68.9	965	14.2	1.4
总计	1 035	100	6 806	100	6.6

无锡的地主,仅有5%是自己经营田产,他们在农村户口中只占6%以下,却占有耕地47%;其余69%的人家,都是贫农与雇农,他们占有的田地,仅为14.2%。

在杭州西边的临安土地分配,也很不平均。在1930年全国建设委员会曾派十人赴该地调查,据他们的报告,十亩以下的贫农很多,临安不及无锡富庶,贫农占全人口48%,所有耕地仅13%。

临安土地分配表(1930年)

耕地量	农家数目	农家百分比	占有地亩	土地百分比
1—5.99亩	3 113	31.0	16 000	7.0
6—10.99亩	1 718	17.1	14 000	6.1
11—50.99亩	4 106	40.8	20 000	8.7
51—100.99亩	646	6.4	60 000	26.1
101—200.99亩	382	3.8	70 000	30.4
201—500.99亩	75	0.7	30 000	13.0
501亩以上	17	0.2	20 000	8.7
总计	10 057	100	230 000	100

在淮河流域或扬子江流域之间的山地,土壤的硗瘠,更次于临安。这一带的土地,分配的更不平均。河南南阳县,有65%的人口都是贫农,他们所有的耕地,仅当全农地1/5。该地占有25亩的农家,通常也算作贫农;中农通常有土地50亩至70亩;富农平均享有农田百亩。

南阳土地分配表（1933年）

产业量	农家数目	农家百分比	占有地亩	土地百分比
1—4.99亩	42 279	38.9	126 800	7.2
5—9.99亩	28 625	26.3	229 000	13.0
10—49.99亩	33 355	30.6	867 100	49.3
50—99.99亩	3 487	3.2	263 300	14.9
100—199.99亩	850	0.8	127 900	7.3
200亩以上	244	0.2	146 300	8.3
总　计	108 840	100	1 760 400	100

关于福建、云南、广东、广西、西南诸省的土地分配情形，现在没有详细报告，《广东省农业调查报告》一书上卷于1925年由广东大学刊行，下卷于1929年由中山大学农院刊行；该书对广东土地分配情形虽略有叙述，惟对于土地占有情形，则毫未说明。两位热心的苏联学者，佛林（M. Volin）氏与约克（E. Yolk）氏，曾于1926年夏季到广东，搜集材料，以便研究农民问题。根据这些材料，匈牙利人马季亚尔（L. Magyar）氏对广东土地分配情形，曾有一种估计。佛约两氏的材料，完全是从当时的农民协会搜集而来，该会为富农及中农所主持，因之马季亚尔氏的估计决不正确。因为材料来源的限制，所以他对于贫农的经济情形，没有充分注意。马氏说广东的贫农之家，平均有田五亩[①]，是远于事实的估计。

[①] 广东的"亩"本比保定为大，南阳的亩本比临安为小。以公亩为单位来计算，则保定亩等于6.405公亩，定县6.15公亩，临安6.144公亩，平湖5.728公亩，无锡则为5.616公亩。

马季亚尔的文章发表于 1927 年,至 1929 年重加订正,并有以下的叙述:"大略计之,西南诸省的地主,占有耕地 60%—70%,扬子江流域占有 50%—60%,河南陕西占有 50%,山东占有 30%—40%,湖北占有 10%—30%,辽宁、吉林、黑龙江、热河、察哈尔、绥远等省占有 50%—70%。"因为地主与无土地者同时并存,并且在广东省无土地者尤独多,所以广东省的土地分配情形,我们应重新估计如下:

广东省土地分配表(1933 年估计)

类别	农家数额	农家百分比	占有地亩	土地百分比	每家平均地亩
地主	110 000	2	22 360 000	52	203.3
富农	220 000	4	5 460 000	13	24.8
中农	1 090 000	2	6 550 000	15	6.0
贫农及雇农	4 040 000	74	8 080 000	19	2.0
总计	5 460 000	100	4 2450 000	100	7.8

74% 的贫苦农家,占有耕地不及 1/5,同时 2% 的人家,却占有耕地 1/2 以上。这是广东省的普遍情形。广西的东部,有七县在 1926 年经塔汉诺夫(Tahanoff)调查过,当地的 2% 的人家占有土地 71%,25% 的人家仅有土地 29%,其余 70% 的人家,则贫无立锥之地。

(二)耕地的分散

少数懒惰的地主,占有大块的土地,集合许多贫苦农夫来耕种。土地分配的不均,在其他各国固然也不是没有,但在印度与中国是更加显著,因为该两国度内的贫农百分数很高,而且耕地太分散了。同时贫农更因为土地的分散,而更加渴望土地。

在德国的巴登,小农田很为普遍,每家农田的平均面积是 3.6 公顷(Hectare),日本最贫困农民的农田面积是 0.49 公顷,但在江苏无锡,所调查的 700 户贫农,他们的农田的平均面积,只有 0.29 公顷;河北保定的 870 家贫农之中,每家农田的平均面积有 0.53 公顷。即以所有农民的农田混合计算,无锡的农家平均只有 0.42 公顷,保定农家平均不过 1.06 公顷而已。

每家耕种平均面积表

地方	所调查的农家数目	年份	每家平均占有本地亩数	每家平均折合公顷数
定县	790	1928	25.80	1.59
保定	1 565	1930	16.54	1.06
无锡	963	1929	7.50	0.42

在殖民地的印度小农占主要地位,大农田很为少见,大部地主的土地租给贫农耕种。印度的农田都分割成小块,中国也是如此。以无锡的 34 农家为例,每家耕有农田 16 亩有余(90 公亩),平均每家有地 12 块,每块平均二亩半,约合 14 公亩,同时最小地块只有 0.35 亩,约合二公亩。

李景汉氏在定县调查一大村,200 农家之中,共有田亩 1 552 段。这些地块通常距离农村约有一英里远近。200 家之中有 26 家,各占有田地六(为众数)块,最坏的两家,各有田地 20 段。经调查而知,每块有田 4.2 亩,或约 26 公亩。其余 1 552 块的 69%,

每块只有5亩以下的土地。如印度一样，分散的农田，足以浪费时间、金钱与劳力，耕作者即有改良方法，也无从实行。

无锡34家农田地段表（34村1931年）

耕地面积	农家数目	地亩总数	地段总数	每家占地数	每段平均面积
16—20.99亩	3	57	32	10.67	1.8亩
21—31.99亩	20	535	236	11.80	2.3亩
32亩以上	11	444	143	13.00	3.1亩
总　计	34	1 036	411	12.09	2.5亩

农家耕地地块的数目和大小，可以反映出社会的与经济的意义，经过社会科学研究所与北平社会调查所在保定的调查而益为明显。在所调查的1 390农家地块中，4.84%的地块，每块不到一亩；57.09%的地块，每块有一亩到4.99亩；38.07%的地块，每块有五亩至五亩以上。自己经营土地的地主与富农的耕地地块，大块的占百分数较多，小块的占百分数较少；反之，中农与贫农，尤其是雇农，小块地段占百分数较高，而大块地占百分数较低。由1929至1930年之间，土地的变动很大，如耕地的售卖、押当与农家的分产，穷苦农家把较大的地块都丧失了，所余者都是较小的地块。因为他们在农户中是占大多数，所以大块地段日益减少，小块地段日益加多。在1930年，1 390家中，有4.92%的地块，每块不足一亩；57.44%的地块，每块为4.99亩；37.64%为五亩及五亩以上。

每块耕地的平均面积，一般趋向，也在减少，在雇农之间，尤其显著。

保定耕地地块平均面积减少表

(1 390 家 1929—1930 年)

年份	经营地主地块平均面积	指数	富农地块平均面积	指数	中农地块平均面积	指数	贫农地块平均面积	指数	雇农地块平均面积	指数
1929	10.63 亩	100	8.1 亩	100	4.66 亩	100	3.22 亩	100	1.88 亩	100
1930	10.47 亩	98.5	7.99 亩	98.6	4.61 亩	98.9	3.21 亩	99.7	1.8 亩	95.7

不管农户所耕田亩减少不减少，而农田却在日趋分散。这种趋势是农业生产的障碍，并且使合理化的管理及土壤改良，均无从实现。所以这个趋势是使地质日益硗瘠与枯竭的主要因素。比较起来，每公顷棉花的平均生产量远不如埃及，烟草远不如苏联（U.S.S.R.），玉蜀黍远不如意大利，大豆远不如加拿大，小麦远不如日本。在1928—1930年间，中国白米生产是平均每公顷18.9昆特（Quintal 每昆特等于100千克），在同时期内，美国每公顷之平均生产量为22.7昆特，日本为35.9昆特，意大利为46.8昆特，西班牙为62.3昆特。

小农田天然排斥大量生产的发展、大量劳力的使用、资本的集中、多数牲畜的饲养与科学的应用。不久以前，由国联来华之意人特来贡尼教授曾对全国经济委员会作报告说："在欧美各国，在同一区域内往往可以见到大规模的、中等的、小规模的农田企业。大规模与中等的农田，常雇用专家指导农事，以最完全的方法收最大的效果，小农观法取效，颇称便利，以此之故，专门技术才能继续发展。此等事情，在中国并不难见，因为农家土地狭小，决不允许雇用技术专家。"

在零星片断，连供给一头驴或一只水牛还嫌不够的农田上，而要雇用一位专家,岂不是笑话!外国观察者,很了然于中国之专恃畜力经营农业之不适宜,印度人鲁易(M. N. Roy)曾用德语指出其对于经济的重大影响如下:

"农民之慢性的穷困,与难以相信的低劣的普遍生计,即是其结果。一般所谓中国农业的强度,就是用大量劳动力从极小的土地面积上获取极高度的效果,在如此不利的生产条件之下,全部的社会劳动,大多尽用于农业耕作。"

二、大地主是促成农村崩溃的主要因素

现在中国的贫农,难有增加其土地之望。因为在近代的经济影响之下,私人财产的发展,已有一世纪的行程。国有及公有的土地,为大地主所掠夺,他们非法的然而在事实上垄断了这些土地的地租。

大约在 350 年以前,中国有耕地 701 400 000 亩。9.19% 为兵士的屯田,由兵士自己耕作着,27.24% 为各种官田,63.57% 为庙田、族田及私田。当时的私田仅有全数 50%。现在虽未有精确的统计,但私田的百分数一定大有增加。例如无锡的田产,在 1931 年分配如下:官田占 0.48%,庙田占 0.22%,族田占 7.81%,私田则占 91.49%。

中国兵士虽早已不从事农耕,但在 20 世纪之初,尚有屯田 7 570 000 亩。后以承继、转租、典当及种种税务纠纷的关系,这些田地,渐渐转入私人之手。在这种情形之下,省政当局,乃宣布公卖这些田地,如湖北、湖南、浙江三省,曾出售此项田地,

定价较低，每亩之价由七元至十元。但中国贫农决无此等购买能力。

另外在 11 世纪时，中国有学田之设。学田之收入，专为祭祀孔子及补助贫寒学子之用，近则完全移作教育基金。此等田地，存在于中国的多数地方。在江苏的灌云，学田占全耕地 1.21%，济南学田占 3.78%。云南学田之收入，占全省教育基金 55%。近来江苏的学田有秘密出卖的，而四川竟公开出卖。此种情形，如同属于旧满洲兵士的旗田一样，政府也公然出卖。河北省的旗田佃户当不能交偿田租的时候，往往有弃田不耕的事情发生。

公田也在减少了。庙田在扬子江流域各省对土地关系曾有重大作用，现在多被有力僧人秘密的典当或出卖，或被地方军事当局公开拍卖了。在广东、广西、贵州、福建等省，族田很多，大都为少数人所独占，这些人实际已经变成大地主了。最近四川人民呈请省政府，禁止各地驻防军人没收或出卖族田。因为该省军人不但消灭族田，而且把属于行帮的田产都分裂了。

即在辽宁、吉林、黑龙江、热河、察哈尔、绥远，移民很有希望的诸省，大部官田也极迅速的变为私产。自 1905 至 1929 年，24 年之间，黑龙江的 95% 的土地，皆归私人所有，大部转入大地主之手，这土地有 25% 以下，都经开垦了。大地主同时多为军政长官。自 1906 至 1910 年之间，周孝义（Chow Shao Yi）为黑龙江省土地局长，他在松花江以北肇东东南一带，占沃土 50 方英里，据为己有，现在大半都经开发，归周氏享有其利。继而吴俊升为黑龙江省省长，自 1924 至 1925 年间，吴氏攫得土地，几遍全省，另外在辽宁洮南尚有田地 2 万亩。

绥远省有 265 所天主教堂占有土地约 500 万亩。该省的临河县有杨李二家，有地不下 7 万亩，另外霸占官田 40 余万亩，"佃户之种公田，地租则入私囊"。（《绥远民国日报》）大地主垄断官田，恫吓贫农及中农，不准染指其间。实则贫农及中农即有机会购买官田，也决无力偿付地价，及其他非法费用。

近年以来，在山东、河南、河北、山西及陕西的北部，有成千累万的贫苦难民，受饥馑、战争、苛税、征发及土匪的迫害，向关外等省迁移。这些无衣无食，无居处，而又不名一钱的农民，无地可耕，不能成为独立的农民。多数赋闲，有的变为佃农，其余受雇于富农及经营地主，此等地主有大量土地。据中东路经济局统计员耶希诺夫（E. E. Yashnoff）的统计，1925 年，在农业最为发展的 52 县之中，有佃农 30 万户，经营地主及自耕农 70 万户。

70 万家的土地分配表（吉林、黑龙江，1925 年）

类别	农家百分比	土地百分比
经营地主及富农	14.3	52
中农	42.8	39
贫农	42.9	9
总计	100	100

在近代环境之下，饥馑，不可避免的可使土地集中。中国贫农既多，这种趋势更为显然。例如绥远萨拉齐的大塞林村（Ta-Se-Ling），在 1929 至 1930——饥馑之年，多把土地售与绥远省政府官吏。在陕西中部，1928 至 1930 年的灾荒，很悲惨的把土地集中起来，往往以百亩之田，换取全家三日之粮。1931 年的长江流域几省大水灾，又使很多土地集中在大地主及富农之手。

连年的天灾人患,使中国陷于水深火热之境,最近的谷价低落,均直接或间接的使地主的收入减少。即以秩序较为平定的江苏而论,多数的佃农皆以无力交付地租,而关在牢狱之中。

地主不但感觉收租的困难,而且感觉田赋的繁重。

无锡每亩的田赋表(1915—1933年)

年代	每亩田赋	指数	年代	每亩田赋	指数
1915	0.627元	100	1924	0.726元	116
1916	0.627元	100	1925	0.648元	103
1917	0.617元	98	1926	0.986元	157
1918	0.628元	100	1927	0.936元	149
1919	0.626元	100	1928	0.962元	153
1920	0.632元	101	1929	0.948元	151
1921	0.626元	100	1930	1.118元	178
1922	0.632元	101	1931	1.036元	165
1923	0.626元	100	1932	0.916元	146
			1933	1.182元	189

在最近十年之间,就是在江苏,田赋也增加90%。田赋增加的速率远超乎地租的增加速率,尤其当此谷麦跌价的时候,许多地主乐得把他们的田地卖出。

四川许多地主,都放弃田亩,移居成都重庆等城市中,借以逃避交纳田赋。在长江以北,宣汉蓬安灌县以南一带,为川省最富饶之区,而各地驻军预征田赋至20年到40年之久,另外还有附加税及额外征发。兹举例如下(见下页表)。

另外资中的田赋,在三年(1930—1933)之间,预征至14年之多。南充的田赋,在一年半(1931年10月至1933年3月)之间,预征至11年之多。

其他各省虽偶有预征田赋之事,但决不如四川之甚。就中国各地论,都为繁重的赋税所苦。例如湖南的附加税当正税之四倍。江苏北部的沛县现在每亩征收田赋4.774元。军事的征发常按地亩摊派,实际就是变相的田赋。据报纸所载,1929至1930两年之间,全国所有1 914县之中,有823县,皆为此等苛税所苦。至于黄河流域,军事征发更为频繁。

四川田赋预征表

地名	预征年数	征收年月	地名	预征年数	征收年月
重庆	5	1931年4月	宣汉	22	1932年3月
璧山	7	1930年1月	潼南	23	1931年9月
合江	8	1930年1月	蓬安	24	1933年2月
邻水	10	1931年6月	隆昌	26	1932年6月
江安	12	1933年1月	成都	28	1933年1月
宜宾	14	1931年11月	温江	30	1931年7月
威远	15	1931年8月	万县	31	1932年12月
荣昌	18	1931年1月	崇宁	38	1933年1月
岳池	19	1931年7月	灌县	41	1933年4月

试以山东省五县为例,在1928年田赋正税总数为468 789元,而军事征发却达1 286 395元之多。换言之,军事征发约当田赋之274%。这种百分数在有战事的区域更高,如1929年河北省的南部,与河北省的北部将有军事行动的时候,其数增至432%,可以为例。当1930年4月至10月河南省的东部及中部发生战争的时

候,其百分数为4 016%;质言之,即军事征发约当田赋40倍之多。1927年11月至1928年5月,山西北部及长城以北等地,有15县的军事征发,约当田赋的225倍。

赋税繁重,并不能使地主制度趋于崩溃,不过驱无力纳税的旧地主速就灭亡,而新的地主予以产生。这些新地主能够负担或者避免那些赋税。中国田赋在名义上是累进的,而实际是反累进的。许多有势力的在外地主,从不纳税,而这种负担大都加在当地的贫农的身上。现在纯粹以地租为活的地主,日渐减少,身为地主而经营商业参加政治的日渐加多。最显著的如陕西中部的土地,经过饥馑之后,多集中在军政官吏、商人及伪慈善家之手,中国的地主,日趋于活跃,已经跨进新的政治与商业之中,同时随着政治与商业性质的改变,他们自身的性质也在那里改变。

(一)地主与富农做些什么

中国的地主和法国旧时代即大革命前的地主不同,他们大都是四位一体。他们是收租者、商人、盘剥重利者、行政官吏。许多的地主兼高利贷者,可以变为地主兼商人,许多的地主兼商人,又可变为地主商人兼政客。同时许多商人、政客,也可变为地主。地主大半有糟坊(酿造所),油厂及谷仓。另一方面,货栈及杂货店主人,就是土地的受抵押人,实际就是土地的主人。这是著名的事实,地主所有的当铺及商店是和军政官吏的银行相联系的。1930年春,江苏民政厅曾调查该省514个大地主,其中有几个专以放高利贷为业,其余亦莫不与高利贷有关。有些地主是军政官吏,且常是承办税务者。他们的收入,兼有地租与税收。江苏北部，经济较为落后，地主以官吏为职业的更多。江苏南部的地主，多以放高利贷为业，且有从事经营实业者，此在北部则绝无。

江苏 374 个大地主主要职业表
（每个占有土地千亩以上，1930 年）

项别		军政官吏	放高利贷者	商人	经营实业者
江苏南部	家数	44.00	69.00	36.00	12.00
	百分比	27.33	42.86	22.36	7.45
江苏北部	家数	122.00	60.00	31.00	—
	百分比	57.28	28.17	14.55	—

经过调查的 514 个大地主，他们每户占有土地千亩至六万亩，其中 374 个大地主，都有主要职业。其余 140 个大地主，虽未确知其操何职业，但纯粹收地租者为数很少。在 374 个地主之中，44.39%为地位不同的军政官吏，34.49%为当铺及钱庄老板或放高利贷者，17.91%为店主及商人，仅有 3.21%为工厂股东。中国的地主，类多放高利贷，由地主而变为工厂股东者，很为少见。至于地主官吏以东北西北各省为多，地主商人则以山东、河北、湖北及其他商业较发达之处为多。

中国的农村行政，为地主的广大的势力所渗透。税收、警务、司法、教育，统统建筑在地主权力之上。贫农遇有租税不能交纳时，辄受监禁及严刑拷打。在江苏曾有 500 余佃农监禁在一地方小监狱之中。陕西南部农村中著名的黑楼就是惩处农民之所。贫农一经监禁在此楼中，饮食便溺皆须纳费。

无锡有 518 个村长，其中之 104 个，经调查其经济情形如下：91.3%为地主，7.7%为富农，1%为小商人。此等地主之中，有

43.27%为中等地主，56.73%为小地主。有59个村长，所有土地不及百亩，平均每家有地44亩；有45个村长，各有土地百亩以上，平均每家有地224亩。于此，不难窥见地主在农村行政上力量之大。在这一点上，无锡可为全国各地之代表。

由于农田的狭小，贫农皆不能直接得到银行的信用。所以地主在农村之间除了握有政治势力以外，还操纵地方的商业及放债资本。1927年曲直生氏曾调查湖北的棉花交易情形，他发现"大半的棉花栽种者，都是小独立农民，他们毫无资本，全恃举债，以维持耕作，……农民借贷之利率通常为年利36%。当银根吃紧的时候，利率高至年利60%。以六个月为期的贷款，须以不动产为担保品"。在云南贵州两省，贫农以现金偿付贷款，其利率为30%，若以谷物偿还，其利率则为40%。贵阳有时利率为年利72%，昆明大地主之放贷，其利率有高至年利84%者。

地主及富农，利用小农之贫困（由于缺乏土地），而双管齐下的放高利贷与经营商业。他们屯集谷物，居为奇货，提高贷利，鱼肉贫民，积渐而二倍、三倍、无数倍的，增置其地产。江西东北部的玉山，有某地主，以放高利贷起家，30年间，增益其地产由30亩至1 000亩；其次浙江中部义乌某地主，屯集谷物，高利盘剥，于十年之间，增益其地产，由750亩至2 000亩以上。

中国无处不有典当业，当铺完全是商业性质的重利盘剥机关。商业繁荣之区，当铺的大部分资本多由商人吸收而来；有封建残余的经济势力占优势的地方，其大部分资本则由地主吸收而来。

江苏 4 县当铺表（1933 年 4 月）

地名	当铺数目	流通资本数目（元）	资本来源	
			商人供给资本百分比	地主供给资本百分比
如皋	11	340 000	20	80
常熟	20	720 000	22	78
无锡	34	1 210 000	75	25
松江	17	510 000	65	35

松江、无锡的商业，比如皋、常熟为发达，但以现势而论，大多数商业资本，仍是由地租而来。所以中国的当铺可以证明是高利贷、商业、地主事业三位一体的组织。

中国的富农如同地主一样，常放高利贷与经商。许多富农出租他们的农具、耕牛及一部分土地，以收租金。所以中国的富农已经变成部分的地主。但是因为土地的分散、赋税的繁重、谷价的激落，使他们不能（而且事实上也不可能）趋向于资本主义化。在无锡有 58 家富农，把他们土地的 18.76% 出租与贫农。我们可以举以为例：

无锡 20 代表村富农土地表（1929 年）

占有土地面积	家数	土地总亩数	出租亩数	百分比
16 亩以下	22	181.0	1.5	0.83
16—31.99 亩	29	667.1	80.4	12.05
32 亩以上	7	358.2	143.3	40.01
总　计	58	1 206.3	225.2	18.67

19世纪的末叶，俄国的农业开始资本主义化。俄国当时的情形，恰巧相反，当时的贫民却将大部分土地出租，而富农反租入大部分土地。今日之扬子江流域，大多数贫农都是佃农，多数的富农皆租出土地，以收地租。北方诸省的生产力及地租比较扬子江流区为低，富农往往由贫农之手，租入一些田地。最近的谷价低落，使一些自己经营而相当有利的富农受到严重的打击。在广东与福建两省，富农出租土地之多，和扬子江流域一样。

大体言之，北方的贫农多为雇工，南方的贫农多为佃农。以经济情形而论，后者比前者更为恶劣。有许多地方佃农与地主分担赋税，即应由地主独立负担者，每必设法令佃农担负之。实则佃农所交付之地租中，已不仅为其所得利润之一部分，即其劳力应得的名义工资之一部分亦包括在内。中国地租之高，每当全收获40%—60%。

为应付这种严重问题起见，在1926年，中国政府领袖，采取一种减租政策，规定地租之最高限度为37.5%。仅有四省公布减租条例，湖南于1927年7月公布之，湖北于8月公布之，浙江于11月公布之，江苏于12月公布之。但是真实有效的还是以下的经济律："在地主佃农制度之下，地主有权提高租额是很重要的。"果然于1928年2月，除浙江外，都取消了减租律。

减租政策在浙江实行以后，在某种程度上阻止了地租的扩大和预租的缴付。但是这个规章仅限于谷麦，其余棉花、豆类、桑树，皆未规定。即此已引起下列之情形：（一）浙江地主，增大量器，征收地租，永康县，即有其例。（参阅该省佃业仲裁局第93次会议记录，1932年9月21日）（二）地主力逼农民，将土地以少报多（如绍兴）。（参阅1931年8月28日杭州《民国日报》）

（三）地主亲自派人，强迫收获谷物（如在萧山）。（1931年11月23日杭州《民国日报》）（四）地主当仲裁局调解人未到以前，径行收获谷物（如在象山）。（1930年9月18日上海《时事新报》）（五）地主要求晚稻登场时，增加地租（如在诸暨）。（1932年6月9日，浙江仲裁局第80次会议记录）（六）仲裁局于纠纷未作决定以前，土地往往无人耕种，嘉兴即有其例。（参阅1929年3月16日上海《申报》）地主对不服从其意志之佃农，往往夺还其土地，重新租与驯服之佃农。因此之故，在龙游、诸暨、处州、温州、桐庐、遂昌、乐清、新昌及其他各地，当佃农尚未受到减租之利的时候，已经失去土地耕种了。

（二）农产生产的衰落

中国大土地所有者工作之结果，必然的使农产生产衰落。最近的调查统计很明白的指出耕作田亩之减缩。农田之减缩不仅由于富农之变为部分地主，实由于贫农数目之增多。就北方论，当1928—1930年大饥馑以前，陕西中部，每家平均耕地数为30亩，现在减至不足20亩。在灾情最重之五县至七县，差不多有20%的土地都出卖了。陕西合阳县的灾情虽不甚重，但土地仍在集中的过程中。富农日多，贫农也日益增加，惟中农则减少极快。

陕西合阳农家情形表（1933年3村）

耕地量（亩）	1933年		1928年		1923年	
	家数	百分比	家数	百分比	家数	百分比
20亩以下者	123	39.81	95	30.84	70	19.23

续表

耕地量（亩）	1933年		1928年		1923年	
	家数	百分比	家数	百分比	家数	百分比
20—49.99亩	125	40.45	173	56.17	236	64.84
50亩以上者	61	19.74	40	12.99	58	15.93
总计	309	100	308	100	364	100

在河北省的某县近年来虽未遭灾，但每户耕地面积的缩小也很显然。该地经营地主与农民间，每家的平均地亩，在1927年为17.32亩，1929年为16.88亩，1930年为16.75五亩，贫农之中，土地更为缩小。

保定1 473农家耕地表（以10村为代表，1927年）

类别	家数	耕地亩数	每家平均地亩数
经营地主及富农	156	10 088.43	64.67
中农	344	8 238.74	23.95
贫农及雇农	973	7 180.04	7.38
总计	1 473	25 507.21	17.32

保定1 527农家耕地表（同前10村，1929年）

类别	家数	耕地亩数	每家平均地亩数
经营地主及富农	161	10 048.32	62.41
中农	358	8 549.57	23.83
贫农及雇农	1 008	7 174.8	7.12
总计	1 527	25 772.69	16.88

保定 1 544 农家耕地表（同前 10 村，1930 年）

类别	家数	耕地亩数	每家平均地亩数
经营地主及富农	162	10 091.57	62.29
中　农	362	8 567.62	23.67
贫农及雇农	1 020	7 197.71	7.06
总　计	1 544	25 856.90	16.75

保定耕地平均面积指数表（以 1927 年为基数）

年代	经营地主及富农	中农	贫农及雇农	总数
1927	100	100	100	100
1929	96.5	99.7	96.5	97.5
1930	96.3	98.8	95.7	96.7

扬子江流域大的农田，也是日渐减少，小农田逐渐加多。例如湖北省的应城，该处向少兵燹之灾，但一村之中，近年来农家耕地，无 20 亩以上者。

湖北应城清水湖村农家情形表（1933 年）

耕地量	1933 年		1923 年	
	农家数目	百分比	农家数目	百分比
5 亩以下者	40	48.78	20	31.75
5 至 19.99 亩	42	51.22	25	39.68
20 亩以上者	—	—	18	28.57
总　计	82	100.00	63	100.00

江苏镇江西湖村农家情形（1933年）

耕地量	1933年		1928年		1923年	
	农家数目	百分比	农家数目	百分比	农家数目	百分比
5亩以下者	15	6.07	6	2.43	—	—
5至19.99亩	167	67.61	130	52.63	72	29.15
20至25亩	65	26.32	111	44.94	175	70.85
总　　计	247	100.00	247	100.00	247	100.00

江苏镇江地方更为平静，但在某一村中，近七八年来，大农田急剧消减，小农田乘时而起。

镇江之东南为工业发达的无锡，该县东部，农村人口以佃农为多，南部农民大多数为小自耕农，每家耕地，鲜有超过二十亩者。在该县之西部及北部，颇有大农田。有三村曾经调查，其结果为近十年（1922—1932）之间，耕有十亩以下之家，增加百分之一二，耕有十亩至二十亩之家减少2%，耕有二十亩以上之家，减少10%。

假使生产工具日有增加，虽耕地缩小，亦无大碍。但在中国，耕地之缩减，相伴随而来的，即为生产工具之缩减，如耕畜、农具、肥料之缩减是也。陕西合阳，遇灾甚轻，在近十年间，毫无耕畜之农家，自29%增加至47%，有二三头耕畜之农家，则自13%减至8%。

甚至地居长江下游，并沿沪杭铁路的嘉善，近十年来虽无灾荒发生，耕畜之使用情形，其一般趋势略与陕西合阳相同。

无锡 133 农家耕地情形表（代表村 1922 年）

耕地量	农家数目	家数百分比	地亩数	每家平均地亩数
10 亩以下者	51	83.35	301.5	5.9
10—19.99 亩	48	36.09	640.6	13.3
20 亩以上者	34	25.56	1 113.7	32.8
总　计	133	100.00	2 055.8	15.5

无锡 147 农家耕地情形表（同前 3 村，1927 年）

耕地量	农家数目	家数百分比	地亩数	每家平均地亩数
10 亩以下者	61	41.50	340.4	5.6
10—19.99 亩	52	35.37	698.9	13.4
20 亩以上者	34	23.13	1 089.0	32.0
总　计	147	100.00	2 128.3	14.5

无锡 167 农家耕地情形表（同前 3 村，1932 年）

耕地量	农家数目	家数百分比	地亩数	每家平均地亩数
10 亩以下者	84	50.30	448.9	5.3
10—19.99 亩	57	34.13	787.7	13.8
20 亩以上者	26	15.57	787.2	30.3
总　计	167	100.00	2 023.8	12.1

无锡农家之增减百分数表
（以 3 村为代表，1922—1932 年）

年代	10 亩以下农家百分数	10—19.99 亩农家百分数	20 亩以上农家百分数	总数
1922	38.35	36.09	25.56	100

续表

年代	10亩以下农家百分数	10—19.99亩农家百分数	20亩以上农家百分数	总数
1927	41.50	35.37	23.13	100
1932	50.30	34.13	15.57	100

陕西合阳3村中耕畜表

农家	1933年		1928年		1923年	
	家数	百分比	家数	百分比	家数	百分比
无耕畜之家	146	47.25	110	35.71	105	28.85
3家或2家共有1耕畜	30	9.71	29	9.42	5	1.37
有1耕畜之家	55	17.80	63	20.45	111	30.49
有2耕畜之家	52	16.83	57	18.51	97	26.65
有3耕畜以上之家	26	8.41	49	15.91	46	12.64
总计	309	100.00	308	100.00	364	100.00

浙江嘉善县顺恳（Shun-Ken）村耕畜表（1933年）

农家	1933年		1928年		1923年	
	家数	百分比	家数	百分比	家数	百分比
无耕畜之家	33	38.37	20	26.32	15	18.75
3家或2家共有一耕畜	7	8.14	10	13.16	12	15.00

续表

农家	1933年		1928年		1923年	
	家数	百分比	家数	百分比	家数	百分比
有一耕畜及以上之家	46	53.49	46	60.52	53	66.25
总　　计	86	100.00	76	100.00	80	100.00

在津浦路沿线的徐州情形并不见好，据1932年之报告，该处农村，通常三家或三家以上，共用一耕畜，五家共用一犁，六家至九家，共用一车。现有的耕畜，亦多老而不适于用。近数年来，仅有少数新车，增加使用。耕畜与农具，皆急剧的减少。无耕畜之农民常以劳力租用。每租用耕畜耕田一亩，农民必为畜主服役三日。租费之高，可以看出耕畜的缺乏。1927年湖北东部贫农租一牛用之费，相当于一亩中等田之地租。所以湖北农村的耕畜也很缺少。应城之清水湖村全无耕畜的农家，在1923年，仅为8%，1928年增至35%，到现在（1933年）大半农家均缺乏耕畜。

近五年来，两广耕畜价值之昂，较以前为二倍或三倍。湖南省政府主席何键，曾通令禁宰耕牛，其言曰："湖南牛价日益昂贵，致使三数农家，罄其所有，不能合购一牛，以故田地荒芜，农产减少。"

中国耕畜，如马、驴、水牛、黄牛、骡子之类，皆在减少，减少之原因，或为1931年长江大水所湮没，或为瘟疫所病死（如今日之两广及其他各地），或为贱价所出卖。贱价出卖之原因，或为无力饲养，或为得钱以维持家庭生活。

最近谷价之惨落，使贫农更为窘困，因之大多数，无力购买普通肥料。以故如皖北一带的肥料市场，益为凋落。窘困减少了生产工具，因之再生产的经济基础更加狭小。

贫农的耕畜、农具、肥料，都被剥夺了，他们只有放弃他们的小块土地——主要的生产工具。保定的农民可以作为标本，以说明中国农民无产化之一般。

保定农民田产表

(以 10 村为代表，1927 年 6 月—1930 年 6 月)

年代	中农			贫农及雇农		
	家数	土地亩数	指数	家数	土地亩数	指数
1927	343	8 066.84	100	969	6 862.89	100
1929	343	8 041.37	99.7	969	6 444.50	93.9
1930	343	7 995.32	99.1	969	6 348.11	92.5

贫农及雇农比中农丧失土地更为迅速。自 1927 年 6 月至 1930 年 6 月，三年之内，他们因出卖或抵押丧失之土地，约当同期间所得土地之四倍。换言之，押进和买入之土地，仅当卖出及押出土地之 24%。1927 年 6 月，贫农及雇农共有土地 6 862.89 亩。到 1930 年 6 月，其买入或押进数为 164.29 亩，即 2.39%。同时其押出或卖出之数，则为 679.07 亩，即 9.89%。总计三年中所丧失的土地为 514.78 亩。前数年谷价较贵，犹且如此，若以最近情势推之，至多 40 年内，保定之贫农及雇农，将丧失一切土地，变为赤贫了。

最近农产品价格之低落、商业的极度不安、赋税的繁重、高利贷之压迫，一切的一切，促使资本不能流通，土地价格跌落。因此，不仅中农、贫农及雇农，出卖他的土地，即许多富农与地主，亦无不希望卖去土地，以取得现金，而减轻负担。

中国各地耕地价格差不多都在跌落。以今春（1933 年）与 1923 年相比较，福州地价跌落 33%，浙江永康跌落 40%，江苏盐城跌落70%，陕西府谷跌落50%—81%，察哈尔之阳原跌落60%。近四年中，河北数县之地价跌落至33%—75%。

河北数县耕地每亩平均价格表（1929—1933年）

地名	每亩平均价格		指数（以1929年为基数）	
	1929年	1933年	1929年	1933年
赵县	90	60	100	67
行唐	150	100	100	67
南和	100	60	100	60
固安	50	20	100	40
晋县	100	40	100	40
东鹿	100	30	100	30
保定	80	20	100	25

地价虽然日益低廉，但荒地面积日益增加，无地农民，日渐众多。中国有兵200万，大多数是来自无地耕种的贫农。平常每年有15万至18万农民向长城以北及东北各省移殖，但现在为军事所阻断。另外自1929年世界经济恐慌爆发以来，海外侨工已有20万至25万人，被迫回国。现在全国失业人口，至少有6 000万，同时土地集中在新的有势力的大地主之手中，只有他们能够占到地价暴落的便宜。在人口稀少，土地未经开发各省份，土地集中之程度，反而更高。这样土地所有与土地使用间的矛盾，正是现代中国土地问题的核心。

（录自中国农村经济研究会编，《中国土地问题和商业高利贷》，1937年4月）

三十年来的中国农村
(1941年)

鸦片战争时,中国尚未走进世界市场。到苏伊士运河开凿后,欧亚水运便当,中国之农产品渐渐出口而加入世界市场,不过营业数量到现在为止,仍只占世界贸易的很小部分。这表现中国仍是经济落后而未发展的国家。其理由是因为4万万人购买力低弱,市场表面上大而实际很小。从这点可以明白中国农村是十分穷乏,因为中国人口8/10为农民。

在最近30年内,代表全国经济的主干的农村,已很穷困,而且穷困的情形更日益加深和扩大。约20年前起,主要的农产米、小麦、面粉,开始大批运进中国,经过近年的大水灾,食粮的进口更是增加。

今年(1940年)和上年比较,虽收成并不坏,而今年米的进口,较去年增加几乎一倍,又因为大批的农产品和其他五金料、煤油等的增加,今年1月至10月底止,我们全国进口的总量,虽仅15 400万镑,而进口的入超约等于进出口总额的一半。这样看来,中国所谓"以农立国"的话,是动摇了。15年前,章士钊先生提倡"以农立国",曾引起一般人对于农工不偏重的争论。但是15年来的历史已使"以农立国"的理论,失去基础。

近代历史上有政治独立而经济作附庸的国家。譬如19世纪的美国和革命前的帝俄。但是从没有见过政治不独立的国家,能有经济上的自由和发展的希望,没有一个人能说非洲和亚洲各殖民地,它的经济是真正的发展,人民生活的条件是在真的改好。历史上的事实告诉我们,一般民主的改善,完全要靠对外政治的独立,和对内政治的清明。对外的独立就是抗战的基本观念。而国内政治的清明,亦即建国的根本观念。

近30年来,虽专制的帝制已废,民主政体的门面是已有雏形,但因为对内对外在政治上尚还没有积极迅速的根本的改善,所以一般的经济,特别是农村经济,只有崩溃的现象。要将我们30年中国农村贫穷化的过程来分析一下,我们可从下述的5方面来观察。

一、农产商品化的加速

上次欧洲大战快终了时,我们的棉纱纺织业发展很快,所以我们的棉田扩张很多。先是工厂家的推动,后为(北伐后)官厅的积极提倡。所以华北、华中棉田增加很快。因此米麦的种植面积,有相当的减少。这就是30年以来农产商品化扩大的第一个现象。这现象对于农村经济的影响甚大。最明显的是一般农民依赖货币以收支。因为中国已经加入世界市场,所以这种商品化的影响比宋朝时我们中国农产商品化的程度高得多。对于农民来说,农产商品化的意义,即农民脱离自耕自食或自给自足的地位,而更依靠市场与货币。农民经济独立的地位,很快地损失和抛弃了。

农民如果有充分的耕地,有丰满的收入,那么农产越是商品化,农民的收入越多,而生活应当更好。但以中国的情形言之,则全得相反的结果。因为中国一般的农民,他的耕地是很小又很零碎,不能大量生产。因此各个农家生产品的量很少,没有力量和商人讲价。因此不能抵抗奸商的欺榨。在现有土地制度的情形下,中国的农产越是商品化,人民痛苦越厉害。

近年来农产商品化的第二个显著的现象,就是鸦片的种植。有一时期,政府表面上禁烟,实际上是无形中迫得农民多种烟。因为烟田税非常重,而收税的官吏种种腐败舞弊。不种烟的田,也要被征烟税,所以农民不得不种烟。如果种普通的作物,其收入更无法交纳捐税。禁烟的结果,变成无形的推广种烟。(有不少军阀对不种鸦片的农民收懒捐)

抗战以后,政府在西南产烟之地严厉执行铲除烟苗。但因为没有替农民想办法,使其可以改种其他作物,而同时能维持其原来的生活,因此许多农民破产。在滇西一带,因不种烟而破产的农民,许多都跑到缅甸北部作苦力。这种现象,亦即证明在中国现有的土地制度下,农产商品化对于农民生活恶化的影响。

至于因为信用借款的关系,而增加桐油的输出,因此桐油种植的面积,很快地增加。不但四川,湖南,即在浙滇桂,也很快的推广。据说一桶桐油可换两桶煤油。这种商品化的农产,对于经济作战方面贡献甚大。但因为统制价格的关系,种桐油的农民所能得到的收入,远不如他们所应当得的价格。因此大批桐油的种植,和大批桐油的输出,并未使生产农民的生活有所改善。

二、纯封建制渐归消灭

农产商品化的影响，在中国历史上早已使土地商品化。这种历史从商鞅时起，一直到现在已有二千年光景。土地不买卖，是封建制度的基本因素。自秦汉以来，土地可以买卖的区域，是渐渐扩大，也就是说纯封建的逐渐破坏。直到现在只有西南偏僻的边疆地方，因为少数民族保有他们民族利益的关系，故还有纯封建的遗迹。

抗战以来，工商业的资本退移到西南，压倒了少数民族的经济势力。或者利用垦殖的名义去圈地，或者用农业试验场的名义去并吞少数民族公有的茶山，或者用救济战时难民或归国华侨的名义，强制收买少数民族向来不出卖的土地。因为这些所谓抗战建设的办法很快的破坏了原始公社土地公有的制度。

在滇南十二版纳的一部分，可说是中国纯粹封建存在的地方。然而因为农产商品化的关系，和抗战以后外来经济势力的压迫，纯封建制也站不住了。四五年前，南峤，佛海，车里和思茅、普洱一带，情形是不同的。思普一带早经丈量土地，可以自由买卖。而十二版纳各县土地尽归村有。此种村有不是阎锡山氏所说的"村有"而是传统原始公社式的村有，最近几年变化很快。外来的商人和归国的华侨现在已经借用公司的名义，通过县政府的力量，收买土地，南峤，佛海已有这种情形。在不久的将来，车里也将遭遇同样的命运。

以车里来说，商业的影响和官厅的剥削，早已使纯封建社会渐渐地变成一半封建的社会。除了像车里以外，全中国早已脱离纯封建制了。辛亥的春天，招商局的轮船载了贡米从上海到天津。那是最末一次的贡米，也可说是最末一次的纯封建的田赋。民国成立以后，贡米的制度铲除，封建赋税的形式也就消灭了。现在的赋税和兵差大部分是以钱币的形式来征收。所以性质上虽是封建的，形式上已经不是纯封建的了。在纯封建制度之下，没有出钱雇人代替兵役的，而现在许多地方出二三百块钱可以雇用一个壮丁代替兵役。

在纯封建制下的农村，因为富于自给自足性的经济，所以农民的生活程度虽不高，但生活因为有保障而很稳定。在半封建制的情形下，就大大不同了。一方面忍受封建的余毒，另一方面又逃不了资本主义之剥削，这一种双重的压迫已经够受了。又加上中国沦于半殖民地的地位，农民要改善他的生活起来反抗的时候，又因为外国的政治军事的压力，更加遭遇挫折。换句话说，现在农民的经济地位，还不如在纯封建制之下的经济地位。

十四五年前北伐的时代，有些所谓革命理论家的，以为中国革命的基本队伍是在佃农。所以当时他们以为粤湘赣的革命力量，是建筑在佃农身上的，这话固然是不错。但这些理论家即因此而发出错误的议论，说华北因为佃农的成分太少，所以不能希望有革命的高潮。然而抗战以来，这种错误已经很明显的证明了。

华北许多的游击区域，它的力量不是建筑在革命的农民身上吗？华北的自耕农，和华中、华南的佃农，是一样的贫穷，一样的受压迫。所以他们的革命情绪，是没有两样的。在我们半封建半殖民地社会里，地权集中了，耕地分散了，佃农和自耕农经济的比较地位，没有多大分别。华北的一般自耕农，种 30 亩以上的是少数，因此也一样很贫穷。北方自耕农和南方的佃户，在经济上既是同处低落的地位,他们对于革命的要求是没有分别的。现在中国农民不论南北,多武装地加入了民族革命战争,就表现了全国农民迫切地要脱离半殖民地半封建的痛苦。

三、高利贷制变本加厉

据政府最近发表的统计,15省以内,一年以来,合作社的社数,由53 000余增加到82 000光景。社员的总数已达420万人。另有26 000非正式之合作社尚未算在内。目前估计我国合作社的社数,已有12万左右。社员的总数大约有500万人。至于生产的合作社,或工业合作协会下的两千余合作社,因性质不同尚未曾计入。

过去7年中,赈灾会,农本局,建设厅,中央及各省府经济委员会,南北各大银行,一齐努力于农贷。农贷的方式,主要是通过信用合作社。按全国合作事业管理局的分析,本年5月15日以前,所登记的各种合作社,有8万余。可是,全数中88%均属信用合作社。生产合作社只占8%。运输合作社不到2%。其余有如消费,公用,购买等合作社,只占1%的光景。于此可知我国所谓合作运动,大部分实为农贷运动的别名。

目前农贷的制度,虽然拥有合作社的美名,实际确是集团的高利贷。表面上农贷的利率并不高,但通过土豪劣绅和原有高利贷者之手,实际利率,不能算低。好比都市里的二房三房东,免不了把原有的房租增加了。并且信用合作社和原有的农贷制度,并不监督或直接帮助农民的生产。一方面便宜了农村从事于高利贷的分子，另方面不过是使农民得到一时的便利，并不能解除他们的痛苦。

怎样便宜了农村高利贷的分子呢？普通的讲来，20年以前，一般人没有听到信用合作社的时候，高利贷者，只能用他们自己的资本来剥削农民。现在他们可以自己不出力，转向信用合作社去利用农贷的制度。他们可以拿到一笔款，不是慷他人之慨，而倒是假公济私赤手来剥削农民。况且从前用个人的名义出借款项，有时不容易收回借款，甚至难以索取利息。现在有了合作社的名义，凭借官厅保障，可以用更大的压力，加之于欠债的农民。在个人高利贷穷于应付的时候，得到集体高利贷或变相高利贷的帮助，高利贷自然是更加猖獗了。

最近十余年来因为农民的更加贫穷化，高利贷者利用这种情形，施借农具种子肥料等，甚至于借给食粮。到了收获的时候，拿农产扣还，而又压迫农民出卖这种农产。这样变本加厉的高利贷，是混合商业资本和高利贷资本在一起，而加重的多方面的剥削农民。所以农村中的生产关系一天一天的恶化，而生产方法无论如何不会有切实的进步。

有些政府的机关，名义上何尝不是为经济建设，何尝不是为经济作战。但实际分析起来，不免有破坏经济"与民作战"的嫌疑。一方面大批的施用农贷，另一方面贬价的收买农产自桐油以至于米粮，比市价低了好几倍。统制是应当的，但不应把它变成剥削的别名，许多商人屡次为"政府与民争利"而呼吁。例如最近陈嘉庚先生对于闽省当局也有这样的批评。如果中国大部分的农民能够像陈嘉庚先生一样的有批评能力，中国情形就大不相同了。

至于半官半商，亦官亦商的人们，假公济私，囤积居奇，操纵市场，暗中经营高利贷。虽然他们活动的范围，都大半集中于都市，但影响所及，必然会到农村。所以金融的投机走私的勾当，和资金的外流，不断的在那里抽取农村的血液，而加速的减低了农民的生产。

四、地权集中农民离散

辛亥革命时代，地主兼商人的，或军人兼地主的，远比不上目前的这样多。自从袁世凯死了以后，军阀割据的局面越来越明显。直到北伐以后，方才逐渐的消失。那十年中，是军阀最猖獗的时代。因为中国经济的情形不允许迅速的工业化，军阀们暴敛来的财富，大部分是放在土地上，拿田租当作利息。于是大军阀拥有大土地，东北数省大者数千顷。小军阀有小土地，也是数千亩数百亩。现在广东的南路，云南的迤南，江苏的江北，绥远，四川的全省，都是这样情形。

从前绅士式的地主，没有武装的能力催租逼租。后来他们的土地只能转让给新兴的地主，这些大半是军阀们。他们既有力量，强制收租，他们的田产就更加容易扩大。因此这30年来，后一个时期比前一个时期地权更加集中起来。

失地的农民，随着地主的集中而增加起来。他们因为抢租地主的田，不得不屈服于高额的田租。田租又随着苛捐什税增加。佃农因为不能应付不断增加的田租而沦为雇农。但又因为农场经营面积的狭小，被雇的人数不多。所以破产的农民，大批的离村。

10年以前直鲁豫三省的农民们蜂拥到东北去的，每年达100万。自第一次欧战，直到世界经济恐慌开始，闽粤等省，破产的农民也成千成万的流亡到南洋一带去当苦力。许多没有出路无法迁移的破产者，不当土匪便投入军队。他们在军阀制度之下，渐渐失去了农民本来的面目而同化于流氓性质的游民。因此造成中国军队的雇佣性质。

这种雇佣性质的军队在抗战过程中，已都被消灭了。然而过去的30年中，他们便是军阀的工具，内战的炮灰。军阀们利用他们来刮削，或造成刮削的地盘。南北都是一样。刮削来的财富，大部分投于地价里面。于是地权的集中，更进一步的制造离村的农民。这些人便又变成后补的军阀利用品。因此军阀制度，地权集中，和雇佣式军队，打成一片而成为中国数十年间经济崩溃的最大因素。以前农村原是生产的渊薮，后来变成流氓的渊薮了。

抗战以来，因为军队性质的改换，军人爱国心的焕发，而事实上也不允许军阀制度的留恋，因此，一般人甚至称军人比文人更是爱国。目前发国难财的文人似乎多于军人。而现在拿资本投放在土地上的也是一些半官半商，亦官亦商的投机而走私者。所以地权的集中者，又已转换性质了。

闽粤两省尚有不同的原因。这里沿海几县，及韩江上游梅县等地华侨素多的区域，抗战以后，地权更加集中。大部分的原因是华侨汇款不敢长久存放在银行，而必须收买土地，以变为永远的资产。华侨汇款向来是促进地价，而加速地权集中的一个因素，可是因为目前的状况，这种汇款更易转变为买田的资金。

五、劳力锐减熟荒骤增

辛亥以后，中国屡次向外国接受大借款。而因关税的抵押，贸易上的税率和条件往往对于进口货予以特别便利，大批的洋货遂继续不断的打击手工业。这个影响，对于农村是很大的。一方面洋货压倒土货以后，农村中靠手工业来过活的，逐渐失业了。另一方面，许多靠手工业为副业的农民也不能维持生活了。农村中劳力当然因此而减少。

同时，地权虽然疾趋集中，因为地主要出租而不经营。出租的田地，既零碎又分散。农场的经营过于细小，佃农或富农也不能多雇长工。在这种情形之下，地权愈集中，耕地愈分散而缩小，经营面积也很少能扩大。所以劳力的应用益难，而被雇用的农民愈是减少。

又因田赋和苛捐什税的增加，在内战时加上兵差勒索，有些地方更横遭土匪的焚劫，耕地一批一批的成了熟荒。这在雷州半岛就很明显。熟荒增加是农业生产骤减的最清楚的一个索引。

抗战期中，因为许多地方兵役实施的不得法，不管有用或无用的，有业或无业的人民一概用兵差的旧法，使他们入伍。这对于农场上的劳力，也有很大的影响。许多农民应当免去兵役的，常常因为害怕没有保障而逃避兵役（他们中间很多从事私贩，或其他不生产的工作），因此农民的劳力锐减。这个现象反映在雇农工资的骤增。川东各县壮丁逃避兵役的很多。雇农的工资在两年前，只是26到40元。去年（1940年）也只是40至80元。而今年却非100元以上不能雇到长工。长工的工资额并不包括饭食。

所以米价的骤增对此项工资的增加倒没有多少关系。许多地方因为兵役关系而劳力减少。这是熟荒扩大的一个主要原因。熟荒尚且增加,当然谈不到切实的去办垦殖,因为目前很多大的垦殖公司所遇到最困难的问题,也是找不到人工的问题。

(原载《中国农村》,1941年1月16日第7卷第3期)

下编　调查与研究

中国西南土地制度[*]

（1948年）

第一章　云南的摆夷

尽管受到商业和资本主义的侵蚀，中国的封建主义从来没有消亡。面对着现代工业不可避免的发展，它仍然坚守着自己的阵地。诸如回族、蒙古、苗族、夷族等民族，长时期被纳入高度组织起来的汉族官僚政治背景中，从来不可能使他们自己在经济上和政治上结合成民族。像哈普斯伯格统治下的奥匈帝国和罗曼诺

---

[*] 本文1948年用英文写成，1949年由太平洋关系学会打印出版，1984年中国社会科学出版社出版了陈书梅、祁庆富译校的中译本，书名为《解放前西双版纳土地制度》，删去了前面四章，第五章后个别地方也略有删节。本文自第五章起，翻译时参考了《解放前西双版纳土地制度》一书译文。本文中的"摆夷"（PaiYi）、夷（Yi）等用语是新中国成立前汉族对傣族的称呼，新中国成立后这些称呼已废除。《解放前西双版纳土地制度》一书即将"Pai Yi"和"Yi"均译为傣族，本书为保持原著的历史面貌，仍译为摆夷或夷。——编者注

全部注释为作者原注。

夫统治下的俄国一样，中国是一个多民族国家。在奥地利，政治上更为发展的德国人把捷克、波兰和其他民族合并成一个国家；在匈牙利，马扎尔人统治了克里特人和其他民族；在俄国，大俄罗斯人把乌克兰人、格鲁吉亚人、亚美尼亚人、列托-立陶宛人等结合成一个帝国；在中国，华人或者说是汉族人从遥远的古代起就征服了少数民族并形成了帝国。

在中国西南一些省份，夷人构成最重要的少数民族。按照一个有点儿保守的估计，在广西、贵州、广东和云南四省至少有675万人讲一种或另一种夷语方言。他们的分布如下：

夷人的分布

地点	部族名称	人数
广西	土、侬和壮	2 000 000
贵州	瑶、侗和侗家	2 000 000
广东（大陆）	壮	500 000
广东（海南岛）	黎	250 000
云南北部和东北	傣那、傣黎、傣侬、傣雅、清傣	1 000 000
滇西	傣诺	600 000
滇南	泐、水摆夷和摆夷	400 000
合计		6 750 000①

迄今为止，语言学、人种学或考古学还不能证实夷族起

---

① 威廉 C. 杜德：《傣族，汉人的兄长》，塞达拉皮兹，衣阿华，1923年版，第344页。杜德对这些数字评论说："我们肯定没有超出界限。"

源的准确的地理区域，尽管1885年泰里安·德·拉库伯里教授断定他们来自四川北部和陕西南部的山区。① 第52牛津轻步兵团的H. R. 戴维斯少校1895年作了穿越云南的旅行，他认为夷族可能一度居住在长江以南的中国广大地区，但很快就被汉族同化。② 正像苗族和瑶族被压迫进入印度支那那样，夷族被更为先进的汉族挤到了中国更靠东部的省份。在云南，夷族全体向南迁移，到蒙古征服滇西时，夷族人口集中到了大理和永昌（今保山）一带③，但如今这两个县很少有夷族人居住。夷族人口最集中的地方是云南最南部、摆夷居住的地区。

按照戴维斯少校的看法，并由后来一位中国语言学家陶云逵以其所作的田野调查证实，苗族和瑶族是云南最早的土著居民，以后是夷族，再以后是从西藏来的番族，最后是汉

---

① 阿奇博尔德R. 科尔奎豪恩：《在掸人中间》，伦敦，1885年版，第55页。这位法国教授为这本书写过一个引言，标题为"掸族的起源"。

② H. R. 戴维斯：《云南——连接印度和扬子江的链环》，剑桥，1909年版，第378页。在这部优秀著作中，作者写了一篇极为有价值的附录，标题为"云南的部族"，第332—398页。塞缪尔P. 克拉克在中国传教33年，在贵州住了20多年，在他的《在中国西南的部族中》（伦敦，1911年版）一书里对夷族做了通俗的描述。在贵州，夷族称作侗家，克拉克先生写道："在贵州到处都能见到侗家，我们相信在广西一些地方也有侗家，他们中有很多是根据他们祖籍所在的府县命名的。但必须牢记，这些人讲的语言并不是一种汉语方言，而是一种类似于掸语或泰语的语言。"第97页。另见R. F. 约翰斯顿：《从北京到曼德勒》，伦敦，1908年版，第276、292页。

③ 戴维斯，前引书，第364页。另见陶云逵：《云南几个部族的地理分布和人口估计》，中央研究院历史哲学研究所作为其学术纪要的第7卷第4期出版，上海，1938年。陶先生探讨了云南夷人的内迁，第438—440页。

族。① 几个世纪中,夷族一直被挤向南方的沿海地区。在泰国他们的名称是云或泰,约有1 000万人。在印度支那,他们称作寮、依、泰丹和泰考,共200万人。在缅甸的掸邦叫做掸、恩吉奥和昆,而在印度边境,叫做阿霍米亚和坎蒂,有125万人。② 换句话说,夷族的全部人口是2 000万,其中1 325万人在中国边界以南。

威廉C.杜德博士,一个向夷族传教33年的美国长老会派教士,1913年在云南做了一次旅行调查。按照他的估计,如上表所见,云南有200万夷族人。其中一半——主要是在该省北部——没有文字,即没有一种他们自己的书面语言。另外有文字的一半有两个分支:傣诺和傣泐③,傣诺在英文中称作"中国掸族",傣泐也叫泐,在中文中称作摆夷。

当中央研究院的陶云逵先生1934—1936年在云南进行人类学考查时,他估计在云南南部有55万摆夷,约构成该省总人口的

---

① 按照《中华民族的形成》(哈佛大学出版社,1928年版)一书作者李奇的说法,顺序正相反。夷人在番人之后,但在苗族和瑶族之前。罗伯特·海恩-戈登在他的《东南民族记事》(斯图加特,1923年版)一书中认为,夷族在番人之后,番人又在苗族和瑶族之后。C.C.刘易斯在其《缅甸的部族》(《印-缅人种学调查》第4期,仰光,1919年)一文中看来是把番族视为最初的土著,苗族和瑶族随后,然后才是夷族。

② 杜德列出的这些数字,根据的是泰国南部传教团发表的统计和科克莱恩先生对缅甸的估计。夷族向南方的运动可以从E.H.帕克的《缅甸,与中国的关系》(伦敦,1893年版)、W.A.R.伍德的《泰国史》(曼谷,1933年版)和保尔·李·布兰格的《法属老挝的历史:编年史研究评述》(巴黎,1930年版)等书中看到。

③ 杜德,前引书,第170—171页。在古代中国典籍中,傣诺被称为大伯夷,傣泐被称作小伯夷。摆夷实际上是长期生活在云南最南端的小伯夷现代的名称。见丁肃:《西南民族研究》,载《边政公论》(西南边疆问题月刊),重庆,1942年3月第1卷第7—8号合刊,第69页。

5%。① 现在云南的摆夷分布在4个地区。第一个在元江、墨江和普洱等县的红河河谷中,据说摆夷占当地人口的30%到50%。这一区域在400年前就完全被汉族征服,这里的摆夷一直受到汉族风俗习惯的最大影响。第二个地区位于今天的滇缅公路沿线保山到畹町段,这里的摆夷占当地人口的30%到40%,仍然保持着他们自己的风俗习惯。第三个地区在北纬23度到24度之间的萨尔温江和湄公河之间地带,这里的摆夷受汉族文化影响少得多。第四个也即最后一个在北纬23度以南,湄公河两岸,云南省的最南端。这里的摆夷通常被汉人称作水摆夷。历史上这一区域被称作西双版纳,夷族话的意思是"十二田地"。这"十二田地"上的摆夷受汉族风俗习惯的影响最小。②

西双版纳的摆夷占到了当地人口的50%到85%。③ 他们身材短小,体格健壮,带有极明显的蒙古人种特征,黄皮肤显得与汉

---

① 陶云逵,前引书,第443—444页。他在22个县进行了人类学田野调查,摆夷占这22县总人口的22%。

② 关于汉族对摆夷影响程度的描述见陶云逵:"摆夷和汉族政府之间的关系",载《边政公论》,重庆,1942年5月,第2卷第9—10期,第9页。杜德称第四个区域为西普桑版纳(Sipsawng Panna),与水摆夷自己的发音并不接近。

③ 陶云逵:《云南几个部族的地理分布和人口估计》第443页列出这一区域1935年的人口数字如下:

县名	总人口	摆夷人口	%
车里	41 159	32 927	80
南峤	25 106	20 086	80
佛海	22 314	18 967	85
镇越	17 604	8 802	50
六顺	31 238	17 181	55

族人的肤色同样白，或者有时更白一些。1895年戴维斯少校看到他们时，他把他们的外表描述得与中国掸族（傣诺）相当不同，"男人穿着蓝色衣服，但他们的裤脚下边和上衣的下摆都装饰着颜色较浅的条纹，他们的头上常戴着黄色的丝头巾。妇女穿浅蓝色或深蓝色上衣，裙子上装饰着各种颜色的横纹，底部通常是绿色或浅蓝色。她们的头巾是深蓝色带金穗，发髻上常插一支银首饰"①。45年以后，1940年，当笔者到达当地时，发现摆夷通常光着头，但有时戴布头巾。花式和有装饰的外衣不见了，甚至发髻上的银首饰也很少见。显然穷人更多了。

"摆夷"这一名称的来源不能确定。泰里安·德·拉库伯里教授在他对中国土著和非汉族人种的研究中断定，"摆夷"与"巴夷"同义，意思是"从四川东部和湖北西部来的蛮人"。② 尽管"夷"在汉语中确实意味着蛮人，"巴"也确实是川鄂交界地区的古称，但"巴"的含义从来没有确定过，"巴"讹为或改为"摆"也不能令人信服。

阿奇博尔德 R. 科尔奎豪恩在他1882年关于摆夷的著作中提出，文人渲染迷信思想，认为"外国人到他们的国家来，利用他们国家的无防备状态，到处凿石或用别的什么手段，盗走了那里的'波'，或'好运'"③。因而摆夷即是"波夷"，是指有好运气的人。尽管夷是一个汉字，但"波"肯定是一个夷语词汇，合

---

① 戴维斯，前引书，第382页。
② 泰里安·德·拉库伯里：《汉人之前的中国语言》，巴黎，1888年版，第65—66页。
③ A.R. 科尔奎豪恩：《横越黄金国度》（两卷本），伦敦，1883年版，第2卷，第52页。

在一起就是"有宝物的野蛮人。"①

最近的田野调查表明,"摆"是滇西和滇南夷族的一个宗教和社会术语。它指的是安放一尊佛像并为此举行狂欢庆典的全过程。② 佛像通常在缅甸边境附近购买,有石刻有木雕,小的要两人抬,大的要四人抬,步行数天运回村庄供礼拜和庆典。佛像进村后即举行一至三天的宗教仪式,漫长的庆典中,每到晚上,在明亮的月光下,本村和邻村的青年男女互通情愫。作过"摆"的人从此被称作"善人",只有"善人"死后才能进天国,在世时也可以得到较高的社会威望。他们每一个人都希望有一次作"摆"的机会,或许正是为此,整个民族被称作"摆夷",即总是想要作"摆"并的确常常作"摆"的野蛮人。

第二章 西双版纳

摆夷集中生活在云南省最南部的地区,这里无疑是印度支那的一部分,在梵文中称作 Suvarnabhumi,意思是"黄金国度"。③ 在中国历史上,这一地区一直叫做西双版纳。西双在夷语中的意思是十二;版纳的意思是田地。从历史上说,这一地名代表了12

---

① 同上,第2卷,第406页。
② 田汝康在其8万字的油印中文报告稿本中对摆的复杂程序作了详尽的描述,其题目为"摆夷的摆",1941年昆明云南大学社会学系印行。这篇报告由李景汉在其《摆夷的摆》一文中作了摘要介绍,载《边政公论》,重庆,1942年5月,第1卷第7—8期,第51—63页。
③ 在托勒密的地理学中,这个梵文词汇写作 Chryse。见 A. R. 科尔奎豪恩:《横越黄金国度》(*Across Chryse*)(两卷本),伦敦,1883年版,第1卷。

109

个主要部族的联盟,每一个都有明确的边界和耕地。后来,与统治它们的封建领主的权力相关连,每一个版纳代表住有摆夷和土著居民的一个河谷或一组小河谷。

这些河谷和居民区的名称如下:

第一版纳:顶真、勐海、勐阿、勐养、勐宽、勐醒、勐远

第二版纳:勐笼

第三版纳:勐遮

第四版纳:勐混、勐版、勐腊

第五版纳:六顺、整董、龙得

第六版纳:车里、橄榄坝、勐仑、勐松、龙湖、勐昆

第七版纳:勐满、勐空、打洛

第八版纳:勐捧、勐顺、勐漭

第九版纳:普藤、勐班

第十版纳:勐乌、乌得

十一版纳:倚邦、易武

十二版纳:勐洪

第十版纳合并入法属印度支那,第十二版纳合并入英属缅甸,西双版纳其余部分组成了 6 个中国县级行政单位。首要的、政治上最为重要的县是车里,由车里镇、橄榄坝、勐仑和勐昆组成。与缅甸的掸邦交界,商业上最重要的县是佛海,包括勐海、勐混和打洛镇。其余四个山区县是南峤、宁江、镇越和六顺。这 6 个县的总面积约 15 000 平方英里,总人口 16 万,车里位于中央。[①]

[①] 李拂一:《车里》,上海,1933 年版,第 23—31 页。西双版纳及其毗连的缅甸景栋镇地区和法属印度支那的摆夷总人口 1913 年约为 40 万。见杜德,前引书,第 185 页。

这一地区大于比利时或圣萨尔瓦多,它是一个真正的多山的瑞典,只是没有那个国家的优良道路和公共交通工具。

西双版纳以山区为主,但在其宽度足以进行灌溉并能够种水稻的河谷中,有一些5 000到10 000人口的城镇。几乎每个村子中都能见到水井,井边有砖或石砌的围墙和井栏,通常有用瓦或茅草盖的顶棚。有些水井上面建有砖石结构的拱门。农业相当先进。① 有一套轮作体系:水稻之后是烟草、胡椒、豌豆、洋葱、花生等等。这些东西大部分种在田地里,而不是像在泰国那样种在小块的园地中。一些城镇到山区步行不到一天的距离;很多城镇到山区的距离要更远一些。居民都是出色的农夫,而且一般说来,他们安土重迁。

村庄和城镇都住着摆夷农民,他们至少占总人口的70%。他们的祖先来自北部和东部,在唐代(8到9世纪之间)形成了一个12部族的联盟。他们把土著,主要是倮黑和阿卡,驱赶到了坡地和高山上。② 阿卡是当地最早的土著居民之一,仍然占当地总人口的15%。他们现在种茶、棉花,还有一种非常耐寒的适于在高山种植的水稻。他们把这些产品带下山,到市场上与摆夷交换布匹、农具、首饰和蔬菜。

几百名汉人临时居住在摆夷人中间,他们甚至不足总人口的0.5%。西双版纳的大多数汉人不是商人兼高利贷者,

---

① 这一地区摆夷人所用的农业工具的照片可在 A. R. 科尔奎豪恩和霍尔特·S. 哈勒特:《就缅甸与中国的铁路联系提交BMG和英国商会的报告》(伦敦,1887年)第83页看到。
② 根据车里县长给云南省政府的一个报告,报告所注日期为1931年11月8日,现在车里县政府档案中有副本。

就是官吏和其他公职人员，还有他们的随员和警卫。他们旅居时间长短不等，可以是6个月，也可以是几年，在此期间，他们尽可能多的捞钱。作为当地百姓的最高统治者和剥削者，他们狡猾残忍，腐败贪婪，招致了摆夷人的强烈敌对情绪。

总的说来，夷人，特别是摆夷，有共同语言。戴维斯少校注意到，在印度支那所有民族中，只有夷族语言没有分裂成彼此难以理解的土语。"从伊洛瓦底江的源头到泰国边界，从阿萨姆到东江（译音），在一个每边600英里长，包括了前南诏王国（7世纪到13世纪）全部国土的地区中，语言完全相同。当然，像在世界上所有国家一样，方言是存在的，但是，这一区域内任何地方出生的一个掸人（或夷人），会发现他即使到了这一区域内他从未听说过，距他的家乡几百英里外的其他地方，也仍然能够与人交谈。必须记住，这是南诏王国灭亡600多年之后的情形，那以后掸族互相之间并没有政治和商业联系。"①

在云南，北纬25度线还是一条语言学的分界线。这条线以北，藏缅语支在土著中占统治地位，而在南面讲夷族和蒙-高棉（或苗族和瑶族）语言。如前文所述，南部的夷族有两个分支：北面是傣诺，或叫"中国掸族"，东面是傣泐，或泐，或摆夷。显然西双版纳的摆夷发明了他们自己的书面语言。据戴维斯少校说，"泐文字与中国掸族的文字不同，非常像泰国北部寮族的

---

① 戴维斯，前引书，第334页。

文字"①。口语也有一个明显的不同，在萨尔温江以西可以听到很多刺耳的喉音，而在湄公河，在西双版纳的腹地，这类喉音消失了，但有一种把 ai 音发成 oi 音的趋向，因而 kai、fai 变成了 koi、foi。西双版纳东部的口语则另有一种变化。

语言对于一个民族的形成是极重要的因素。"没有一个民族能够，"奥托·拜耳说，"没有一种共同语言。"② 这是确实的，因为"民族是一个社会学概念而不是生物学概念"③。西双版纳的摆夷不仅是一个部族团体，不仅是一个人种学上的分类，他们本身构成了一个民族，拥有一片共同的疆土，讲一种共同的语言。此外，他们保持着自己的经济制度，他们的文化显示出民族心理学的特征。

滇西南的夷族，所谓的中国掸族，看来已多多少少失去了他们可能有过的显著的民族特征。狡诈、鸦片和汉族文明结合在一起，使他们或多或少变得像是汉族人。这一点在滇缅公路沿线特别明显。但在该省最南部，在西双版纳的"掸族"却全然不同。关于这一地区的摆夷，戴维斯少校说："他们几乎是独自生活在河谷中，总的说来，我认为他们与彝族相比，更不容易与其他部族

---

① 戴维斯，前引书，第 383 页。1882 年 A.R. 科尔奎豪恩所作的观察太一般化了，对我们的目的来说不够具体。用科尔奎豪恩的话说："滇南摆夷的语言和外表与滇西的摆夷语和掸语极为相似，这两个地区的摆夷又在文字、语言和身材方面与掸邦的泰、寮或掸人完全一样。"A.R. 科尔奎豪恩：《横越黄金国度》第 2 卷，第 67 页。

② 奥托·鲍威尔：《民族问题和社会民主主义》，维也纳，1924 年版，第 126 页。

③ E. 冯·艾克斯特：《人类种族学和种族史》，斯图加特，1934 年版，第 9 页。

融合。过着他们在河谷中那样的生活,有确定的佛教信仰,或多或少稳定的政权,还有比较高的文明程度,这一切使他们与他们的邻居明显的区分开来。"①

毫无疑问,西双版纳的摆夷是一个有长久历史的民族,他们是一个稳定的共同体,语言、疆土、经济生活和心理特质都不同于汉族、苗族、倮黑和阿卡。这一民族得以保持数世纪之久,必须用云南省这个特殊地区与世隔绝的地理位置来解释。

第一个访问西双版纳的西方人是印度政府的一个英国雇员W.C.麦克劳德上尉。"自麦克劳德于1836—1837年访问吉蔑、景栋和景洪以来,印度政府已经认识到通过吉蔑(在泰国)和掸邦(在缅甸)去中国的重要性。"② 当时河流上还没有桥。在云南和缅甸之间往返一趟要用4个月多一点。景洪是西双版纳的另一个名称。据科尔奎豪恩1882年的记载,进入西双版纳既要得到中国政府的批准,因为西双版纳是中国的纳贡国,又要得到土司的同意。③ 那一年科尔奎豪恩发现景洪的汉语名称是车里,这一名称更早时已为耶稣教会所知。④

英国人有时把景洪写成 Kenghung,法国人称它为 Xienghong,而汉语中叫它车里,或者就叫九龙江。九龙江(九条龙的河流)是湄公河或柬埔寨的中文名称。对西双版纳的摆夷来说,车里城就是景洪。在泰语中把它叫做 Chiengrung。车里位于湄公河边,距

---

① 戴维斯,前引书,第367页。
② A.R.科尔奎豪恩:《在掸人中间》,伦敦,1885年版,第300页。
③ 科尔奎豪恩,前引书,第312页。
④ A.R.科尔奎豪恩:《横越黄金国度》,第2卷,第66页。

缅甸边界有 3 个商队驿站。它坐落在西岸陡峭的斜坡上，俯瞰着江水。在绿荫遮掩下，从河边只能看到寺庙和土司府屋顶的长长的斜坡。

科尔奎豪恩 1882 年没有到达车里，实际上第二个到达那里的西方人是美国长老会的牧师丹尼尔·麦克利瓦利，是在麦克劳德上尉到那里 56 年之后的 1893 年。曾在泰国传教 33 年的美国长老会牧师威廉·C. 杜德 1913 年访问了车里，他是来到这里的第三个西方人。他把摆夷居住区描述为中国南疆的一个口袋，景洪市是这个口袋的中心。

"可以肯定我们是在一个口袋里，"杜德博士说，"与迄今为止我们生活的这个世界上的一切人和事隔绝。我们不能寄信也不能打电报，尽管这两件事我们都得到了允许。最近的邮局在 6 天路程以外的思茅，那里是云南西南部的行政中心。他们把我们的邮件积存起来，直到凑够一个人背的重量，才派邮差送来！信件来得稍快，我们拿到报纸时通常已过期 4 个月，圣诞节贺卡在 7 月 4 日收到。从景洪取道思茅走商队驿路到法国人在蒙自修的铁路要走 26 天；到泰国拉昆的铁路要走 24 或 25 天；经景栋到缅甸的铁路约有同样的距离。"① 当这整个地区"像在口袋中一样黑暗"时，首府的名称景洪——在摆夷语中的意思是黎明之城——看上去不是预言就是讽刺。

---

① 杜德，前引书，第 181 页。

第三章　世外桃源

西双版纳的摆夷直到 14 世纪才与汉族发生接触。只在明代（14 到 16 世纪）两者之间才开始有更为密切的关系，紧跟着是从 18 世纪中叶起到民国初年长时期的汉人征服。由于历史上和地理上的隔绝状态，以车里为中心的这一地区至今仍是中国少数民族汉化程度最低的地方，只有极少的迹象显示出汉族的政治和社会影响。

自 7 世纪初到 13 世纪中叶，即唐宋时期，云南的北部和西部有一个叫南诏的强盛的王国。位于今日滇缅公路上的大理和保山，是这个王国繁荣的中心，居民主要是藏族和夷族。在现在的昆明的东南方，主要是在红河河谷中，有 37 个部族或迟或早成为南诏的属国。这一河谷中的部族中有少量的摆夷。当时，大多数摆夷生活在昆明西南方的萨尔温江和湄公河河谷中，完全独立于南诏之外。①

唐代的汉族作家们在一些著作中描写了南诏的政治经济状况，当时南诏的政治经济要比华中地区落后。② 农业生产采用一种大领地制度，每块农田方圆有 10 英里大。收获由官员监督，他们分配给每个农民家庭必要数量的稻谷，以满足维生的需求，其余部分都收归领主。所有的农民都要在领主或国王的指挥下作战，这

---

① 根据《南诏野史》（南诏王国的非官方历史），这 37 个部族生活在红河谷的南端和东面。在《弄浦随录》（*Nung Pu Sui Loh*）卷十二中，描写了位于今天的昆明正北的贵族封地，这些贵族剥削从湄公河河谷以南地区来的摆夷。

② 樊绰《蛮书》，卷七、卷九。这里的"蛮"指南诏。

些战士没有报酬。每百个农民家庭有一个警务官员维持治安和秩序。①

由于受到长城以北的蛮人入侵的威胁,唐朝和宋朝的中国皇帝从来没有与南诏统治者发生过冲突。相反,他们之间一直保持友好关系。然而南诏自身的政治经济没有先进到足以征服红河河谷中的部族,更不用说使湄公河河谷中的摆夷成为附庸。事实上,迟至1205—1238年,南诏的统治者还不得不派出军事远征军去平息东南方的部落叛乱。② 西双版纳的摆夷直到13世纪中叶才成为一个纳贡国,但既不是向南诏统治者纳贡,也不是向中国皇帝纳贡,而是向蒙古征服者纳贡。

在元代蒙古王朝的统治下,云南成为中国版图的一部分。然而,西双版纳的纳贡地位在元代是临时性的,或多或少是名义上的。事实是在忽必烈可汗1253年到达大理并征服南诏之后约40年,在云南的另一位蒙古将军,忙古带,向"安南",即今天的北部湾一带做了一次远征,目的是击败在广西和广东的宋朝汉族军队。后来忙古带的部队进入湖南占领了长沙。这支去北部湾的蒙古远征军沿着红河河谷前进,从未进入西双版纳。③

1296年以后,这一地区内部战争连年不断,直到1325年元朝

---

① 日本德川时期可能存在过一种类似的农业制度。本田正信,德川伊安最亲密的顾问之一,写道:"农民是皇朝的基础,有很多方法统治他们。首先,要明确标出每人土地的边界;然后让每个人估算出满足他一年生活必需的收成比重,让他把其余的上交作为田赋。"《日本经济大典》,淹本精一主编,东京,1928年,第3卷,第21页。
② 见《南诏野史》,这37个部族中另一次早期的暴动发生在1119年。
③ 李元阳:《云南通志》"地理志";曹树尧:《滇南杂志》,1810年。

任命了一个摆夷酋长作车里总督，战争才逐渐结束。① 元朝统治中国期间皇帝从未派军队到过西双版纳。1302年和1312年曾有过两次打算，但计划都没有实施。13世纪末，元朝的贵族统治变得十分虚弱，以至不得不避免使用武力作为平息叛乱的手段。② 它进一步采用了一种不干涉政策，在有关继承权的任何争执中保持中立。由于这一原因，《元史》中很少有对于这一地区的记载，甚至少于对其邻国泰国北部的记载。1312年蒙古向泰国北部派出了一支远征军，但由于瘟疫和其他困难而溃散。③ 在蒙古统治中国的全部时间中，西双版纳名义上在北京的宗主权管辖之下，但无论是蒙古文化还是汉族文化对这一地区都没有发生任何影响。

继蒙古之后的明代也没有向西双版纳派军队。1381年明统治者派出他们的军队到了昆明和大理，他们命令傅友德将军不得扩大远征军的武力，而要接纳边远地区来的纳贡使节。④ 这样，车里地区从1381到1532年成为明朝皇帝的属国约150年，尽管明朝统治中国持续了276年。车里东北部的一些地区迟至1432年才成为明朝的纳贡国。随后由于缅甸东吁王朝（1531—1758）的兴起，西双版纳的一大部分地区承认了缅甸国王的宗主权。明朝皇帝1583年派了一支讨伐军到缅甸，这支军队没有经过车里，而是沿着今天的滇缅公路线行军。到1596年，大批汉族士兵在畹町附近的边境地区开始了屯田工作。⑤

---

① 《元史》，卷一七四，列传。
② 同上，董文炳传。
③ 《元史本记》和《元史新编》。
④ 李元阳，前引书。
⑤ 冯甦：《滇稿》。

尽管有这次讨伐，车里以北的夷人部族在1570到1600年间起义不下6次之多。① 不久以后，缅甸军队在1626年到达车里，并俘虏了西双版纳的土司，一个红河谷以东的夷族统治者来到车里继承了他，后来又被清朝派出的汉人军队杀死。因而，从1626到1659年的33年中，西双版纳是缅甸东吁王朝的一个属国。

可以有把握地说，西双版纳与北京朝廷的关系在明朝比在以前的元朝更紧密。因为在明代，统治权发生了两个引人注目的变化，明显影响了这种关系。第一，经北京朝廷批准的继承代替了摆夷土司的世袭继承。通常，朝廷认可的人选也就是传统的世袭继承所规定的人选，但也有时朝廷实行一种"分而治之"的政策，有意批准一个非传统的继承人。这种情况下，通常内部战争会继之而来。② 第二，除了与在蒙古统治（元朝）时期同样的自愿纳贡外，摆夷土司每年还必须向明朝皇帝交纳一定数量的白银，并且时不时要提供朝廷征调的劳役。然而，无论元代还是明代的统治者都没有在西双版纳强行征求农产品税。

第四章　汉族不完全的征服

清朝军队1659年进入西双版纳，并在车里任命了他们选定的一个摆夷土司，这以后，北京的朝廷——其政治权力由满族军事领袖和汉族官僚共享——实行了一个明确的征服云南这一

---

① 《明清史料》，中央研究院历史哲学研究所作为其学术丛书的第7卷出版，第600页。
② 毛奇龄：《云南蛮史志》；《明史》土司列传。

少数民族的政策。征服主要是由汉族官吏、士兵和商人进行。这一过程有3个明显的阶段:第一是在这一摆夷地区北部实行和平的行政征服;第二是在湄公河以东的东南部地区进行血腥和残忍的暴力征服;第三,对其西南部,包括车里在内,是同样的血的征服。然而,在西南部,征服至今都是不完全的。这里,旧的部族领地制度一直没有被汉族的行政制度代替,而在这一地区的其他部分,却已普遍推行汉族的行政制度。正是由于这种不完全的征服,车里及其以西以南的邻县从未向汉族地方政府交纳过农产品贡物。

在中国第一个清朝皇帝统治时期,至少有13个摆夷城镇实行了汉族地方政府的体制。它们是第一版纳的勐养和勐远,第五版纳的整董,第八版纳的勐捧,第九版纳的普藤和思茅,第十版纳的勐乌及附近西双版纳北部的其他几个城镇。1661年,这些摆夷社区被纳入新建立的元江府的监督和控制之下。1664年,在密迩西双版纳北部领地的普洱,任命了一名知州,并建立了知州衙门。那13个摆夷城镇的酋长不许征收贡品,贡品要直接交到普洱的汉族官员手中。其他摆夷城镇,例如南部的车里,要派专使把贡品送到普洱去。① 从1661年起,直到1726年3月代理云贵总督鄂尔泰到达昆明时止,有65年的和平时期,这13个城镇的摆夷土地制度一直没有受到干扰。这一时期既没有发生过反抗,也不需要任何军事征伐。

在湄公河以东,西双版纳东南部建立汉族统治的第二阶段,与第一阶段相反,以多次的反抗和军事征讨为标志。这些

---

① 倪帅:《云南史料》。

反抗通常由于汉人试图改变摆夷的土地制度而引起（把土地所有权从村社共同所有变为家庭私有财产），或多或少与以前的中缅战争和后来摆夷内部争夺继承权的战争有关联。再后来，这些地方性的骚乱支持了开始于滇西，传播到全省，持续30余年，最终使其人口减少一半以上的回族大起义。从1726到1909年，这一长达183年的时期，是一个充满阴谋、暴行和劫掠的阶段。

实际上，驻这一地区的汉族军队在这一阶段达到最大数目。我们根据《普洱州志》的记载作了如下的统计：

年份	普洱和思茅的驻军
1723年前	2400 正规军
1729年前后	3200 正规军
1851年前后	2450 正规军
1888	1451 正规军
1890	1284 正规军
1895	921 团练

最初吸引汉族商人和带兵官吏的是西双版纳东南部产量丰富的棉花和茶叶，思茅因而成为棉花集散中心，这种赚钱的商品不仅从那里流向该省的北部和东部，而且运往广西、贵州和四川。在全中国都十分著名的普洱茶实际上产于镇越（北部）和车里（东部）的高山区。普洱成为中心市场，每年有1 000多名茶商从滇西来这里做买卖。这些汉族茶商放高利贷，剥削摆夷茶农。秋天把贷款发放给他们，春天采茶季节收回。压低了的收购价加上

高利率使生产者几乎得不到收益。①

同时，汉族官吏，包括文官和武官，也进行勒索。他们在采茶季节派出士兵或卫士到山区去收茶，随意付一点儿钱。这样弄来的茶叶还要靠征派的劳役运输。此外，文官们要求摆夷进贡茶叶，武官则索要茶叶运输税。到1733年宣布茶叶由政府专卖，禁止茶商进入这一地区，不允许茶叶自由贸易。汉人地方政府收购茶叶所付价格不会超过市场价格的50%。

西双版纳有4口盐井出产井盐，最初汉族地方政府在每口盐井所在地都派驻了税务官员。后来，当征收盐税的官员离开这些低洼的山谷时——他们不适应那里的气候——他们要求摆夷每年交纳一大笔盐税，约2 000盎司白银。沉重的税收负担使制盐人的生活水平下降，1732年车里附近的起义即是由茶叶专卖和盐税引起的。当汉人讨伐这些孤立无助的摆夷时，后者被迫逃入山中，但在此之前却砍倒大批茶树塞到了盐井里。②

就地方志中所能见到的而言，西双版纳最大的一次起义发生在1728年，参加者有摆夷、倮黑和其他土著。这次起义是为了反对鄂尔泰的土地政策。1726年11月，鄂尔泰到达昆明不久就成为总督。两年以后，他不仅是云贵总督，而且还兼广西总督。他的政策叫做"改土归流"，意思是废除世袭的土司，摆夷和土著部族将直接受巡抚和总督共同任命的汉族行政官员治理。在可能的时候，没收土司的土地并丈量摆夷村民的土地，以便直接征收田赋。在其6年多的任期中，鄂尔泰成功地削减了湄公河以东的摆

---

① 许廷勋：《普茶吟》，1725年写，《普洱府志》。另见该志卷首1826年的皇家文告。
② 《普洱府志》，"茶山事变"。

夷土司的权力，使北京朝廷征税的土地面积有了很大增长。

新任命的汉族地方官下令在完成土地丈量之后3个月之内要收齐田赋银两，如果交不上田赋，就要没收丈量好的土地。与土地丈量和征税联系在一起的贪污索贿，加上形形色色的征调，进一步激怒了当地百姓。这次起义的第一个行动是突然杀死地方官刘洪度及其全家。① 刘是在衙门的马棚里被抓到的，他逃到那里藏了起来。造反者搜出了他，抢走了他的官印，用官印砸死了他。他的心和肝被挖出来烧熟吃掉，尸体被夹在两张桌子里烧掉。衙门外面有不少被烧死的人，他们是时常勒索压迫摆夷和土著的卫兵。只有一个汉族厨师得到饶恕，因为他一向好好招待纳贡的使者。

鄂尔泰镇压了1728年的起义，他派出了数千名武装士兵，他们屠杀百姓，洗劫了一个又一个村庄。试图反抗的摆夷土司们被处死或流放，其余的土司或是得到允许保留一笔年金，或是被迁到外省去。到1807年，整个地区平静下来。湄公河以西的土司们仍然依他们自己传统的方式进行统治，但湄公河以东的土司已全部由朝廷任命的汉族地方官取代。② 总督鄂尔泰的品衔升到了世袭男爵。后来他被召回北京，成为军机大臣并同时兼任兵部尚书和内阁大学士。为了他采取的消灭摆夷世袭土司的政策，清朝皇帝最终赏给他一个可以永久世袭的头等公爵位。在他1745年死后，他得到了配享太庙和列名先贤祠的荣耀。

西双版纳满汉合一的统治越来越坏，在19世纪中叶达到最低

---

① 鄂尔泰：《西林遗稿》，昆明，1774年；另见《普洱府志》卷二八，第78页。

② 魏源：《圣武记》，卷七。

点。与遍布华中华东各省的太平天国起义同时，云南发生了回族起义，持续的时间更长。尽管杜文秀在云南领导的回民起义是从1855到1872年，这次运动本身却早在1838年就在该省西南部开始，直到1874年才在东南部的蒙自和开化结束。36年的战乱和随后发生的瘟疫使该省人口从1 500万下降到了400万。①

在云南回族起义期间，西双版纳西部保持相对平静。这里一直还没有汉人官吏，没有汉人县长来治理。车里的摆夷土司刀正综帮助湄公河以东的汉人地方政府招募了一支6 000人的军队。显然，他是在对汉人地方政府在前一时期摆夷争夺继承权的战争中支持了他的祖先表示感谢。但摆夷是如此同情回族起义，对汉人压迫者如此反对，以致他们策划了一个密谋，在1864年暗杀了他。刀正综作为汉人的傀儡没有考虑摆夷的民族利益，他本人也在对他的百姓进行勒索。从1864到1906年，车里和湄公河以西的其他摆夷社区是独立的，但或多或少也是孤立的。②

居住在湄公河以东的摆夷感到必须反抗他们的汉族统治者，随后他们与回民起义合兵一处。他们和该省的所有回民被总督岑毓英指挥的军队击败，后者是自鄂尔泰时期以来云南最著名的官员。岑毓英出生在广西西北部的一个夷族家庭，曾国藩侯爵保证他忠实于北京的满族朝廷，曾国藩是镇压太平天国起义的主要负

---

① A. R. 科尔奎豪恩：《横越黄金国度》，第2卷，第198页。
② 薛福成：《滇缅划界图说》，1893年，第57—58页。在麦克劳德上尉访问车里30年以后，1867年一位名叫刘易斯·德·卡卢的法国人从西贡来到这里。他在车里见到了一些英国工业品，这些工业品是经过泰国北部的吉蔑来的，还经过了曼德勒、东吁和达科渡口。见A. R. 科尔奎豪恩：《横越黄金国度》，第2卷，第18、220—224页。

责人。

岑毓英在财政和军事管理方面都遇到了很多困难，他尽了最大的力量恢复云南北部和东部的文职官僚体系。到1909年，红河和湄公河之间的很多地区仍然没有一个汉族知县。西双版纳湄公河以西的主要部分完全处于汉族行政体系之外。在科尔奎豪恩1881年画的地图上，车里在中国国境之外。车里，或湄公河以西的西双版纳，直到1893年中英谈判并于次年缔结条约之后才成为中国领土。按照1894年的这一边界协议第五条规定，没有中国和英国事先一致同意，车里不得与任何第三种势力结盟。

到这一条约缔结时，拟议中的从仰光经曼德勒和吉蔑到车里修建铁路的计划已被中断。苏伊士运河已经商业性通航。轮船把棉纺织品和其他商品从仰光运到了广州。棉纺织品绕道广东和广西运往云南更迅速也更廉价。一支马帮从昆明经思茅和车里到仰光平均所用时间约为4个半月，而两个月之内就可以把棉类商品从仰光运到广州再用船运到百色，从那里用马驮运到昆明。①

因而，当车里最终实现汉族征服时，湄公河以西的这一地区仍处于国际甚至国内贸易路线之外，它一直处在明显的隔绝状态。

1909年，当3个行政县从湄公河以西的这一地区分割出去，并分别任命了3个知县时，汉人对这一特别区域的征服开始成形。这第三个但并不彻底的征服阶段是由第一版纳中心勐海的摆夷争夺继承权的战争引起的。刀柱国和他的侄子召雅合都声称自己是第一版纳的土司，进行了一连串的械斗。汉族驻防指挥官谢有功

---

① G. W. 克拉克：《贵州和云南省》，上海，1894年版，第16—17页。这部著作写于1886年。

站在刀柱国一边反对召雅合,因而激起了数千摆夷士兵地方性的起义。市场被破坏,从四川来的汉族大商人被这些义军杀死,引起中国政府派出了大批军队进行讨伐。柯树勋指挥下的整整一个团围攻叛军在顶真山区的堡垒长达半年有余,伴随着种种暴行和血腥战斗。①

在这次摆夷起义被残酷镇压下去之后,北京朝廷的政策是把改土归流(废除世袭土司,任命汉族地方官)扩大到湄公河以西,包括勐遮、顶真、勐混、勐海和勐阿等5个摆夷县。但出现了明显的困难,因为由鄂尔泰在湄公河以东地区实行的这一政策,至多只是部分的成功,而在约两个世纪以后的此时,不仅在昆明而且在北京,汉族行政体系日益腐化,军事力量严重衰弱,同样的政策几乎无法在这一特殊地区运用。这里一直没有实行土地的私人占有,没有小地主也没有自耕农,全部土地的所有权一直属于作为公社的村寨和作为摆夷统治阶级的贵族。除了长期战争的破坏或强有力的军事独裁,这一土地制度不可能迅速解体,让位于建立在向私有土地征税的基础上的新行政体系。

---

① 柯树勋:《普思沿边志略》。体现一个封建政府残酷性的最新的例子是南京政府最近镇压台湾1947年3月起义所用的方法。克里斯托弗·兰德,《纽约先驱论坛报》记者,1947年3月21日在台北写道:"中国政府在对付他们(起义者)时的冷酷无情和背信弃义深深地震撼了所有中立的旁观者。"中国军队在几天之内至少在大街上或住宅里屠杀了5 000名手无寸铁的台湾人。"这种屠杀,伴随着广泛的掠夺和严刑拷打,完全是无缘无故的。"见1947年3月24日《纽约先驱论坛报》兰德写的通讯。后来蒂尔曼·德迪恩在南京向《纽约时报》发的一份通讯说,台湾中立的见证人估计有10万人被"极为不公正"地杀害。见《纽约时报》,1947年3月29日。一位美国记者,约翰·W.鲍威尔,在这次屠杀之后不久到过台湾,他在1947年4月5日的《中国每周评论》(上海)上发表了他的文章。在这篇文章中,他说,这"听起来好像是发生在几个世纪以前"的故事。

在这种情况下，几乎不可能有效地丈量土地而又不会引起规模肯定更大的起义。在汉族商人和车里的摆夷土司劝说下，满汉合一的政府最终在这一地区采取了一个新政策，即设流不改土，意思是"任命汉族地方官而不废除世袭摆夷土司"①。原有的土地制度将得到保留，田赋由土司按照家庭而不是按照耕地的单位面积征收。这样一来，即使仅仅是为了征收汉族地方官要送往朝廷的贡品，原来的部族行政体系也有必要保留。鼓励汉族农民和当地驻军进行拓殖的政策对这一政策做了补充。然而，由于汉人发现这一地区太不利于健康，不适于定居，到现在为止，拓殖从来没有成功过。② 摆夷原有的土地制度一直原封未动；就湄公河以西地区来说，汉人的征服还是不完全的。

第五章 双重行政机构

在湄公河以西这一地区，原有的世袭土司统治下的摆夷行政体系和由国家任命的县长为代表的外来汉族行政体系共存，使它与西双版纳其他地区区分开来。车里县这两个行政体系的中心相距3英里半。摆夷土司住在景洪，汉族县政府所在地叫做景迈。

---

① 如同柯树勋的笔记中明确描写叙述的，这一"设流不改土"的政策是对英国人在掸邦所做之事的直接模仿。
② 戴维斯，前引书，第379页："允许掸人继续拥有云南任何一处肥沃的河谷的唯一理由或许是这些地方低湿炎热，汉人认为这里对健康有害无法居住。汉人和掸人的分界线约为海拔4 000英尺，在这个高度以上的河谷是有利于健康的，因而在那些地方定居的汉人数量已足够同化掸人，或把他们驱赶走。"

景迈实际上是一座古老的城市，很多年以前就已被毁，现在除了城墙和城壕外没有留下什么遗迹。汉人官邸，或办公处，是一座砖瓦建筑，在这片蛮荒的土地上显得相当庄严。这是一座带有碉堡性质的汉式建筑物，墙上挖有枪眼，落成至今不超过40年。景迈仍然是一座摆夷市镇，只有少数汉人居住。汉人只限于官吏、士兵和少部分商人。汉人士兵都是警卫，而地方治安力量全部是摆夷人。尽管土匪猖獗，所有通往思茅的商路都不安全，但在西双版纳境内任何地方都很安全，无需保护。车里县长有权受理西双版纳全境的诉讼。车里至今没有邮局和电报局，邮件和电报都要经过附近商业较繁盛的佛海。

摆夷土司在景洪的府邸是一座巨大的、外形像仓库的建筑物，用各种上好的木料建成，它曾经是当地的骄傲，但现在饱经风霜，已呈黝黑色。屋子下面拴着几匹马。显然，没有进行过美化庭园的工作，甚至没有人管雨季生出的杂草。

在这一片废墟中屹立着后宫，挤满了妇女和儿童。土司是个鸦片烟民，但他的儿子们却是健壮的小伙子。他有一个儿子在曼谷，对一个摆夷人来说，去曼谷是非常遥远的旅行。

西双版纳摆夷的最高统治者是车里土司，当地人称之为召片领。在夷族语言中，"召"是尊称，"片领"指的是领土和版图。因而，召片领与王是同义语。在缅甸和泰国，与他同样地位的人被称为"赫谢"（Khsie）。所有摆夷人都称他"松列爬宾招"，意思相当于"陛下"。他的宫廷由205个官员组成，分为5个等级。显然，这是对于封建组织的直接模仿，也许模仿的就是明代朝廷。

第一级只有4个官员，类似于大臣。第一位是召景哈，声望和权力相当于宰相，但召景哈是一个世袭职位，他的俸禄由景哈摆夷农民的贡赋支付，景哈位于江对岸距景洪不远的地方。景哈百姓只向召景哈纳贡，而不必向召片领纳贡或服劳役。召景哈的职位是几百年前设立的，他在与汉族官员打交道时代表召片领。最初召景哈是由在西双版纳有影响的人物推荐任命，七代以前变成了一个世袭职位。在他以下是另外3位大臣：都龙诰（主要执行官）、都龙发号（主要监督官）和都龙怀朗庄往（助理监督）。都龙是摆夷对官员的一种尊称。怀朗庄往是一个距景洪约20英里的地方，这里的人民只向用它的名字作封号的都龙纳贡。

第二级有8个官员。都龙纳干处理对外事务，即与汉人的关系。"干"在夷语中的意思是一张弓，无疑这一职位最初的职责是管理弓箭。第二个官员是都龙帕萨，管理财政事务，帕萨是夷语中的宝库。都龙纳花是右榜大元帅，都龙纳晒是左榜大元帅。都龙召戛统管景洪市场，都龙黑养则管理召片领的家务。都龙纳贺是指挥召片领的仪仗队和卫队的首领。最后，第8个官员是都龙纳麻，他是医生兼兽医，"麻"在夷语中是医学的意思。

16个官员组成第三级。都龙纳坎负责召片领的出巡事务。都龙纳怀在召片领出巡时清理道路，有一队持棍棒的士兵归他指挥。都龙纳黑朗照料所有与召片领狩猎有关的事务。都龙那掌是照料公家的大象的官。两代以前的都龙那掌常常饲养60多头象，一代以前还饲养着12头象，而现在他只养着一头35岁的小象。都龙纳真悍是军事顾问，都龙纳黑旺管理监狱，都龙纳窝管理桥梁。都龙纳远是掌刑官，都龙纳乃是占卜官，都龙纳禄是掌管28人拉的御车的官员，都龙纳扁管理孔雀羽毛。都龙纳广负责祖先祭祀，都龙纳哇监督船舶，盘温法是船舶官的助手，盘闹指挥大刀队，盘费负责雨神祭祀。

第四级有18个官吏。第一个是首席文官兼史官，叫都龙纳欠，他的助手是盘冒空。这两人又有6个等级较低的助手：盘撇乍昏、盘塔孟、盘银塔昏、盘牙昏、盘阿里牙昏和盘宰昏。然后是帕冒卡拉昏纳版，他主管召片领的3个鱼塘。摆夷为头人捕鱼是集体行动，因而在召片领的鱼塘上常有千余人同时捕鱼。盘钦昏是摆夷法庭的主要监督人，有3个官员辅助他工作，他们是盘陈、盘陈费昏和盘开尔曼累。盘朗尔怀管理100个听差、侍从和传令兵，通常称做召冒乃昏花。"怀"在夷语中意为一百。盘额哈西是管理50个召冒乃昏花的小官，而"哈西"一词的意思就是50。盘匠铿是负责制造召片领的金银器皿的官员。盘赞哈主管节日娱乐。最后是一个特别的官吏叫盘开，他负责保管召片领节日专用的全部器皿。

召片领官吏中的第五级也是最低一级由9个人组成。盘坎告是宫廷仪式的主持人，盘丢处是御厨总监，而盘听宰是奴仆的领班。目前还有20多户奴隶，共60余名世袭仆役，料理召片领的家务。女仆侍奉后宫贵妇。其次是盘冒掌管作战用的枪炮和典礼用的火炮。盘拉跑负责追捕罪犯和审讯犯人。还有一个专门照料召片领的羹匙和筷子的官员，头衔是盘塔昏那冒宰。另一个管理召片领筵席上其他金银器皿的官吏称为叭朋曼冒宰。迎宾官员有两种：盘博孟曼迎接和引导所有一般宾客，而盘博闷告专门接待王族宾客。

除了上述55个宫廷官员外，如前所述，还有150名称做召冒乃昏花的侍从。在每5天一次的集日，有6个侍从到召片领宫中听候差遣。他们在这5天的间隔中都要待在集市上，直到下一批人来接替。召冒乃昏花被认为是最低一级或者说是第五级官员的候选人，那一级官员中的空缺要在这 150 人中挑选填补。笔者于 1940 年访问召片领的府邸时，看到附近有一群肮脏懒散的乞丐，村民仍叫他们为召冒乃昏花。

这 55 个宫廷官员，不包括召冒乃昏花，都领到一份土地，作为一种永久俸禄。理论上，第一级官员俸禄应该是第二级官员的两倍，第二级官员的俸禄应该是第三级官员的两倍，如此等等。但实际上官员们的土地分配从来没有按照规定去做。据说几十年以前，宰相召景哈获得的土地相当于第一级其他 3 个官员中的任何一个的两倍。1940 年，主要执行官实际得到的实物地租比宰相本人所得还多一倍多。勐混土司刀栋雨或许是西双版纳消息最灵通的一个人，据他说，召景哈每年收入的稻谷有 1 200 挑（相当于 142 859 磅）；都龙发号（主要监督官）每年地租收入是 1 500 挑（相当于 178 574 磅）；而都龙诰（主要执行官）每年收入的稻谷有 3 000 挑之多（即 357 148 磅）。

摆夷人普遍认为，最初所有各级官员都是由全体百姓选举出来的，很久以前，一些高级官员变成了世袭职位，与此同时，低级官员却完全变成了召片领的仆人。到后来，由于腐化和篡权，一些较有野心的官员攫取了大量超过他们职位应享有的财富。仅从这种政治的上层建筑来看，可以判断车里县存在的是一个奇特的前封建主义观念和没落封建主义实践的混合物。

整个西双版纳行政区划是依照它的地形划分的。群山环抱的河谷中，伸展着大片平原，村庄和肥沃的农田星罗棋布。大平原上散布着一些丘陵，丘陵之间形成了一些小平原，这些小平原在行政上隶属于附近较大平原的行政机构。摆夷把大平原的行政机构叫做"勐"，而把小平原或村寨的行政机构叫做"曼"。因而一个勐往往包括好几个曼。

勐本身大小不等，勐的土司按照勐的大小分成 5 等。第一等称为召勐，第二等称为召顿帕，第三等是召雅，第四等是召叭龙，第五等为叭龙。然而，这 5 个勐土司等级彼此之间并没有从属关系，他们全部归西双版纳土司召片领直接管辖。现在版纳已不再是行政区域，勐才是主要的行政单位。每个旧的版纳都有一个、两个，有时是三个召勐，版纳的真正首领是这些勐的土司。

有 24 个勐一直与车里的召片领保持着某种政治关系。这些勐土司中，有 9 个是召勐，6 个召顿帕，两个召雅，4 个召叭龙，3 个叭龙。他们与召片领的关系时时改变，亲密程度也不一致。但总的说来，由于汉族进入带来的影响，召片领对这些勐土司的宗主权正迅速削弱。

显然，勐和召片领宫廷之间的联络是一种类似于政治协商会议的机构，夷语称之为司廊，总司廊设在景洪（汉语称之为景德城），即召片领所在地。司廊的建筑分为两部分，内间约 50 平方米，与外间由一道低矮的木栅隔开。外间有 137 平方米，用于接待来宾。总司廊有 32 名成员，在各个级别的 55 名宫廷官员中选出。法定人数是 16 人。在每个集日，或者说是 5 天一次，司廊以召景哈（宰相）为首召开一次会议。在一年一度的宗教节日，司廊举行一次特别会议，由所有各勐的代表参加。出席人数常有 100 多人。

特别会议有权对勐里各村寨的头人任命和罢免。这样任命的官员必须付给司廊一笔酬金，司廊把这笔钱交给召片领和其他官员，并留下一部分作为司廊本身的开支。一名"先"付两元酬金（元是一枚中国银元），一名"（鲊）"付 3 元，而一名"叭"付

6元。比较高的官员如叭龙、召诰和召贯要付数百元的酬金。显然，司廊不是一个立法机构。然而，由于它开会时是公开的，过路行人都可以进去观看，了解这种"内阁会议"的情况。

在勐里有一种类似于司廊的机构叫做"贯"。一个大勐的贯由20到25名官员组成，小勐的贯有10到15人。每个勐都有几个大大小小的寨子，寨子里官吏的头衔有9种。召贯和召诰每人分管几个寨子，在他们之下是分为4个等级的村寨头人。大寨的头人叫叭龙，中等的叫叭，小寨的头人叫（鲊），最小的叫先。此外，还有波勐或叫波板，负责传递信件或口信；有安擦，负责管理宗教礼仪；有昆悍，是寨子里的警察。一个大寨经常有十几名警察，任期1到3年。每个昆悍每天的报酬是2角，在战争时则是每天1元。召贯、召诰、叭龙、叭、（鲊）和先这6等官吏与他们的上级召景哈、都龙发号和都龙诰一样，都领到一份土地作为永久性的薪俸。由于寨子的面积和富裕程度很不一样，这种"土地薪俸"的差别也很大。例如，叭龙最少可以领到5挑稻种的一份土地（1挑约为95磅），但他通常可以领到50挑稻种以上的土地。现在，所在地的摆夷村寨中都有分配给叭（叭真）和分配给鲊（鲊真）的土地。

勐上司和召片领宫廷中的一部分高级官员已经逐渐变成了世袭的职位。有些勐也已经取得了或多或少的自治权。实际上，目前宫廷和勐之间的关系和勐与勐之间的关系得以维系，封建主义束缚远不及血缘关系的作用大。车里的召片领有4个姐妹和8个兄弟。他的兄弟中，一个是在自己的宫廷中任要职，3个在车里的汉人县政府下担任区长，还有两个是召勐或勐的土司。姐妹中，两个是召勐的妻子，另外两个是召叭龙的妻子。召片领的3个女儿中有两个也嫁给了召叭龙。所以，西双版纳看起来是一个以召片领为首领的勐的统一体，但这只是名义上而不是实际上的。摆夷行政机构的基础实际是勐及其所属村寨。

在湄公河以西的这一地区设立较晚的行政机构，如上文已解释过的，起源于"设流不改土"的政策（任命汉族地方官而不废除摆夷头人）。这种政策是在1909年佛海地区的顶真骚乱平息后开始实行的。起初，任命了3个县令分别管辖车里、佛海和南峤这3县。后来在1913年，汉族行政机构扩大了范围。在普洱思茅沿边行政总局的名目下，设立了8个行政局，以车里为总局所在地。到1927年，有几个局改为县政府，最后，于1932年在西双版纳全境设立了6个县，每个县都任命了县长。这6个县是车里、南峤、佛海、镇越、六顺和宁江。

正如云南的昆明或大理地区一样，西双版纳县政府的结构和下设的区行政机构的结构采用了全国通行的模式。不过，在其他地方，这是唯一行使税务、警察、防卫和司法等职能的机构，而在这6个摆夷县中，它是一个第二层的机构，专横无理地强加于已存在数百年的勐和村寨行政机构之上。

第六章 双重负担

显然，在摆夷地区设立一个双重政府是为了使汉族行政机构利用已有的行政机构进行征服。相当多的摆夷官吏已逐渐被录用为县和区政府的职员。这加强了县政府的权力而削弱了召片领。然而，只要这种双重机构存在，旧的和新的行政体系都不能忽视两者之间的关系。旧的行政机构不能抵制新的,同时新的也不能取代旧的。这样一种政治结构不仅缺乏一致性,而且必然日趋腐化软弱。最显著的后果是摆夷人民肩上的负担日益加重。

要说明这一点,可以用区级行政机构作代表。区政府在它上面的县政府和下面的保甲制之间起着重要的沟通作用。保甲制以10家作为一个维持治安的单位,它一向是中国维持国家权力的重要措施。如果一个人犯罪,不仅是他或他的家庭要承担责任,而且同一甲的10户人家都要分担责任。这种治安制度通行于全国城乡。每个保有10甲,每个甲有10户。当然,在西双版纳,保甲长肯定由摆夷人充当。区公所的报告也必然同时送交县政府和召片领。车里县的区长大部分由摆夷土司担任,他们绝少认识汉字。仅仅是为了处理汉文报告也有必要任命一个助手。助手薪金的3/4出自应上交县政府的税收,1/4则肯定来自本区的附加税。①

事实上,区公所的汉人助理就是那里的首脑,几乎与摆夷区长有同样大的权力。车里县第二区,当地人叫大勐笼,可以作为一个实例。那里的区公所里有7名职员:区长、助理、叭龙诰、叭龙统、勐额善、叭先干和尧信学。除了助理外,其他都是摆夷人。叭龙诰对税收、仓库和财务管理总负责。这一切职务都由汉族助理协同办理。后者还与区长共同负责处理一切对外事务,两人都可以直接指挥区公所雇用的6名仆役。有关民团的事务由叭龙统管;勐额善负责征工和其他征派事务;寺庙和教育归叭先干管理;尧信学管理刑事案件,如缉查匪徒、押送罪犯之类。但这

---

① 根据车里县长1937年5月10日第3号指令,区公所汉族助理的现金工资是每月20元,其中15元从县政府的税收中拨付,5元作为区的附加税征收。

些职员都必须服从区长和汉人助理的命令。所有已经得到土地薪金的人都不再领取额外的报酬，但像汉人助理这样没有领到土地的人员都领取月薪。① 汉人助理和摆夷职员之间经常一再发生摩擦，因为汉人助理极为经常的强制在本区额外征工和派款。②

在摆夷社会中，宗教和教育是分不开的，是合在一起并在一个机构里进行的。即使是在最小最穷的寨子里，也有一座佛教寺庙，男孩子们在那里学习读写摆夷文字，并研读佛教教规。这些孩子参加寺庙里的日常工作，如打扫庭院房间、洗衣、做饭等。当他们年满20岁时就可以离开寺院结婚。1940年对车里4个寨子作的实地调查显示出，所有男性中有不少于63%的人在寺院中呆过或长或短的一段时间，即使没有在寺庙中呆过的人中也有12%能够读写摆夷文字。这成为下面这件事的原因：1937年8月，车里的汉人县政府向云南省政府银行（新富滇银行）打了一个书面报告，要求在这家汉族银行发行的纸币上加印几个摆夷文字。这一要求被接受了。用县政府公文中的话说，"约80%的摆夷男子"能识他们自己的文字，但识汉字者千人中无一人。

在汉人县政府建立之前，除了寺庙外没有其他教育机构。然而，随着县政府和区公所的设立，学习汉语的学校也建立起来。县政府指令摆夷行政机构征收学校经费，并派送学生入学。③

---

① 引自车里县长1939年12月2日第283号指令，这一指令是下给大勐龙区长刀炳南和汉族助理周山忠的。

② 这方面有一个典型的案件，大勐龙区的摆夷官吏联名向车里政府申请革除汉人助理张某的职务。他被指控在大勐龙挨户派款，收归己用。此事发生在1937年8月。

③ 1932年4月8日，召片领和司廊联名报告车里县长，他们已经为景洪的一所学校征收了259元，并督促该勐征派学生。

1940年车里有9所这样的汉语学校。1936年摆夷人民强烈反对强制征派学生的方法,因而那年的招生制度有了很大改变。

自从1936年的风潮以来,县政府允许摆夷当局派一定数额的学生到汉语学校去,他们不必都来自摆夷村寨,也可以来自其他土著部族。只要学校的学生达到定额,县长对摆夷行政机构也不再苛求。因此,现在所有村寨都派钱或派谷,用来雇用规定数量的孩子去上汉语学校。汉族、摆夷、阿卡和倮黑儿童都可以受雇,也都有人雇用。有些摆夷家庭十分贫困,也愿意把他们的孩子雇出去上学,因为一个受雇上学的学生每年可以得到50元钱和25挑谷(约2 380磅)。这种用于雇用学生的非自愿的奖学金,或者说是薪金,实际上是压在全体摆夷村民头上的一种特殊贡赋。摆夷把这种贡赋称为"练囡",意思是小兵。在他们的心目中,这些男孩子就好像派出去服兵役一样。

在1940年对车里66个寨子的田野调查中,51个村寨有用于雇佣学生的摊派,占了大多数,只有15个村寨派的学生不是受雇的。1939年这51个寨子用于练囡的费用共达3 032元钱和571挑稻谷。那一年这两项合在一起的总值高达3 317元,等于66寨捐税总额的23%。练囡无疑是摆夷地区第二项最重的赋税,仅次于人头税,或者照当地汉人和摆夷所说是门户钱。

一个大寨要派三到四名大小学生入学,小寨通常和邻近的寨子合派一个学生。这样一来,本来应该是义务教育,却变成了"教育上的"义务。孩子们不得不步行上学,有时单程即达15公里(30里)。1940年曼鸾典寨子的学校里共有50名学生,来自18个村寨,学校到学生住处的距离可见下表。

因此,平均每个学生每天上课从家到学校不得不来回走10公里（20里）。

曼鸢典学校到学生所住村寨的距离

寨名	距离（华里）	学生人数
曼鸢典	0.5以下	3
董　老	0.5	2
回　索	2	2
曼　栋	3	3
曼青禹	4	4
曼　南	6	2
曼鸢龙	6	2
曼　内	6	4
曼匡龙	7	4
曼　令	8	4
曼景哈	8	1
育董迈	9	1
曼匡迈	10	2
南　弄	10	2
曼　洒	12	4
曼　留	13	4
曼　里	28	2
曼阿留	30	1

显然，不依赖摆夷村寨政权的力量，这样的义务学校的出勤率是不能得到保证的。这种制度给各寨的头人增加了一项额外任

务，也往往给了他们额外的榨取钱财（贪污）和其他种类的腐化的机会。一重行政机构被另一重行政机构所利用，在这种双重结构的政府里，挂名领干薪和贪污受贿几乎是无法避免的，这也大大加重了摆夷人民的贡赋。事实上，这是一个双重教育体系。止与县长凌驾于召片领之上一样，汉语学校也凌驾于佛教寺庙之上。

摆夷寨子中的警察叫昆悍，任期1到3年。此外，汉人行政机构于1936年组建了另外一套警察系统。那一年，县政府征召警察服役，摆夷寨子不得不为此派出32名"练龙"。摆夷语"练龙"的意思是大兵。汉人则把他们视为学兵，或见习兵。练龙的服役期为半年。由于总部设在县政府，他们在那里要做各种各样的杂务，如在县政府站岗放哨，追捕罪犯，看守监狱，出差征税等。

为了满足这种劳役征调，摆夷行政机构组织了"卡马"作为地域单位，每个卡马必须提供一名练龙。一个卡马由4个小寨或两个大寨组成。在车里调查过的66个寨子中，只有3个直接派出练龙，其余寨子都是雇人充当，1939年它们为保证雇到规定的人数共征收了2 917元现款。练龙的负担仅次于练图，占66个村寨捐税总额的20%。

汉族当局征收的其他贡赋，即所谓的"税收"，都是在县政府和召片领分赃或摆夷村寨的下层官员们分赃的基础上征收的。除32名练龙之外，县政府还维持着一支60人的汉族武装卫队，所需资金向摆夷人征收。1938年6月26日，在有县长和召景哈出席的一次县务会上，决定对车里所产的每担（135磅）茶叶征税一元作为卫队经费。会议还规定，这笔税的80%归县政府，10%交给司廊，其余的10%给寨子里的收税官。

最重的贡赋门户钱的征收方式，能够更清楚地说明它的分赃系统。1936到1940年间，车里的每一户一年要交1.6元的门户钱。在县政府驻地景迈，门户钱直接由县政府征收，车里的其他地方则由摆夷当局征收。这两部分加在一起，由县长和召片领两下分账。这笔税收的一半用于县政府机构的日常开支，另一半由召片领和他的下属支配。

召片领名下的门户钱大致按以下百分比分配：

收款人	百分比
召片领	10
车里司廊	10
各勐的贯	10
本勐高级官员	30
他勐高级官员	20
各勐村寨头人	20

卡尔·马克思曾经说过："在亚洲，从很古的时候起，一般说来只有3个政府部门：财政部门，或对内进行掠夺的部门；军事部门，或对外进行掠夺的部门；最后是公共工程部门。"[①]然而西双版纳的双重政府实际上只有一个职能，即在各种各样的"捐税"名目下征敛贡赋。农田水利和维护市场设施之类的公共工程均由村民自己动手，而由于它与世隔绝，也没有防卫问题可言。只有官僚财政日益构成这一双重行政机构的恶劣

---

① 引自卡尔·马克思1853年6月10日发自伦敦的通信，发表在1853年6月25日的《纽约每日论坛》上。

基础。

第七章 土地所有制

摆夷地区早在被中央王朝征服并建立起封建主义官僚体制之前很久，就有了早期封建制的发展，以长期占有土地的方式作为政府俸禄和官职世袭证实了这一点。在召片领的宫廷里，如前所述，所有 55 名官员都领有土地，而一些高级职位在清代以前就成为世袭。在北京传来的封建行政机构建立之前，西双版纳已经存在着一种软弱的带有模仿性的封建主义，正如在中国存在着一个模拟的资本主义发展，而同时这样一种发展的真正基础尚有待建立。更为重要的事实是，中央王朝官僚机构利用了这里的前封建主义土地关系的残余，并因此想方设法使其保存下去。这实际上是当前中国形势的一个缩影，西方资本主义势力利用了封建主义残余，并因而尽力维持它，或至少是阻碍了完全推翻它。

正如在全中国，特别是华东和华中，以封建主义和资本主义的并存为特征一样，处于滇南一个与世隔绝的"口袋"里的摆夷地区，有一个封建主义与农村公社混合的社会政治结构。封建主义的结构单位是地域性的，有明确的不可改变的界限；而前封建主义公社的结构单位是部族及组成部族的氏族。如果说土地占有是封建社会的主要特征，那么农村公社中起控制作用的要素就是血缘关系，土地所有权则是公有或集体所有。

除了少数地方有一些汉族移民声称拥有一块自己开垦耕种的

土地外,整个西双版纳并没有严格意义上的土地私有权。1940年在车里进行的广泛的田野调查发现这里只有四类土地,没有一种能够确定属于私人所有,有一种在形式上和实质上都是村寨共有的土地。

摆夷语的"纳"意思是耕地,他们也用这个词作为一个土地单位。"纳"译成汉语就是"田"。一田或一纳合0.04公顷,等于四川省的1/3亩。纳的四等地包括纳曼,村寨的公有土地;纳召,官员占有作为俸禄的土地;纳洼是寺庙土地;还有纳贝,在永佃权基础上新开垦的土地。不只是纳曼的存在明显表现出早期农村公社的残余,还有与此有关的三个方面的重要资料,都表明了摆夷社会的公有制性质。第一是已耕地和未耕地、鱼塘、树木和森林的公共所有和集体所有制。第二是耕种、狩猎、打鱼和伐木直接使用集体劳动。最后是村寨在纳贡和交地租之类事务方面给人留下深刻印象的合作精神。

说到村寨的公有财产,最重要的当然是纳曼。摆夷语称寨子为"曼",因而纳曼的意思就是属于全村社共同体的耕地。在大多数情况下,纳曼不付地租。例如曼养的纳曼有490纳,青禹有500纳,曼达有1 200纳,都是不交租的。有些寨子的纳曼分给新来户开垦,由村寨收取很少的象征性的地租。曼德就是如此,在那里,一纳的纳曼只收取1/10挑稻谷作地租(一挑约为95磅)。纳曼的地租至今为止从未超过每纳3/10挑,即将近总产量的一半,而这种情况也只出现在少数几个村寨。如下表所示,将近3/4的纳曼都不向寨子交租。

在车里所调查的纳曼
1940

	村数	纳数	百分比
交纳地租	6	3 360	25.8
不交地租	17	9 690	74.2
合　计	23	13 050	100

大部分寨子的纳曼每年在4月底或7月中旬由寨头人重新分配耕种，通常是按户分配，不论每户人口多寡。两三户人家共同耕种100纳的纳曼。通常是在老住户中实行一定程度的平均分配，再把剩余的部分分给寨子里的新来户。在一些寨子，如曼凌、威索、曼留、曼洒、曼董和曼里，人口长期以来保持稳定，不实行每年的再分配，代之以由寨头人每年进行一次评定，作一些自愿的调整，这种作法或多或少已变成名义上的。有些寨子，如曼鸾典、青禹、龙户、董老、曼听和曼梅，已经有半个多世纪既没有再分配土地，也没有进行评定。在这些寨子里，纳召——即官员占有地——居于优势，因而再分配的方法早已不实行了。

在车里调查过的66个寨子里，有37个种的是旱稻。这种稻子不是种在有水源的河谷里的纳曼和纳召上，而是种在村寨附近的山坡和高地上。看来是谁想种地就可以在这类地方开垦旱地，不需要交地租。这类土地仍被看作是寨子的共同财产。树木和林地也被视为村寨公有。所有居民都可以自由采伐木材和竹子供自己使用，没有人出售木材或竹子这类东西。因为没有人需要买它们。由于所有的丘陵和山地都被认为是公有财产，个人或集体狩猎打到的所有猎物都要在村民中分配，其中一大部分要送给头人。

鱼塘也属寨子公有,捕鱼有规定的日期,鱼或是在村民之间分配,或是由全寨献给召片领,或是卖成钱充实共同财产,通常三种作法一起实行。

目前的集体劳动制度肯定是一种社会返祖现象,只能从原始公社中找到其根源。事实上,威廉 C. 杜德 1913 年观察到的车里文化状况在今天仍然存在。这位美国传教士说:"佛教在这一地区名义上十分强大,但实际上比起景栋(在缅甸北部)来要软弱得多……在这里物神崇拜远远超过对佛教的信仰。人们非常迷信。举例来说,他们不敢把自己的名字或头人的名字告诉我,惟恐写下来会给他们带来什么疾病或灾祸。"① 例如目前流行的一种物神崇拜是,捕鱼不应该一个人单独进行,而要与其他村民同往。违背这一戒律的人会受到恶鬼的惩罚。佛海有个经常讲的故事说,从前有个村民打到了一头鹿,但忘了分一块肉给一个寡妇,后来全寨人都死于一次瘟疫,只有寡妇一人为天神所救。

按照摆夷的传统,狩猎、捕鱼和许多其他活动都是由整个村社集体进行。新建一座房屋时,寨子里所有劳力都要一起干。如果有人这时表现得懈怠偷懒,他或她的家庭以后有事也会受到同样的待遇。1940 年笔者在勐混看到一户人家,由于其家人没有与其他村民一起帮助另一家办理丧事而被罚了 3 元钱和几只鸡。

1940 年 4 月 22 日,曼掌宰的波孟在傍晚时分吹响了牛角,所有的村民都知道这是一个信号,要他们在第二天早上到森林里去,为兴建一座新房子砍伐树木和竹子。普通房屋全是用竹子建造的,

---

① 杜德,前引书,第 190 页。景栋是缅甸掸邦的政治和商业中心,有公路直通佛海。

只有寨子头人的住房才用木材作构架。第二天早上，32个男男女女带着砍刀和干粮进入了几十里外的树林，回寨子时每人扛着4根大竹子。下一天，村民们一起盖房，房子的构造十分简单，通常当天就可以完工。

车里及其邻近的县有两种纳召（官员占有地）。一种实行劳役地租，即由村民耕种，全部收获物归有头衔的官员所有。另一种征收实物地租，即以产品交纳地租，占全部收成的一定比例，但耕作工作由几家分担。在前一种情况中，寨子自身就是一个佃户，而在后一种情况中，并非所有的村民都是佃农。因此，实行劳役地租的纳召不分给村民耕种，而是由全寨劳动力一起耕作。事实上这是一个小型种植园，园中的集体劳动从来不付报酬，而是被征用的劳役。这种情况清楚地说明，利用早期公社的集体劳动方式也能榨取封建贡赋。

农村公社的集体性与古代一样。摆夷地区的一个寨子就是一个纳贡或"税"的单位，它还作为一个单位租入或租出土地。据车里66个村寨的调查，1940年共有65146纳的土地由这些寨子的居民耕种。其中41121纳是实行实物地租的纳召，1300纳是实行劳役地租的纳召，13050纳是纳曼，6875纳是纳贝（新开垦的土地），还有2800纳是这66个寨子中的8个租入的土地。1940年这66个寨子共拥有67851纳水田，其中有5个寨子抛荒了1400纳土地，6个寨子出租了1305纳。征收或交纳地租全由寨头人掌握，他实际上是代表封建制度统治农村公社，而不是古老的农村公社的代表。

摆夷语寨子的财富叫做"毫当来"。1939年曼掌宰寨的毫当来账目，极为清楚地说明了目前一个在多少带有封建性的头人管理下的农村公社对外交往的状况。这个37户人家的寨子周围有草场、沼泽和抛荒地。草场由全寨使用,沼泽地里只出蚊子,抛荒地是由于地力耗尽。该寨水田总数有2 260纳,其中1 040纳是实物地租纳召,840纳是该寨由于缺乏劳动力而出租的纳曼,380纳是分给本寨居民耕种的纳曼。由于纳召也是分给各户耕种的,每年每100纳要交30挑谷的地租,毫当来的账目只涉及有关纳曼和召片领与汉族县长共同征收的贡赋的处理情况。

出租的840纳的纳曼,实物地租率与寨头人征收的纳召地租相等,即每100纳收30挑稻谷。所以曼掌宰的全部地租收入是252挑。由村民自己耕种的380纳纳曼,地租率较低,每100纳交给寨头人20挑稻谷。此外,从寨外收到实物地租时,立刻就分给曼掌宰全寨的37户人家,包括5户上层官员和5户不交门户钱的人家。该寨地租收入分配如下:

节余的18.5挑和从380纳的纳曼中收到的总共76挑地租都记入了毫当来的账目中。

收入和支出项目可以列为下表:

收入	支出
1. 本村地租76挑谷,每10挑4元,总值30.40元 2. 外村地租结余18.5挑,价值7.40元 3. 31户补交税,每户1.2元,共37.20元 4. 5户补交税,每户0.6元,共3.00元 5. 售鱼现金(三分之一分给各户,三分之二出售),共200.00元	1. 31户门户钱,每户4.25元,共131.75元 2. 练囡费(25挑谷,50元钱)共62.50元 3. 练龙费(每月3元)共36.00元 4. 雇工应征费(7挑谷,11.25元钱)共7.37元
合计　　　　　　　　　　278.00元	237.62元

无疑，这笔 40.38 元的结余要用来支付县政府的紧急征调和本寨各种各样的意外开支。这里必须指出，这种盈余完全来自把大量纳曼出租给外寨，收到的高额地租。对大多数寨子来说，由于没有可供出租给外寨收取高额地租的纳曼，捐税负担就总是造成毫当来的亏损。

叭板（当日的寨头人）	80 挑
波板	20
（　）	20
小（　）	15
先	10
27 户（每户 3 挑）	81
5 户（每户 1.5 挑）	7.5
合计　37 户	233.5 挑

地理上的与外界隔绝，商品作物不发达和人口稀少是原始公社残余得以长期保留的主要因素。凡是这些因素不存在的地方，例如印度和中国其他地区，是找不到像纳曼那样的土地村有制的。印度的沙漠地区，如拉杰普塔纳，与印度北部地区相对隔绝，但由于铁路的发展，灌溉的改进和日益密集的人口，那里已经没有可供再分配的村有土地，或是可以每年或定期评定的土地。早在拉杰普塔纳修筑铁路之前很久，那里的贾特人就已经耕种着许多小封建领主的土地，这些土地与西双版纳的纳召类似。拉杰普塔纳的这种纳召起源于军事征服过程中赏赐

给高级军官的土地。① 长时期的封建统治瓦解了农村公社,封建领主把他们自己的收税员(卡姆达)直接派到了村庄里。农村公社唯一的残余是乡村行政委员会,或五老会,其职能也是有名无实。

由于车里的纳曼是要再分配进行耕种的,第二类土地的纳召绝大部分只在村民中分配。在调查过的 42 421 纳的纳召中,只有 3.5%实行劳役地租,96.5%征收实物地租,其原因已如上述。在当前的封建主义影响下,纳召的增长趋势是合乎规律的。纳召的起源和它的种类应该加以重视。很可能在明代,召片领模仿了汉族的封建制度,在景洪占据了大片土地,用地租收入来供应宫廷和王室消费。与此相似,宫廷中的高级官员也得到了土地作为他们工作的奖赏。在各勐,土司及其属下也仿效召片领的榜样创造了又一套纳召体系。

召片领收取地租的耕地,摆夷语称之为纳乃,汉语则称为纳私庄。私的意思是个人,庄指庄园。在汉人心目中这是私人财产,而摆夷人仍然认为是国有土地。同样,召片领拥有的荒地在摆夷语中称为栋乃,而在汉语中称为栋私庄。召片领的大部分纳乃和全部栋乃都分布在景洪及其邻近地区。召片领时不时会筹措资金开垦新田地,间或也有村寨交给他一片土地作为某项刑事罪案的

---

① 拉杰普塔纳至今还存在着由许多佃农耕种的大封建庄园,这与旁遮普的情况截然不同,这种差别是有历史根源的,当锡克教徒的军队征服旁遮普时,就把耕地在全体士兵中进行了分配。所以,拉杰普塔纳和旁遮普代表了两种封建土地制度。拉杰普塔纳的村头人的权力远远不如车里的寨头人波板;而拉杰普塔纳赋税沉重,统治严酷。关于这方面的情况应该读一读希尔达·沃纳的新著《土地和水井》(纽约,1946 年版)。还要注意的是,车里的纳召大部分是与纳曼一起分配给村民耕种的,而拉杰普塔纳的"官地"则由贵族地主直接出租给农民。

罚金。上述情况常发生在偏僻的地方,不过这类土地也还是被称为纳召或特别称之为纳乃。开始时,一些勐的纳乃由召片领专门的代理人照料,后来由各勐的土司负责为他收租。但近些年来,由于各勐土司不断蚕食,召片领失去了在各勐的大部分地租,现在1 700纳左右的纳乃只能收到2 500挑稻谷。

都龙诰(主要执行官)每年从2 000纳土地中收到3 000挑稻谷的实物地租。在召片领兼任都龙诰时——1940年即是如此——除了他自己的一份外,他也拿到都龙诰的地租。都龙发号(主要监督官)每年从1 000纳得到1 500挑地租。这些纳召,摆夷人称之为纳都龙,意思是向都龙交租的土地。宰相召景哈每年从纳景哈的800纳田地中得到1 200挑地租。纳景哈是个地名,就在江对岸,与景洪相对。它像一片采邑,授给召景哈作为世袭财产,事实上,各种名目的纳召都是封建性的土地。

勐土司得到他们的地租收入的耕地称为纳龙召,各地纳龙召的面积从50纳到300纳不等。土司的下属也有自己的土地:札的土地叫纳鲊,叭的土地叫纳叭,安真的土地叫纳安真。这里必须指出,尽管召片领和他的宫廷官员们的大部分纳召都是按照公社制分给各户集体耕作的,但各勐官员的纳召,包括纳龙召在内,几乎全部由收租人选择佃户耕种。显然,前者是封建土地的一种过渡形式,而后者却是成熟形式。

寺庙地纳洼是第三种类型。这种土地并不是由虔诚的佛教徒奉献的,因为村寨中没有任何居民有私有土地可以奉献。纳洼只由召片领授与。纳洼一旦授给寺庙,那个寨子的农户就得向那个寺庙交纳地租。尽管有80%或更多的摆夷村寨中都有寺庙,但只有很少的寺庙享受纳洼的收入。特别是近几年,这类土地的数量一直没有增加。

纳贝，摆夷语指一片新开垦的土地，是车里第四类也是最后一类土地。汉语称之为纳新，意指有收成的新地。它也叫纳私，因为按照汉人的看法，这类土地或迟或早会变成私有土地。在66个村寨调查过的全部65 146纳耕地中，有6 875纳属于纳贝。这意味着由村民自己经营的土地不足全部耕地的10%。这就是纳贝的由来。任何一个或几个家庭都可以请求村寨分一片可耕地来开垦种植，在头5年之内，召片领和县政府不收这块地的租税。5年后，耕种者就要向寨头人交地租，但实际上这笔地租常被忽略。除非本寨人口极为稀少，外来户通常是不允许开垦纳贝的。有时，一片抛荒地又重新耕种也叫做纳贝。总之，纳贝一旦确定，就不再在村户之间分配耕种。事实上，农户对这块土地没有法律上的所有权，但享有永佃权。在这方面，纳贝可以视为目前在各地，尤其是华中和华东盛行的家庭土地私有制的一种初期过渡形式。

景洪是车里县的第一区，有70多个村寨。1940年上半年，共有66个寨子受到了详细的调查。[①] 结果表明，村民自己耕种的水田共有64 146纳，其中有2 800纳是从外村租入。这些寨子集体拥

[①] 车里做过调查的村寨如下：（1）阿猛（2）曼匡龙（3）曼梅（4）曼令（5）曼德（6）董老（7）回索（8）曼里（9）曼景兰（10）曼听（11）曼农（12）曼洒（13）曼栋（14）差栋开（15）青栋迈（16）曼鸾典（17）曼摸（18）曼留（19）曼青禹（20）曼南（21）摆苦（22）曼宰（23）曼英（24）曼陇匡（25）青勐（26）曼达求（27）曼湾（28）曼华（29）曼共（30）曼掌宰（31）龙混（32）曼休（33）嘎松（34）曼歹（35）曼哈（36）曼彭乃（37）曼景邦（38）曼景坎（39）曼宾（40）曼丢（41）曼奢（42）曼款（43）曼捧（44）曼亏（45）曼诺凤（46）曼川西（47）青元（48）曼龙（49）曼海（50）曼棉（51）曼匡迈（52）曼盐（53）曼肯（54）曼混（55）曼凹（56）飞龙（57）曼猛（58）曼乍（59）奥赛（60）曼程（61）曼刀（62）曼青（63）曼鸾龙（64）曼锅（65）曼盐里（66）匡沃。

有的土地共65 051纳，其中有1 305纳租给了外寨。土地所有权可作如下分类：

1940年车里县66村土地所有权

土地种类	纳数	%
1. 纳召，包括小部分纳洼	42 421	65.3①
2. 纳曼，包括1305纳出租地	14 355	22.1
3. 纳贝	6 875	10.5
4. 由于地力耗尽而抛荒的土地，包括纳召和纳曼	1 400	2.1
合计	65 051	100

这里与其他任何社会一样，土地所有权是社会和政治结构的一个标志。绝大部分土地由各级官员占有，从车里的召片领到勐和寨的小官吏，这不仅意味着地租收入集中在一小部分人手中，而且证明了封建化的进程不可抗拒。以前，纳召大部分位于水渠的末端，或在不能优先供水的地方；而现在，由于纳召越来越盛行，它们常常位于灌溉最便利的地区。纳召的增加立即排挤了纳曼，并干扰了它们的供水。

如上所述，纳召的增加也影响了耕种纳曼的分配。随着时间的推移，纳召的租佃越来越固定。在这种情况下，很多村寨中纳召和纳曼的再分配已经完全停止。此外，现在村寨不再作为一个

---

① 据在车里县政府工作了十多年的汉族代理县长周某估计，纳曼应占耕地总面积的80%；纳召占16%；纳贝占4%。这一官方估计反映了多年前的老文件记载的状况，最近的发展已使纳召增加到了65%，纳曼减少到了22%，纳贝增加到稍多于10%，如同这里的表格所示。还有一点极为值得注意，由于缺乏肥料，或许还有劳力不足，抛荒的土地高达所有土地的2%。

集体来收租,而是把地租直接交给土地所有者。各地的纳曼通常都不收地租,即使收租租率也相当低,而纳召的租率总是高得多。因而纳召的扩大使村寨贫困化,从而进一步破坏了集体生活。纳召的百分比就是从原始公社社会向封建主义转化的百分比,这种说法也许不能算错。另一方面,车里县22%的耕地仍是真正的公社土地,这一事实确凿无疑地说明这是一种前封建主义的社会。

前封建主义社会政治结构,如S.V.尤什科夫教授所说,可以分为两类:第一种是"野蛮王国",在这种王国里,封建关系是通过奴隶占有制因素和家长制因素的相互作用而逐步建立的;第二类中,前封建主义国家是作为原始社会解体的结果而产生的。[①] 对第二类的研究仅仅是在最近才开始。我国周代早期,或者说是西周时的社会(公元前1000到前600年)可以列为第一类,而现时的车里社会结构应该属于第二类的一种简单模式。

如同前面的章节已经提到的,车里的摆夷不向南诏的奴隶制王国纳贡,今天这一地区也没有奴隶制的痕迹。正如奴隶占有并不是奴隶制社会的唯一判断标准,它也不是前封建主义社会的必要前提。尤什科夫教授认为9世纪以前的盎格鲁-撒克逊王国就是一种前封建主义结构,那里的奴隶是可以赎回自己的自由的。前封建社会的实质应该具有下面的5个特点:

第一,在前封建社会里,一部分氏族长老或首领正在转化为拥有土地的贵族。现在纳召已经占车里全部耕地的65%,所有征收纳召地租的人都已成为贵族。

[①] S.V.尤什科夫教授:《论前封建(野蛮的)国家》,载苏联科学院历史研究所出版《历史问题》1946年7月号,莫斯科,欧文·拉铁摩尔译。早在1940年,S.V.尤什科夫教授的《国家与法律史》就在莫斯科出版。

第二，赋税（有时包括兵役）征收的基础逐渐从户转向地产。换句话说，贡赋正在向封建地租转化，陪臣正在与一块封地结合。这正是车里双重行政机构之间的关系。

第三，头人不一定是长老，因为他们不再是选择出来的。他们中的一部分获得了如同召片领、召景哈和勐头人所拥有的世袭地位。地方政府得到与一定地区相联系的十进制治安组织的协助，前文所描述过的保甲制也在车里实行。①

第四，部落大会正在转化为类似于近代内阁会议的议事会。西双版纳的司廊和贯事实上与9世纪以前的盎格鲁-撒克逊王国的国会，以及11世纪以前的基辅公国市民会议具有同样的性质和职能。

第五，农村人口，即直接生产者还没有分化为几个阶级。这正是车里目前的情况。总的来说，耕种纳召、纳曼、纳洼以及纳贝的农民之间并没有什么不同。

第八章　土地利用

车里这种前封建社会一种普遍的、突出的、明显的、值得注

---

① 保甲制实行前很久，摆夷地区就有一种十进制的军事组织制度。从下面钱古训《百夷传》中的引文可以清楚地看到这种制度。该书有1398年杨大用所作的序，赵琦美1610年手抄本，1929年上海国学图书馆影印出版。该书说："其属则置叨孟以总统政事，兼领军民。昭录领万余人，昭纲领千余人，昭伯领百人；领一伍者为昭哈斯，领一什者为昭准；……大小合有分地，任其徭赋。……官无仓庾，民无税粮。每年秋季，其主遣亲信部属往各甸，计房屋征金银，谓之取差发。征发劳役，不拒老妪。"

意的现象是,生产力极为低下和人口稀少。与海拔6 400英尺的昆明高原不同,车里位于海拔只有1 850英尺的一个河谷中,最低温度为7 ℃,最高温度为38 ℃。这里雨季很长,长年无雪。1939年全县有8 775户人家,总人口32 915人,其中女子为16 477人,男子16 438人,男子中"仅有1 152人"算是壮丁。① 车里第一区只有70多个寨子,大多数寨子每寨不超过10到40户人家。

1940年车里县66村户数

各村户数	66村总户数%
10—20	25.8
21—30	31.8
31—40	22.7
合计	80.3

以人口较多的四个寨子为例,每户的平均人口只有3.94人,而每户参加农业劳动的人手不足2.08人。这后一个数字远远低于华中和华东的水平,甚至于低于人口同样稀少的东北各省。

1940年车里县168户的劳动人口

村名	户数	全村人口	劳动人口		
			男	女	合计
曼掌宰	35	195	45	40	85
曼　栋	35	16	34	28	62

---

① 这些数字引自车里县长1939年11月14日给云南省政府的一个报告,其副本由车里县政府档案室收藏。报告中的壮丁数字显然过低。实际数字可能在5 000左右。有意压低数字是为了避免劳役征调达到饱和状态。

续表

村名	户数	全村人口	劳动人口		
			男	女	合计
曼鸾典	46	174	46	45	91
曼听	52	187	59	53	112
合计	168	662	184	166	350
%		100	27.8	25.1	52.9

从上表可以清楚看到，全部人口中只有约53%从事农业劳动。

必须注意的是，摆夷村寨中有两种户：一种是登记过并交了门户钱的，另一种是没有登记过，也不交这种税的。汉语称前者为正户，后者为非正户。在所调查的66村1900户中，82.7%是正户，17.3%是非正户。在定期分配供耕种的水田时，正户优先于非正户。1940年有90%的正户和4%的非正户耕种了水稻田，如商人之类不愿意从事农业，僧侣之类不需要从事农业，或由于家中没有成年男子而无力从事农业的户，都不分给耕地。宫廷官员家庭也不领耕地。一般说来，总户数中可以说只有75%是从事水田耕作的。此外，还有一些家庭由于缺乏男劳力和畜力而出租一部分耕地。

根据下表列出的44村的统计资料，领到耕地的户中约有73%实际得到了现有水田的68%。这表明分配是相当公平的，这73%的农户每户得到了25到50纳水田。领到耕地的农户平均农地面积为42纳，相当于华中和华东的26.5亩，或者四川的9亩。这一数字大于中国任何其他产稻区的平均水平。鉴于村寨中领到耕地的家庭占75%，所有家庭平均耕地就是31.6纳，相当于华中和华东的 20 亩。①

1940 年车里县 44 村 1 008 户的水田分配

每户分到的耕地（纳）	户数	%	分到耕地总数（纳）	%
20 以下	80	7.94	1 300	3.06
20—25	80	7.94	1 600	3.76
26—50	732	72.61	29 038	68.38
51—100	115	11.41	10 293	24.24
100 以上	1	0.10	240	0.56
合计	1 008	100	42 471	100

尽管分配相当平均，还是有近 1/4 的耕地由 11.5% 的家庭耕种，这些家庭每户要经管 50 到 100 纳的水田，他们肯定被视为摆夷地区的富户。

车里生长着 5 种稻谷。第一种也是最重要的一种是糯稻，色白而有光泽，产量占稻谷总产量的 80%，是摆夷人的日常主要食品。其次是所谓的香稻，色白质软，但没有黏性，占稻谷总产量的 15%，它也用作日常食品，但被看作是较次要的粮食。第三种是少量的硬稻，白色无黏性，用来做米凉粉和米干。第四种是所谓的软稻，色白富有营养，车里的汉人把它作为日常主要食粮。第五种是红糯米，产量极少，专用来制作厚米糕和薄米糕。

---

① 42 纳等于 1.68 公顷，31.6 纳约为 1.26 公顷。

1940年车里县4村农户中犁的分配状况

村名	农户	有犁户	有犁户%
曼掌宰	31	31	100
曼栋	30	24	80
曼鸢典	40	24	60
曼听	21	21	100
合计	122	100	82

农产品	年产量	可供输出量
1. 糯稻	184 000 担*	1 000 担
2. 软稻	107 000 担	600 担
3. 高粱	1 400 担	无
4. 玉米	400 担	无
5. 大豆	630 担	100 担
6. 棉花	1 000 担	500 担
7. 茶叶	3 200 担	2 000 担
8. 烟草	1 000 担	无
9. 樟脑	3 200 斤*	2 800 斤

*（1斤等于1.33磅，1担等于133磅）

"软稻"既可种于水田里，也可种在山坡上。在后一种情形下，它也被称为"旱谷"。在66个受调查的村庄中有37个种"旱谷"，在这37个村庄里，约有36%的农家种这种作物。软稻、硬稻和糯稻都在5月插秧，10月收割，红糯米的生长期是6月到11月。车里有一些地方气候较温暖，每年可以种植两季作物，除稻谷外，再种一种较次要的庄稼。但大部分地方只种一季作物。这里无论怎样都不使用肥料，甚至也极少中耕除草。

按照车里县长 1939 年 11 月 12 日给云南省政府的报告，车里全年农业产量可列表如下：

通常，农户每年花 10 天时间用铁犁耕地。每架铁犁一般重 3 公斤左右。小犁约长 40 厘米，重 6 公斤。一架铁犁极少能使用 20 年；大部分农家同一架犁已经用了 2 年到 5 年。在 4 个有代表性的村子里，18%的农户没有铁犁。

除此以外，还有很多农户有一架犁但没有耕畜，既无黄牛又无水牛。在摆夷语言中，黄牛称作"互"，水牛称作"瓦"。水牛更有价值，因为水牛比黄牛能够更好地做农田工作。在调查过的 44 个村庄里，1940 年共有 1 343 户人家，其中有 1 008 户由于没有任何耕畜，或没有足够的耕畜来做农田工作，不得不租用水牛和黄牛。从下表可明显看出，在 1/4 的村庄中，有 40%到 60%的农户租入了耕畜。

1940 年车里县 44 村租入水牛和黄牛农户百分比

租牛户占全村户数/%	村数
0	7
1—10	1
11—20	4
21—30	4
31—40	3
41—50	7
51—60	4

续表

租牛户占全村户数/%	村数
61—70	7
71—80	3
81—90	2
91—100	2
合计	44

极为重要的是，这44个受调查的村庄中，有18个村庄半数以上的农户要租入耕畜。换句话说，在40%的村子里，至少有50%的农户没有黄牛或水牛。此外，车里县耕畜的总数在减少。在1940年调查过的66个村子里，有2个根本没有耕畜，其他64村的黄牛和水牛，在5年（1935—1940）之内平均减少了37%左右。这一事实显然极大地损害了摆夷地区的生产力。

在这5年期间，猪和食盐的价格没有很大的变动，但同时期棉布价格却上涨了50%；黄牛、水牛和犁的价格也同样上涨。无疑，这进一步增加了农民的负担，并会使他们的经济遭受破坏。

车里县66村黄牛、水牛和犁价格的增长趋势

（单位：元）

	每头黄牛	每头水牛	每架犁
1935年价格	20.8	39.2	1.5
1940年价格	25.3	57.7	2.5
增长%	21.6	47.2	66.7

1938年车里及其邻县曾发生过动物瘟疫，随后从北面的思茅输入过一些黄牛和水牛，但没能完全补充供给，满足需求。据一

般估计，车里目前只有 4 360 头水牛和 17 540 头黄牛。

1940 年在曼掌宰、曼栋、曼鸢典、曼听这 4 个寨子里，共有 168 户人家。其中 61.9% 没有黄牛，63.1% 没有水牛。水牛主要用于耕地，而黄牛也用来搞运输用。22 户人家每户有一头黄牛；30 户人家每户有两头黄牛；14 户各有 3 头黄牛；两户各有 4 头黄牛；5 户各有 5 头黄牛；有一户人家有 7 头黄牛。有 54 户人家各有一头水牛；6 户各有两头；两户各有 3 头。从下表可以看到这些役畜的分配情况。

黄牛和水牛的分配

村名	农户户数	有黄牛户			有水牛户		
		户数	%	黄牛数	户数	%	水牛数
曼掌宰	31	24	77.4	73	12	38.7	13
曼　栋	30	18	60.0	31	14	46.7	15
曼鸢典	40	22	55.0	38	17	42.5	17
曼　听	21	10	47.6	22	19	90.5	27
合　计	122	74	50.8	164	62	50.8	72

重要的事实是 122 家农户中，只有 50.8% 有黄牛和水牛，而 49.2% 的农户黄牛水牛都没有。这就是为什么所有有役畜的农户中有 24.2% 出租部分役畜，而同时全部无水牛户中多达 62.3% 的农户必须租入水牛以耕种田地的原因。

1940 年车里县 4 村耕畜租用情况

村名	有黄牛和水牛户	出租耕牛户	无水牛户	租入牛户
曼掌宰	24	1	23	14

续表

村名	有黄牛和水牛户	出租耕牛户	无水牛户	租入牛户
曼栋	21	9	21	19
曼鸢典	26	2	29	24
曼听	24	11	33	9
合　计	95	23	106	66
%	100	24.2	100	62.3

农业中的雇佣劳动制度还没有在摆夷社会中发展起来。在66个调查过的村庄中共有1 572户在册的人家，或叫做"正户"，其中仅有82户即5%，雇用了季节性的农业劳动者。当然，一部分纳召由本寨劳动力集体耕种。其余的纳召、纳洼和纳曼则分配给农户，以100纳为单位由农户联合耕种。在这种基础上，劳动力的短缺极少发生。季节性的雇佣劳动通常与纳贝的耕种有关。在集体耕种纳召的情况下，寨子里的每个家庭出一名男子工作3天，而在纳贝和纳曼上雇用的季节工每天工资一到两元。如果按月支付，他最多可以得到15元，外加食宿。当来自山区的阿卡或倮黑受雇作季节性的农工时，他们通常随身带着自己的孩子。这样全家都可以有饭吃，此外每天还有6角钱工资，有时每天的工钱低至2角5分，这些土著到雨季就不再留在谷地中，因为那时没有农活可做。

除了一些水井外，车里的灌溉几乎全靠水渠，水渠里的水是从附近的山地和丘陵流下来的。水渠通过征工修筑，维护工作也是同样。有记载的最近的一项工程是对7英里长的景洪渠的维修，从1939年2月10日到25日，用了500人。更早些时，1937年春天,曾征用了1 000多人维修这条水渠。这条水渠为9个寨子供水,这9个寨子里有相当大数量的纳召。

管理水渠的方法至少有三种。一种制度是由每个村庄选举一个官员负责照料它自己的灌溉系统,例如景洪的威青寨就是这样做的。第二种是由两个或两个以上的村庄轮流管理,例如曼栋、曼留和曼令这3个寨子共用一条水渠灌溉他们的农田,管渠官轮流由这3个寨子的农户推选,任期只有一年。1940年曼栋设置了"板闷",这是管渠官的摆夷名称。第三种制度也是由各寨轮流担任板闷,但仅限于渠尾各寨。有一组11个寨子共用一条水渠,它们是曼听、曼共、曼青勐、曼诺凤、曼英、曼川西、曼程、曼勐、景捧、曼刀和曼棉。由于曼诺凤和曼共位于水渠的尽头,所以这两个寨子各出一户人家按年轮流担任板闷的职务。

在很多地方板闷成为世袭的,有些地方当板闷的后代被认为不称职时,就选出一个新人代替他。有些寨子一直实行一年一度的选举。所有板闷的任命都要由贯——勐的议事会议——批准。在插秧季节,板闷开始执行职务,在渠头举行一次集会,杀一头猪作祭品献给那些为灌溉工作而牺牲了生命的人。所有的水界都由木板隔离,所有的水流都由竹筒引导方向,这些竹筒固定在分界线的木板上。浇灌50纳的农田竹筒直径为两英寸,浇灌100纳的农田竹筒直径为4英寸。

板闷领到一定数量的土地以维持家用,通常为70到80纳。这种土地叫纳板闷。在一些村子里,还从纳曼中划出一部分土地,专门用来供给参与水渠维修工作的村民。板闷在寨子里享有很高的威望,当他在种稻季节巡视检查时,他要找出对水利系统的损害并处以罚金。他要随时监察水渠,任何在白天偷偷用水的人都要罚款6元。如果晚上偷水,由于那时用水不紧张,罚款可以减半。这类基本的经济管理工作几乎完全由板闷担任。在西双版纳没有很长的水渠,没有大面积的灌溉,也没有一个集权的官僚机构。尽管如此,摆夷的土地制度还是属于一种原始封建社会。

简单的劳动力组织和落后的农业技术是任何原始封建社会突出的经济特征,这些因素必然导致全社会,特别是农业,生产力的低下。对曼掌宰、曼栋、曼鸢典和曼听四个村寨的调查表明,每100纳耕地出产的糯稻平均不超过152挑。每挑糯谷可以舂出20到30斤糯米。随着土壤肥力程度的不同,收成有明显的变化。肥沃的土地上稻谷的收成通常是贫瘠土地收成的两倍或两倍以上,中等肥力土地上的收成约为肥沃土地上的70%。对56个村寨的统计显示出,中等土地上每100纳的平均产量是74.5挑;59个寨子的统计表明,贫瘠土地上每100纳的平均产量是68.2挑;而62个寨子的记录表明,肥沃土地上每100纳的平均产量是108.7挑。

在上面提到过的4个寨子中,1939年共有168户人家,这些人家的1/4以上没有领到耕地。约26户每户只收获了60挑稻谷;14户每户只收获50挑;13户每户收获30挑;14户每户收获了80挑;15户每户收获了70挑。一户收获最低的只有15挑;相反,4户收获最高的每户收获了100挑。这种情况下,如同从下表中可以看到的,平均每户的收获量仅有55.5挑。

1939年车里县4村水田的产量

村名	种稻户数	稻谷总产量(挑)	平均每户收获量(挑)
曼掌宰	31	2 402	77.5

续表

村 名	种稻户数	稻谷总产量（挑）	平均每户收获量（挑）
曼　栋	30	1 430	47.7
曼鸾典	40	2 228	55.7
曼　听	21	710	33.8
合　计	122	6 770	55.5

稻谷产量只达到本寨消费量的60%，换句话说，至少在这4个寨子里，正常年景（1939）的产量也远远不够能养活全寨人口。

1939年车里县4村的产量和消费量

村名	户数	种稻户数	全村产量（挑）	全村消费量（挑）	产量占消费量%
曼掌宰	35	31	2 402	2 836	84.69
曼栋	35	30	1 430	1 841	77.69
曼鸾典	46	40	2 228	3 109	71.66
曼听	52	21	710	3 259	21.75
合　计	168	122	6 770	11 045	61.29

需要注意的是，所有村民中只有72%的人家种稻，这些寨子里有许多人从事其他农业活动，特别是园艺和各种各样的副业。在曼听，园艺特别兴盛。半数以上的农户种植香蕉、荔枝、椰子、菠萝之类的水果，还有一种树叶。这种树叶，摆夷人叫做"巴"或"布"，是一种很特别的名叫"枸舍奈"的树的嫩叶。摆夷人像穆斯林一样，喜欢用这种树叶裹着槟榔咀嚼。所有这些园艺作物的产品都运往村外。

村民们现在可以在村社土地上种植果树，由此获得个人利益，这一事实说明了一个原始社会正在迅速瓦解。由于园艺作物的商业性发展，曼听已经充斥着小商小贩以至高利贷者。52 户人家中，有 31 户不得不依赖园艺作物和做买卖来维持生计。其余的 21 户，尽管种植稻谷，也不得不另外寻求收入以交纳地租和维持生活。在曼鸢典，41.3% 的农家有种稻以外的收入，曼掌宰这样情形的农家占 94.2%，曼听有 96.1%，而在曼栋高达 97.1%。这 4 个寨子合计，全部 168 户人家中，有 32 户的收入完全来自种稻，136 户，即 81%，有其他收入。

如同下表所显示，这 4 村仅靠种植稻谷，既能付得出地租又能维持他们自己的生计的农户还不到农户总数的 20%。

1939 年车里县 4 村稻谷收入在家庭收支中的地位（百分数）

村名	不种稻户	入不敷出的种稻户	交纳地租，收支平衡的种稻户
曼掌宰	11.4	57.1	31.5
曼　栋	14.3	54.3	31.4
曼鸢典	13.0	65.2	21.8
曼　听	59.6	40.4	—
合　计	27.4	53.6	19

在这 4 个寨子中，在旱地上种"旱谷"的收获是微乎其微的，每年仅有 63 挑。然而，比较一下现金收入（主要来自出售水果）和稻谷种植的收入，统计表明，前者相当于后者的 65.7%。显然，园艺在车里具有一种重要地位，特别是在这 4 个寨子里。

1939 年车里县 4 村以园艺产品为主的现金收入*

村名	受调查户数	稻谷产量（挑）	现金收入（元）	现金收入折合稻谷（挑）	现金收入对稻谷产量%
曼掌宰	11	1 157	215	430	36.2
曼　栋	22	902	123	246	27.3
曼鸾典	13	355	36	72	20.0
曼　听	47	3 437	1 524	3 048	88.7
合　计	93	5 851	1 898	3 796	65.7

* 1939 年糯谷价格每挑 0.5 元。

由于生产力低下和与生产力低下同时发生的生产资料不足，车里县可耕地中还有相当一部分没有得到耕种。据说车里行政县的总面积为 16 700 平方里，已耕地为 286 200 亩，可耕但未耕种的土地约为 101 100 亩。① 换句话说，约 74% 的可耕地正在或已经得到耕作，而 26% 从来没有耕作过。

与华中、华东或昆明和重庆不同，摆夷地区的公墓和坟园并不构成土地问题。按照摆夷传统，有三种埋葬方式。所有死于疾病的上年纪的佛教僧侣和那些生前享有很高德望的老人都实行火化；死于凶杀、不幸事故或死于灾害瘟疫的人通常是水葬，遗体裹在竹席里抛入河中；第三种方式是土葬，需要一块墓地，但只是很小的一块，墓上没有坟堆之类建筑，只用一把纸雨伞和一盏

---

① 这三个数字均引自车里县政府档案室所藏车里县长 1939 年 11 月给云南省政府报告的副本。一里等于 0.57 公里或 0.35 英里，一亩等于 0.06 公顷或 0.15 英亩。

纸灯笼标识出坟墓的位置。摆夷人没有扫墓的习惯，因而，两三年以后，雨伞和灯笼已荡然无存，几乎在同一地点，又会发生同样的过程。在我国人口最稠密的地区，坟地占到了可耕地的3%到4%，而在车里和邻近的县，坟地丝毫不成为一个土地问题。

摆夷地区的土地利用问题是一个耕地抛荒的问题，曾经耕种过但现在抛荒的土地面积越来越大。据说，车里县第一区景洪约有600亩抛荒地；第二区大勐笼约有500亩；第三区橄榄坝的荒地多达10万亩。最后这一数字可能包括了一些从未开垦过的土地。然而，车里县66村统计明确显示出，当前抛荒土地约占全部土地的2%以上。洪水、干旱、缺乏肥力和劳动力不足造成了这种状况。

中国其他地方也有类似的抛荒地明显增加的情形。中国著名林业专家凌道扬最近指出，中国的总耕地面积，内蒙古、西藏和青海除外，是132 718.5万亩，即土地总面积的11%，而抛荒地总面积竟达640 808 082亩，即占耕地总面积的近50%。① 仅广东就有1 400万亩荒地。中国西北地区的水土流失使甘肃省的耕地面积在10年内减少了32%，即从1927年的26 015 490亩减少到了1937年的17 611 980亩。无论是产稻区还是产麦区，也无论是封建社会还是前封建社会，在如此低的技术水平下，土壤肥力枯竭或劳动力不足总是会导致耕地抛荒；而这一过程一旦开始，经济落后就只会使其日益加速。

---

① 凌道扬：《农人的五点新政》，载《密勒氏评论报》，上海，1946年10月19日，第197页。640 808 082亩这一数字可能言过其实，它也许包括了一些以前从未利用的土地。但近年来，甚至在华中和华东一些人口稠密的省份，战争和劳役也使得抛荒土地迅速增加。

第九章　贡赋和地租

赋税制度和土地所有制一样，是某个社会的性质及其政治结构的一种标志。每种社会的税收和财政制度都有自己的特征。以承诺为依据并通过代表制实现的税制是现代社会的明显特征；按土地征税不仅是封建主义行政体制的显著特征，也是其基本要素；按户征收贡赋而不是田赋，是原始封建社会的特点。实际上，现代社会中的税本质上不同于中世纪的封建贡赋，而封建贡赋以地域单位为基础，原始封建贡赋则以村社为基础，以户为单位。因而，不难理解，车里赋税的基本形式是门户钱，即每户不论其人口多少，每年要向代表着政权或行政统治的头人交纳若干赋税。

以车里为政治中心的西双版纳，有三种主要的门户钱形式，这些门户钱形式在其他所有原始封建社会中也都存在。第一种是劳役贡赋，第二种是实物或产品贡赋，第三种是货币贡赋。第一种形式具体表现为征用劳动力修筑和维护水渠及道路，甚至包括修筑房屋和其他建筑物。由于摆夷地区没有足够的产品可供征用，所以第二种形式从来没有发达过，也不占统治地位。长时期的与世隔绝和和平环境没能加强实物贡赋的发展。货币贡赋和货币征纳主要是为了满足外来的封建主义统治的需求而发展起来。当元、明、清王朝向车里的头人或召片领征收现金贡赋（金和银）时，后者发现有必要向各户征收这种贡赋。由于这一地区生产力落后，交通困难，车里的蒙古、满族和汉族统治者们自然宁愿要货币贡赋而不要实物贡赋。目前，车里每年固定的门户钱是现金，有半元的银币和铜元辅币。中央政府和云南省政府发行的纸币正在迅速取代金属币,用来交纳贡赋。

尽管中国大部分地方早已经建立起了一种按照单位面积和肥力对所有耕地征税的精密的封建主义田赋制度,但兵差形式的原始封建主义的户税仍然显著盛行,特别是在战区更是如此。在很多地方按户征收的原始封建性的贡赋远远高于征收的田赋的数量。河南省1942年的田赋和户税十分沉重,以至极大的加重了原本已很困难的农村状况,造成了当年的大饥荒。① 中世纪欧洲的贵族作为个人可能享有广泛的自由,但"贵族与封建单位其他成员的关系要受封建习俗的制约",贵族"不得挥霍采邑上的资源达到无法承担领主的劳役的地步。除了这一限度外,他可以按他认为合适的方式开发他的土地"。② 当前的中国地方政府,觉察到他们正处于一个迅速崩溃的封建主义社会中,看来却并不知道对过分的赋税征派应有什么限制。

即使是在西双版纳,特别是在车里,尽管没有什么田赋值得一提,但各种各样的门户钱成倍增长,双重政府造成的沉重负担,使农业生产进一步衰退,瓦解了原始封建土地关系。原始封建和封建赋税制度的突出特征之一是赋税负担不是由统治者转嫁给被统治者,而是官员们公开免除交纳户税。这样的免税加速了贫困化的进程,使得富者更富,穷者更穷。而这种社会差异又反过来加速了现存的社会政治结构的瓦解,并使每个村寨都不可避免地出现新的土地关系。

---

① 雷蒙德·D. 布鲁克:《战时中国农业变化》,载《印度和世界事务》季刊,加尔各答,1945年4月,第8—17页。
② 西德尼·佩因特:《中世纪的个人主义》,载《1942年美国历史学会年报》第3卷,第242页。

在车里，免税户绝大多数是选举出的官吏和世袭官吏及其亲戚。有极少数的豁免给予那些根本无力纳税的人家和其他一些受到洪水干旱之类自然灾害沉重打击的人家。有些人家免交门户钱的主要项目，另一些人家还免交附加税。下面是66个受调查的寨子1939年正税和附加税的状况。

19个寨子中约15%到20%的人家免交5项正税，17个寨子中约15%到20%的人家免交4项附加税。66个寨子受调查的1 900户中，有8%免交正税，9%免交附加税。

据1931年车里县长的报告，全县实收门户钱7 835.20元，免税户的数字可从下表看到。①

	元	%
正税		
1. 门户钱	4 200.00	28.9
2. 预防麻疯捐	87.00	0.6
3. 教育税	1 750.00	12.1
4. 区公所税	700.00	4.8
5. 民团捐	700.00	4.8
附加税		
6. 练龙	2 917.30	20.1
7. 练囵	3 317.30	22.9
8. 县政府黑板	145.43	0.9
9. 召片领黑斤	705.66	100.0
合计	14 522.69	100.0

---

① 摘自车里县政府档案室所藏车里县长1932年7月30日给云南省政府报告的副本。

1931年车里免税户

区　名	户数	免税户	纳税户
景　洪	1 058	238	820
大勐笼	2 750	765	1 986
橄榄坝	1 088	269	819
小勐养	249	47	202
攸乐山	869	238	631
先　宋	590	158	432
合　计	6 604	1 715	4 889

在所有1 715户免税户中，370户属于赤贫户，223户是遭受水灾户，其余1 122户都是官吏及其近亲。换句话说，所有村民中17%的人家得以免税仅仅是由于他们的封建地位或官僚地位，以及与这些官吏们的血缘关系。尽管这17%的免税户所免的门户钱仅指正税中的第一项，按这份报告所说，当年每户交纳1.60元。然而这是基本的贡赋，占车里全部贡赋的将近29%。这样高的免税百分比正是原始封建社会的一个特点。在这种情况下，那些负责征收赋税的人不纳税看来也是合乎逻辑的。①

贡赋中的5项正税以及练龙附加税是按户征收的，其余3项附加税则按村征收。每个村寨应征的这3项附加税的货币和实物都有一个确定的总数，由寨头人向纳税户征收。受调查的66村

---

① 在中国西周（公元前1000年到前600年）时的前封建社会中，贵族和武士住在有城墙的城市中，享用农民生产者的贡赋，农民以户为单位纳贡赋，但不得进入祖先的宗庙。按土地单位纳税直到孔子时代才开始。侯外庐在其近著《中国古代社会史论》（重庆，1943年版，第98—101页）中对此有详尽解释。

1939年交纳的所有门户附加税数量如下：

练龙　2 917.30元

练图　3 031.80元和571.00挑稻谷

黑板　84.23元和122.39挑稻谷

黑斤　678.50元和54.33挑稻谷

按照1939年稻谷的市场价格，即每挑0.5元，66个村寨交纳的全部附加税共值7 085.69元。从门户钱总额14 522.69元中减去7 085.69元，显然5项正税共7 437元。由于1939年这些村寨中约1 750户人家交纳了所有赋税，可知每户交纳正税4.25元，附加税4.05元。

每户平均交纳8.30元也与其他一些具体的数据吻合。曼掌宰有32户人家每户交纳了8元多，包括4.25元的正税。但除此以外，收税人每次到来，每户都要再交0.30元作为附加税，所以，1930年曼掌宰的每户人家实际交纳了10元钱。曼听寨每户人家纳税高达10.75元。

最大的附加税项目（占门户钱总数的23%）是练图，有时称为练乃。这笔捐是为那些进强制性汉语学校的孩子征收的。此外，在县政府的要求下，还征收了一项教育税以满足这类学校的经费需求。这种教育税占门户钱总额的12%以上。换句话说，在教育的名义下，这两种税加在一起占到了门户钱的35%，甚至超过了门户钱本身。然而，识字的人的比例并不高，在曼掌宰、曼栋、曼鸾典和曼听这四个寨子里，没有一个女孩子在寺庙或学校里，识字的人只限于男孩和男人。和尚占男性人口的63%，但只占总人口的31%。识字男性不超过全体男性的14%，略超过总人口的8%。

在每户正式的直接的 8.30 元贡赋之外，还有一些特别的间接的捐税，民团捐、屠宰税、自治基金和渡口捐是这类捐税的 4 个具体的例子，它们或是特别的，或是间接的。汉族县长的警卫在 1938 年装备了现代的步枪，那年每户为此交纳了 0.70 元。"民团捐"还有一部分采用了茶税附加的形式。当地出产的每一担茶叶要额外征收 1 元钱的税，这笔茶叶附加税分为 3 份：10% 作为征税的费用；10% 给召片领的司廊；第三份，最大的一份，80% 交给县政府。①

1940 年屠宰税的税率是，每杀一头猪交 2.4 元，宰一头黄牛 4.8 元，一头水牛 8 元。征收的屠宰税中 5% 由当地的摆夷官员存留作为行政开支。在小勐养（车里县第四区）的一个寨子里，稻谷产量极低，居民以种植烟草为生。尽管那里很少宰猪，屠宰黄牛或水牛更是少见，官府却蛮不讲理的向每户征收 4 元屠宰税。②

所谓的自治基金是中国各行政县统一征收的一种税，这笔钱预定的用途是为地方民选代表的会议提供资金。尽管多年以来这种会议始终是个虚构的东西，但这种基金在中国其他地方一直连续征收。云南省财政局从 1938 年 6 月起在车里征收这种税。在车里，这种税采取了屠宰税和烟酒税附加的形式。税率是烟酒税的 30% 和屠宰税的 10%。

过境税或通行税是典型的封建赋税。车里肯定是从很早以前封建化刚开始时即征收这种税。随着商业的发展，通行税的重要性变得不亚于典型的原始封建性的门户钱。车里第三区橄榄坝的

---

① 据 1938 年 6 月 26 日第 4 次县政会议记录。
② 据 1939 年 5 月 25 日陇匡寨摆夷头人给汉族县长的报告。

渡口通行税的税收相当兴旺，过河的时候，每个人无论带没带东西都必须交2角钱。每匹马要交5角钱的通行税；每头黄牛或水牛4角；驮柴的牲畜每头交1元；每头猪1.2元。显然黄牛和水牛的通行税实际上不止每头4角。驮着食盐的黄牛或水牛每头要交9角通行税，而一驮盐的市价最多值3元。① 在这种特殊情况下，通行税高达所运输货物价格的30%。

除了这类特别的间接税外，正式的直接的门户钱负担已足够沉重。务农户每户每年交纳8到10元的货币贡赋，通常占了全部农产量的27%。再加上特别税和间接税，可能要达到全部农业收入的1/3。尽管这比孔子时代的田赋负担要轻一些，比起1789年以前的法国却要重得多。② 在法国大革命前夜，如托马斯·卡莱尔所描述，法国农民为支付赋税、地租和利息，必须用掉他们收成的1/3；但现在车里的农民仅为交纳贡赋就不得不用去他们收成的1/3。

那里并不缺乏反对日益增长的贡赋的抗议和暴动。1933年3月在全小勐养，人民起来反对在多年军事行动之后很久还要征工。有8个寨子的村民全体逃到界外以逃避征工。1937年6月，先宋的摆夷人和先闷（摆夷官吏）举行了一次秘密集会反对练图的附加税。他们通过决议，决不承认汉人县长派来的任何征税官员，只同召片领宫廷来的摆夷官吏合作。③ 那一年的早些时候，恰西寨还发生了一次暴动，人们要求取消为县政府服役的黑板，并免

---

① 据1931年12月10日和1932年10月1日县长给召片领的指令。
② 在西周之后的齐国，田赋固定为全部收成的2/3。详见侯外庐，前引书，第93—95页。
③ 据1937年7月16日区长王日昌给张县长的报告。

收为寺庙祭祀和世俗庆典而宰杀牲口的屠宰税。狂热的人群聚集在召片领宫廷和县政府外面吵吵嚷嚷。

值得注意的是，在一种像车里这样的原始封建社会中，贡赋征收制度已经为封建主义行政管理的特征所支配。在这种关系中似乎有两点特别突出，这两点都代表了封建剥削。一是呈报的名义上的纳贡户的数量少于实际户数；二是通过赤裸裸的操纵货币，征收贡赋的实际数额远远超出正式上报的名义数额。在车里全县一共约有 13 800 户人家，但官方记录只有 8 000 户左右。在这 8 000 户中，约有 1 300 户是免税户，因而，按照官方记录，只有 6 700 户交纳贡赋，而不是实际上的 12 500 户。从 5 800 户人家征收来的所有贡赋都没有上报，而是被汉族县长和摆夷召片领纳入私囊。

在 1912 年，即中华民国初年，车里还没有银币；只有一种圆形微凹的银片用作货币。银片、盐和米是当时实际上仅有的 3 种交换手段。① 后来，设在昆明的省属造币厂铸造出价值半元的银币在全西双版纳境内流通。这种银币上印有摆夷文和汉文。1925 年柯树勋被任命为这一地区行政长官时，云南省银行开设了一家分行，它发行的纸币进入了流通。因而，在 1925 到 1928 年间，大量银片和半元的银币流出了摆夷地区，到 1938 年 6 月，中央政府各银行发行的纸币又正式通用，市场和税收状况因此而更加复杂化。

---

① 柯树勋：《普思沿边志略》，第 34—37 页。

1940 年车里币值

省币	银元	国币
1.00	0.18	0.50
5.50	1.00	2.75
2.00	0.36	1.00

上表列出了银币、省银行纸币和国家银行纸币之间的兑换率。

然而，实际上一银元（即两个价值半元的银币）可以兑换 2.5 元国币或 5.5 元云南银行纸币。同样，作为国币威望的标志，一元国家银行纸币可兑换两元省币或 0.4 元银元。

省银行发行的纸币反映了一种明确的财政上的剥削政策，而具有封建统治特征的征收贡赋时的任意性则使这种政策变本加厉。在西双版纳纸币泛滥时，摆夷人尽可能快地把它们变成耐用物品，因而纸币价值不断下跌。1938 年 8 月，一元省银行纸币还可以换到 0.6 元银币，而到 1939 年 1 月就降到了 0.5 元银币。半年以后，又进一步降到了 0.3 元，到 1939 年底，降到 0.2 元银币。1940 年，当兑换率降到了 0.18 元银币时，5 种门户钱正税就只能用银币交纳，不允许用纸币交税。然而，银币太笨重了，无法把它们从车里运往昆明，所以县长上交的是纸币，他因而可以很容易的把纸币和银币之间的差价纳入自己的口袋。简单说，每征收 100 元钱，他上报 18 元，自己榨取 82 元。按照 6 700 个纳税户每户交纳 4.25 元的正税计算，县长至少可以扣留两万元。此外还有 5 800 户的税收没有正式登记上报；这使县长每年中饱的总数达到 4 万至 5 万元。

操纵货币还造成了一种隐形的所得税。正税征收银币，而县政府所有雇员的工资却按照一半银币，一半纸币支付。假设月工资平均 40 元，则实际一共发给 23.60 元的银币。这样一来，汉人县长就可以中饱 41%，这 41% 成为向他的雇员征收的 41% 的隐形的所得税。汉族和摆夷官员的收入既被掠夺，他们就向他们下面的村民们征收更多的附加税和劳役。

赋税增加意味着地租的增长。车里全县，或者至少是第一区，60% 以上的耕地作为纳召由摆夷官员占有。面对汉人的剥削，这些拥有土地的官员自然要不断增加地租。纳召有两种收租方式：劳役和实物地租。这两种中后者占主要地位。在曼景兰寨存在着典型的劳役地租，那里有 350 纳耕地由 35 户人家为召片领集体耕种。每年每户出一个男劳力在这块土地上工作 3 天，但没有一个人分享收成。他们的劳动成果全部由代理人送交召片领。纳召的实物地租或产品地租或以村寨为单位交纳，或由各户分别交纳。

在青德、曼鸢典和其他寨子里的情况是，纳召与纳曼合在一起分给大家耕种；通常这两种田地上的收成是混在一起的，寨头人征集起这些收成，并从中取出一部分作为纳召的地租交给土地所有者。在曼陇匡、曼匡龙和戛董等寨子，纳召并不分配，而是采取了一种村民自愿耕种的方式。在这种情况下，实物地租由耕种纳召的人家自己送到占有土地的官吏门上。

1939 年车里县 53 村 41 121 纳纳召的实物地租

各级租额每 100 纳交稻谷（挑）	各级租额 面积（纳）	各级租额 面积（%）
8	450	1.1

续表

各级租额每100 纳交稻谷（挑）	各级租额 面积（纳）	各级租额 面积（%）
15	200	0.5
20	6 106	14.8
21	350	0.9
22	2 700	6.6
24	1 000	2.4
25	869	2.1
29	280	0.7
30	29 175	70.9
总计	41 121	100.0

从41 121纳耕地上征收的实物地租总数为11 221挑稻谷，所以平均每100纳的地租是27.3挑。通常100纳纳召的总收成是80挑上下，显然，纳召的一般地租率是产量的34.1%。在某些寨子里，如青德、曼鸾典和南龙，每100纳纳召的地租高达30挑，即产量的37.5%。

有的时候这种实物地租折成现金征收。例如，在曼鸾龙，每户耕种纳召的人家都要把稻谷送到召片领的官邸。如果地租不能及时送到，召片领的代理人就要在谷价最高时上门征收。如果按30挑折合现金，实际的地租就上升到了收成的41%。这就是村民们通常总是极力避免用现金交纳地租的原因。

全部纳曼中约70%不交地租。30%的纳曼所征收的实物地租比纳召地租低得多。根据1940年23村的统计，交租的纳曼中约有 54% 是每 100 纳交 10 挑稻谷，34% 交 20 挑，12% 交 22 挑，平均每 100 纳交 17.3 挑，即产量的 21.6%。然而，出租给其他村寨的纳曼每 100 纳必须交 30 挑。这与纳洼负担的地租率相同。纳贝不交地租，因为这些新开垦的土地既不能出卖也不能出租。总的说来，车里的地租不像贡赋问题那样严重。

第十章　商业和高利贷

16 世纪初，当明朝统治者向印度支那派遣军事远征军时，曾考虑过 3 条路线：一是经过广西；二是取道广东；三是经由云南东南部的蒙自。① 当时还不知道，最短的路线是取道倚邦和易武（第 11 版纳）或取道勐乌和乌德（第 10 版纳）。18 世纪中期满清皇帝乾隆决定惩治暹罗国王时，经由缅甸的陆路和从广州出发的海路被认为是仅有的两条可能行军的路线，因为那时还不知道到达暹罗最短的路线是通过勐龙（第 2 版纳）和勐养（第 12 版纳）。② 汉族商人直到 17 世纪中叶才进入西双版纳，迟至 19 世纪他们才将丝绸、锦缎、茶、铜器和鸦片运往缅甸的毛淡棉，并从那里输入象牙、麝香、鹿角和硝石，但他们没有走从车里到景迈的捷径。③ 尽管 1837 年麦克劳德上尉就访问了车里，但直到 19 世纪 60 年代，汉族商人才把西方工业品带进了西双版纳。

原始封建社会中没有独立的商人阶级，除了部分摆夷官吏外，

---

① 魏源：《圣武记》，卷六，第 58—59 页。
② 魏源，前引书，卷六，第 38 页。
③ 《论缅甸和泰国》，载《不列颠百科全书》，1876 年第 9 版。

专靠商业或高利贷为生的人数无足轻重；即使摆夷上层官员也不得不从贡赋和地租中取得他们的大部分收入。摆夷地区真正的商人和高利贷者是极少数外来的汉人。在车里，货币经济，即经常性的使用货币，是最近才发展起来的。① 尽管白银自 14 世纪以来就被作为装饰品使用，但无论如何，到 1660 年银片才开始用作交换媒介。直到 17 世纪末，当货币用的银片才得到北京政府的承认。②

产品交换在现在的摆夷经济中仍然起着重要的作用。摆夷人用他们的盐制品交换阿卡人生产的原棉。他们经常从阿卡人手里拿到棉花，纺线织布，然后和阿卡人分这些布，通常是对半分。摆夷人在本族中用米换米线，用米线换米凉粉，用糯米糕换烟草。在村寨的集日，用摆夷人称作"帕"的蔬菜换火柴，茶叶换酒都是常有的事，肉和酒也可以互换。物物交换的制度在车里一直流行，一斤鸡换一斤棉花的交易几乎天天发生。

在一个原始封建社会中，像在一个封建社会中一样，家庭手工业即茅屋工业与农业生产紧密结合在一起。农业生产率普遍低下，农田劳动每年至多只占用四个月时间，农民家庭不得不从事任何一种有市场的手工业品的生产。车里的农家出卖竹席、竹椅、竹桌、竹篮和陶器之类的手工业品，仅仅是为了弥补他们农业收入的不足。

---

① 在西周前封建社会时期，陕西、山西和河南已有一些商业，但没有高利贷。甚至贸易也只存在于氏族之间，而不存在于城乡之间。这种原始封建社会的货币经济从来没有发展到古希腊社会那样的程度，后者的借贷关系也已相当明显。见侯外庐：《中国古代社会史论》，重庆，1943 年版，第 107 页。

② 倪蜕：《滇云历年传》，卷一二，第 2 页。

车里最大的副业生产是养猪。1939年以前,一万多户人家每年养8 000多头猪,其中约3 000头出售给从北边的思茅来的汉族商人。由于一次瘟疫,猪的产量极大下降。在受调查的66个村寨里,5年中猪的头数减少了一半。在作过较严密调查的4个寨子中,现在只有56%的农户养猪,而在10年前,养猪业最兴旺的时候,有83%的农户从事这一副业生产。

车里县4村的养猪户

村名	户数	1940年养猪户		1930年养猪户	
		户数	%	户数	%
曼掌宰	35	20	57.1	33	94.2
曼　栋	35	21	60.0	34	97.4
曼鸾典	46	21	52.2	35	76.1
曼　听	52	24	36.5	38	73.1
合　计	168	84	50.0	140	83.3

贫苦农户没有经营副业生产的资金;既没有市场也没有信贷上的便利能够让这些人独立经商;他们最后的出路是出雇自己的劳动力。作为农业工人他们是季节性就业,通常是3个月——从插秧到收割。在受雇期间,他们得到饭食,外加15到30挑稻谷作为工钱。他们中一些人受雇作日工,帮忙插秧,或挑水、打柴之类,他们或是每天得到3斤米而不供饭,或是每天得到0.15元的工钱。有些人在渡船上干活,在这种情况下日工资不超过0.10元。

此外,劳动力市场极为有限,就业在大多数情况下限于本村,通常在邻居和亲戚范围之内。当然,有定期的商品市场,不仅有农产品，也有手工业产品。相当一部分农户必须购买稻谷，这是商业的根本基础。在曼栋，每年有20%的农户必须购进稻谷；曼掌宰有37%；曼鸾典40%；曼听多达88%。在曼掌宰平均每户人家每年要购买6挑稻谷；曼栋15挑，曼鸾典为23挑，曼听是33挑。就这4个有代表性的寨子而言，半数以上的农户要买稻谷，每户平均22挑。每30斤稻谷一般可以舂出7到10斤大米。舂米的工作由家庭劳动力来做，大米全部在家中消费。

相邻近的几个村子中有四五个地点轮流逢集成市。这种市集或在寨子里面，或紧挨着寨子边上，有一个固定的位置，云集于此的"商贩"们最远的来自10英里以外的地方。通常市场上的"商贩"有一半是妇女，只有1/10左右是真正的商贩，即除了赶集外不做其他事的人。一个集市上赶集的人数在30到1 500之间；每个集市上"商贩"的人数一般在50到500人之间，每人（他或她）随身所带的货物通常总共只值两元。因而，货物的种类相当多，而每种货物的数量却很少。下面两个市集可以视为范例。

在景洪紧靠召片领宫廷的街上，1940年4月16日有96个"商贩"赶集。首先是4个茶摊，这4个"商贩"每人至多有3公斤的货物，价值不超过3元钱。然后是19个卖新鲜蔬菜的货摊，货物有小西红柿、青辣椒、鸡蛋、黄瓜和甜瓜等。接下来是3个卖米糕的、4个卖酒的、3个卖猪肉干巴和牛肉干巴的、3个卖咸菜的、2个卖酸橙的、2个卖土布土纱的、3个卖盐的、1个卖豆腐的、3个卖酱油的、11个卖烟草的、3个卖鱼干的、3个卖内地运来的商品的、2个卖麸皮和碎米的以及13个卖大米的。最后来的是一个卖米饭的、4个卖槟榔的、4个卖甜食的、2个卖干米线的、5个卖随时可以吃的米线的，还有一个卖当地造的纸和纸制品的。

在车里，豆腐和酱油是由几户汉族人制作的，摆夷人不做。有3个卖线、纽扣、电池、小刀、剪刀、肥皂、染料、针和布匹之类外来商品的货摊都是由外来的汉族商人经营的。汉族商贩通常每天赶集，随着集日轮流在各村周游。这3个货摊每个每天要卖出价值30到40元的货物。其他货摊由于商品的价值低得多，只能卖出这一数额的一半或1/3。

另一个实地调查过的市集是车里城中心的夏洒。这里某些日子是小集，另一些日子是大集，大集不如小集那样频繁。1940年4月24日是一个小集，有323个货摊。其中264个出售农产品，59个出售工业品。5天后在同一地点举行了一次大集，有不下于630个货摊，但其中只有76个出售手工业产品，23个出售外来的机制产品。有很多摊子出售当地产的染料，但每个摊子的染料只值1.20元。

卖同样商品的货摊都紧挨在一起，不是为了竞争，而是由于悠久的个人关系。通常在市场上卖同种商品的人都是邻居和亲戚，他们自己愿意在市场上站在一起。这种做法受到鼓励还由于村寨之间有一定的手工业分工。由于地理的或历史的因素，一个寨子可能专门生产某一种手工业品，另一个寨子生产另一种。下列10种商品可以为例，每一种只产自一个或几个寨子，而没有一种有很多寨子出产：

（1）精制竹笋，一种经过加工的美味食品，产自曼洒、曼令和曼留。

（2）竹家具，产自曼报。

（3）烟丝，产自曼听和曼真。

(4)糖,产自曼景坎和曼盐。

(5)米线,产自景东和曼栋。

(6)米糕,产自曼勐、曼程和曼银。

(7)染料,产自曼丢、别格和南龙。

(8)纸,产自曼掌宰和曼赛。

(9)酒,产自回索、景德和别格。

(10)陶器,产自曼鹿和曼兜。

无疑,商业剥削和高利贷剥削是随着汉族商人而来的,他们被看作是外来人。在西双版纳臣属于北京的清王朝之后,17世纪中叶,汉族商人开始进入摆夷地区。主要吸引他们的东西是茶。倚邦、革登、曼撒、曼砖、曼撒和攸乐是6个著名的茶叶产区,这些商人用他们自己的马、驴和川马把茶叶从那里运往中国其他地方,包括西藏。他们在这一地区汉人文武官僚的纵容下,用低价强制收购茶叶。摆夷农民还常常被征派无报酬地运输茶叶。①

如本文前面描述过的,有几次暴动被汉族军队残暴地镇压了下去。19世纪茶叶贸易再次兴盛起来。克拉克神父在他1886年的著作中写道:"著名的普洱茶产自倚邦的茶山……有很多江西人和湖南人在倚邦作茶叶生意……每年约有3 000匹驮马经过普洱;几百匹驮马经过大理供应西藏人消费,还有大量货物从倚邦运往缅甸。"② 到清末,车里附近的顶真又发生了一次暴动,暴动期间一些四川商人被摆夷人所杀。但是即使是现在,四川和云南的商人仍在普洱和拉萨之间贩卖茶叶。这种贸易中有一部分经由掸邦、

---

① 《普洱府志》卷四八,第16页。
② G. W. 克拉克:《贵州省和云南省》,上海,1894年版,第42—43页。这些江西和湖南的商人把茶叶通过广西西部运到广州和香港,以供出口。

仰光、加尔各答、噶伦堡和锡金进行。①

汉族商人从四川和广东运进盐和纺织品，运出樟脑、茶叶和棉花。每年约有一万头从事这类生意的载货牲畜经过车里。② 汉族商人也在西双版纳收购棉花，他们常常把盐运到阿卡地区去交换那里的棉花。一般情况下，每 300 斤盐可以交换 200 斤棉花。1940 年一个与阿卡人作这类换货生意的汉族商人讲述了他的生意状况。他带了 3 匹马去车里，回来时只剩了两匹，一匹病死了。他总共花了 96 元省银行纸币买了 300 斤盐，78 元用于 3 匹马来时的饲料费，60 元用于两匹马回程的饲料费，24 元用于两匹马的"消费税"，32 元付关税。这些一共是 290 元省银行纸币。由于 200 斤棉花价值 400 元省币，所以这次买卖的毛利为 110 元省币。当然，这商人自己的伙食费用必须从这笔钱中支付。

值得注意的是，即使是在这类易货生意中，商人也并不与阿卡的棉花生产者直接接触，而是通过阿卡村寨的头人间接的打交道。自然，头人，像所有类似情况下买办所作的一样，肯定要从这样的买卖中得到好处。就像在近代，洋行的中国代理人或买办逐渐发展成为独立的商人一样，类似的趋势明显的出现在摆夷头人和官吏中间，他们通过与汉族商人的接触获得了商业知识。

例如，曼听的"老叭"经常买进 100 到 200 挑稻谷，然后卖出去赚钱。曼掌宰的一些"先"也做同样的买卖，每次 50 挑稻谷，但是，一个先要维持全家 50 口人的生活，全年消耗不下 730

---

① 大吉岭和加尔各答都有中国茶叶代办，控制了倚邦、攸乐和摆夷其他地区生产的茶。

② 据许多摆夷官员和 1938 到 1940 年车里县长张春晖的估计。

挑稻谷。他的地租收入只能满足全家口粮的70%，他通过商业活动尽力弥补亏欠，并过一种按照摆夷标准相当奢侈的生活。他有一家自己的茶庄，每年输出的茶叶达400到800驮之多。此外，他还输出10到20驮樟脑。

这一地区的汉族县长，像某些亚洲和非洲的西方殖民地官员一样，不满足于勒索受贿这类公开的秘密，还热衷于商业事务。前车里县长张春晖就是一个典型。他带着他的几个儿子和侄子来到车里，他们一起组织棉花贸易。这一地区几乎70%的棉花生产都在他的势力范围之内。他们向棉农预付一笔钱，并规定一个价格，即把商业和高利贷结合在一起。当棉花的市场价格每担50元时，规定的价格每担只有30元。而张家最终出售的棉花每担为75元，获取了暴利。

车里的汉族商人也经营洋货，欧美的工业品。由于购买力低下和运输困难，这些商品的数量和品种当然极为有限。在1894年英中签订边界协定时，从仰光经曼德勒和吉蔑到车里的铁路规划就被取消了。1910年滇越铁路完工，但从昆明经过思茅和普洱到车里的商路常受到土匪的骚扰。车里距滇缅公路比距滇越铁路更近，在最近的战争年代里，滇缅公路的运输能力极大地方便了外国商品的输入。

迄今为止车里的洋货比景栋或东枝（掸邦两个最大的贸易中心）要少得多。在后两个地方有几种进口的锄头，如从英国沃尔弗汉普顿来的圆锯牌锄头和德国来的马牌及农夫牌锄头，而车里用的锄头大部分来自四川。车里的田野里和市场上几乎看不到任何英国或德国锄头。在掸邦的市场上充斥着日本制造的铁锅、德国制造的汽灯、荷兰的棉毯、英国的阿波罗牌铁条之类的洋货；

但在车里只出售一些诸如火柴、别针、缝针和小镜子之类的欧洲杂货。景栋寺庙里用的黄腊是英国工厂制造的,而西双版纳寺庙里一直使用汉人手工生产的腊。

17世纪中叶起,汉人就把商业和高利贷这对孪生兄弟带进了摆夷地区。1727年以前写的一首汉文诗叙述了车里茶农的疾苦。它描写汉族商人向他们贷放粮食,采茶时以低价收购,还要从中扣除本利。税率极高,以致很多农民不得不逃离家园。这位汉族诗人许廷勋把这种行为喻为公开的抢劫。① 1826年,杨定邦,一位清朝御史,向北京上了一个奏折,为云南提出6项改革措施。在那封奏折中,他指出摆夷地区一直受到来自四川、广东、江西和贵州的商人的骚扰,商人在汉族驻军官员的纵容下进行高利贷剥削。摆夷头人和汉族商人之间一直存在着生意往来。在为继承权进行的斗争中,这些头人常常向汉人大量借债。例如,刀兴成就曾为此欠了数百元债务。②

商业和高利贷是汉人向车里进行经济渗透和剥削的双重形式,很久以来就成为一种引起崩溃的因素。它们与贡赋和地租合在一起,一直在瓦解着这个原始封建社会。在曼掌宰、曼栋、曼鸾典和曼听这4个寨子里,1940年多达28%的农户借过谷债,每户平均借入10.5挑稻谷。在1940年调查过的66个村寨全部1 900户人家中,有358户,即18.8%借过谷债。

很多村寨头人都从事放谷的高利贷,谷债的利率为3月期20%,一年期100%。插秧季节租借一张铁犁的租金高达一挑半

---

① 许廷勋的咏茶诗见《普洱府志》卷四八,艺文志,(杂录)。
② 《普洱府志》卷二八,第23页。车里目前现金借贷一般月息是5%。

稻谷。

1940 年车里 66 村的谷债

借债户占全村户数/%	村数	%
0	0	30.3
1—10	4	6.1
11—20	15	22.7
21—30	11	16.7
31—40	4	6.1
41—50	5	7.6
51—60	3	4.5
61—70	3	4.5
71—80	1	1.5
合计	66	100

第十一章 其他分化因素

战争期间，特别是1940至1945年，滇缅公路上的运输极为活跃。它是当时中国对外贸易和与外部世界直接联系的唯一开放的道路。腊戌是掸邦的一个重要交通中心，就位于这条公路上距中国边界不远的地方。从腊戌有一条汽车路直接通向另一个掸邦市镇景栋，然后骑马或驴四天可以到达西双版纳。打洛，一条河岸边的一个寨子，据守着入境处。从那里经由佛海镇两天可以到达车里。这样，人和货物在两周之内都可以从昆明到达车里。这比通过普洱和思茅的行程实际要少走一半的距离。换句话说，车里现在比过去任何时候都更少与外界隔绝。

这条新的商路无可置疑地加速了摆夷地区的经济活动。输入迅速超过了输出。1943 到 1945 年之间，每年从佛海出口总值为 80 万元左右，而进口每年至少有 135 万元①（这些数字都指银元）。由于总的生产并没有明显增长，硬币从西双版纳向外流的趋势就太明显了。景栋可以被视为摆夷地区的对外贸易中心，在景栋人为的操纵汇率强化了这一趋势。

3 月份是收购供出口的棉花和茶叶的季节，景栋的汇率是 100 卢比兑 180 元银元，而在同年 9 月进口铁、纺织品和染料的时候，银元的价值下跌到了 100 卢比兑换 250 元银元。对汇率的这种操纵，与国际贸易一起，间接破坏了车里的茶叶生产。当收购价被压至生产成本之下时，采好的茶叶常常有 1/3 被弃置不顾。

总的来说，谷物贸易的增长并没有增进摆夷的福利。事实上，车里的谷价要比输入的盐的价格上涨得快得多。1938 到 1940 年间，盐价上涨了 28%，而谷价上涨了 40%，主要原因是通货膨胀。捐税、通货膨胀和贸易"逆差"共同造成了银币、半元银币和辅币铜元的迅速减少。1912 年，车里共有 10 万盎司的银币，到 1940 年减少到了不足 1 万盎司。该县 1925 年半元银币的总值为 16 万元，而到 1940 年只剩下了不到 2 万元。

封建性的汉族政府丝毫没有帮助摆夷人改善生活。它实际上是在掠夺这一原始封建社会的人民，并引起了经济和社会的迅速

---

① 据佛海县政府档案，1946 年前，中国政府主办的中国茶叶公司在该县一直设有一个分公司，已营业多年。

分化。近年来吸引了越来越多的汉族商人和汉族官员的经济因素是，不仅在车里，而且在整个西双版纳都在发生农业商品化。一名摆夷区长早在1935年就开始做桐油生意。几年中他在车里及其附近共种了156 000棵油桐树。摆夷头人和汉族商人种了越来越多的棉花和樟脑。云南省政府明确制定了扩大茶树种植面积的政策。

目前茶叶出口由政府垄断，所得的利润归中央政府，部分由云南省政府分享。此外，设在昆明的省政府正在通过建立新的更大的茶叶种植园，期望为它自己的独立贸易奠定基础。1938年，决定在车里东北部的南糯山创办这样一家官营茶场。属于村社和摆夷官吏的土地被宣告征用来种茶。当然，先、叭和召片领都提出了抗议，并要求定期交纳地租，或给以某种应得的补偿。政府拒绝交纳任何地租，但答应任命这些摆夷官吏为名义上的茶场职员，3年后发给薪金。因为预期茶叶要在3年后才有出产。然而，政府这个5年内在南糯山种植200万棵茶树的项目结果是完全的失败，主要原因在于市场状况不佳、劳动力短缺和管理不善。

尽管如此，政府禁止人民在这一地区开垦任何纳贝。因而摆夷人失去了大量潜在的新耕地。政府剥夺了摆夷人更多的可耕地，同时给予战时从泰国回国的汉族烟农移民的权力。1940年1月到4月之间，约有400汉族农民进入西双版纳，其中约100人定居在车里。每户授与30亩耕地，这些土地是可能成为纳贝的荒地和抛荒的纳曼。

这些移民头3年免交门户钱或田赋。3年期满后，政府要进行一次土地清丈，以后种地的农户得到一份地契，并每年交纳田赋。土地将成为属于这户农民的私有财产。当然，这种土地私有权在这一地区是一种全新的事物。它给车里和湄公河西部地区的摆夷人带来一种新型的土地私有制,一种永久占有而不只是永久租佃的纳贝。

商业和高利贷的相结合已经威胁了纳召和纳曼的存在。负债的农民已经开始抵押他们的佃权,占有纳召而又负债的摆夷官吏也开始抵押他们的地租收入。摆夷土地制度分化瓦解的过程已经开始,并且日益迅猛。村社土地不是转化为纳召,而是直接转化为平民的家庭私有财产。劳役地租正在消失,同时,实物地租的负担和范围正在扩大,以对分制为基础的分成地租正在发展,这比迄今为止纳召或纳曼实际征收的地租率都要高。所有这些发展都直截了当地加剧了社会和经济的两极分化,明白无误地破坏着这一原始封建社会的基础。

亩的差异*
——无锡22村稻田的173种大小不同的亩
(1929年)

亩的差异及其意义

前农商部所定的标准亩合6.144公亩,最近工商部所定的标准亩约合6.667公亩;但实际亩的大小向来并不完全遵照法定标准的,小的在2公亩以下,大的在32公亩以上。就一省来讲,山东霑化的所谓亩合4.28公亩②,潍县的所谓亩至少合22.725公亩③。相距300里的两个地方竟有相差5倍的亩。河北省的所谓亩可以举例如下:

盐山 8.074公亩④(3村的调查)　　　　唐县 7.188公亩⑤(24村的调查)　　邯郸 6.267公亩⑥(18村的调查)

---

* 本文是同王寅生等合写的。

② 根据20村的调查,C. B. Malone and J. B. Tayler, *The Study of Chinese Rural Economy*, Peking, 1924, p.5。

③ 根据24村的调查;孙文郁,《中国度量衡制度之研究》,南京,民国16年,页21。

④ J. Lossing Buck, *An Economical and Social Survey of 150 Farms*, Nanking, 1926, p.7。

⑤ Malone and Tayler, ibid.

⑥ Malone and Tayler, ibid.

昌黎　6.076公亩①（未详）　　　遵化　5.837公亩②（18村的调查）

就一县来讲，山东潍县的所谓亩至少有5种，22.725至32.195公亩；浙江鄞县的所谓亩至少有3种：2.877公亩，1.823公亩，1.495公亩③。1929年春天南京立法院统计处调查江宁270农村，所得的结果是2.765至11.059公亩④。我们根据无锡22村1204户的调查（参加调查的有我和王寅生、张辅良、廖凯声、张稼夫、李澄、徐燮均等人），知道无锡的所谓亩大小不同至少有173种，最小的合2.683公亩，最大的合8.957公亩。就是在同一村里，亩的差异最少的也有5种；例如邵巷一村多至20种，小的2.683公亩，大的5.616公亩。工业资本主义没有发展的中国本不能有统一的度量衡，并且积受了数千年分家，租佃，典押，买卖等习俗的影响，到现在差不多每一农户的所谓亩也都有两三种的大小。

亩有这样复杂的差异，使浮征税捐的种种弊端更加厉害，同时使地主更可浮收田租。最近国民党江苏省农民协会整理委员会常务委员陆绣山在武进调查佃业纠纷，该处天宁寺对于佃户常以9分1厘的田收1亩的租，2亩7分的田收3亩的租⑤。

至于亩的差异如何影响到关于田亩的统计，研究中国社会经济的人们当然更加不可以忽视。

---

① 孙文郁，见前。
② Malone and Tayler, ibid.
③ Malone and Tayler, ibid.
④ 统计处尚未发表的材料。原稿是0.45至1.8标准亩（旧）。
⑤ 陆绣山，《武进天宁寺业佃纠纷真情》，民18年11月21日稿。

调查稻田大小的方法

亩的差异太复杂了，要调查亩的实际面积确是一件很困难的事情。南京金陵大学所举行的几次农村调查，对于亩的差异都没有十分加以注意，每县只找出亩的一个大小①来概括该县一切的亩。立法院统计处的江宁农村调查，对于亩的大小每村选择一二个所谓普通大小的亩去实地丈量，拿这个大小作为全村一切亩的大小。这种方法似乎比较进步，但所能得到的只是村与村间的差异；并且所谓普通大小的亩，在未曾调查多数农户之先是无从决定的。其实同一村中的亩的差异常比较村和村间的亩的差异更加厉害。要得到亩的实际大小，只能从各家所有或所耕的农田一块一块的去分别调查，不然，无论以县为范围，或以村为范围，只以一个数目去概括所有的亩，断不能得到正确的结果。

这次我们在无锡所用的调查田亩方法是根据该地插秧和收稻的技术从各家所有或所耕的农田一块一块的调查的。

无锡插秧和收稻的方法是全县一致的。插秧的时候，农民依右臂左右所及在一直线上均匀插种6棵。这样种着的每6棵稻，农民叫做一"横"；插完一横，便后退一足之地再插第二横。所以在同一块田里任何两棵相邻的稻的横距离是相同的，任何两棵相邻的稻的纵距离亦是相同的；即在同一村上的两块田里，亦大致

---

① 例如昆山每亩等于1标准亩，南通每亩等于1.041标准亩，宿县每亩等于1.1186公亩（乔启明，《江苏昆山南通安徽宿县农佃制度之比较以及改良农佃问题之建议》，金陵大学，1926，页7）；芜湖每亩等于1/6英亩（卜凯著，徐澄译，《芜湖附近一百零二农家之经济的及社会的调查》，金陵大学，1928，页8）。

一律。棵间纵横距离的乘积，便等于每一棵稻所占的耕地面积，我们叫它做"棵地"。同一村上的棵地大小是相差不远的。

插秧以前，先要拔秧。秧田普通都在稻田的附近，拔秧的人坐在矮小的秧凳上，用两手同时拔着；至两手盈握时，即将两手所拔的秧合并，用稻草扎成小捆，叫做"秧把"。将许多秧把装入土篘内，两土篘成一担，农民挑到农田的纵的一边，一面走着，一面将秧把丢到田里去，叫做"散秧把"。普通每走约裁尺 1 丈 4 尺丢掷一把。每一个秧把大概可以插 18 横的稻棵。稻的收割，和插秧的情形相同，也是一横一横的进行。农民割了一横，把稻向左边放下，再割一横，叠放上边。这样叠着的两横稻就叫做一个"稻铺"。两个稻铺叠在一起，用稻草束成一捆，这便是无锡农民所熟称的"稻个"。每一稻个普通为 24 棵稻；但也有 12 棵，18 棵，30 棵，36 棵，42 棵，……的。

无锡农民通常以稻个数表示亩的大小。他们对于自己所有或所耕的农田的稻个数和每稻个的棵数，都非常清楚；对于稻棵间的距离也能作正确的估计。

我们的调查田亩大小，是以挨户调查为主。每到一村，一方面挨户的问他们所有或所耕农田的块数及各块农田的亩数，每亩的稻个数，每稻个的棵数和相邻棵间的纵横距离；一方面任意选择四五块农田实测它们的棵地面积。把挨户调查所得各种大小不同的棵地面积求得平均数，然后参照实测得到的棵地面积的平均数，决定该村的标准棵地面积。用标准棵地面积与各块农田的稻个数和每稻个的棵数连乘，去求各农田的实际大小。

这种调查方法，据我们现在所知道的，苏常一带都可适用；湖南、广西有些地方也可以适用的。

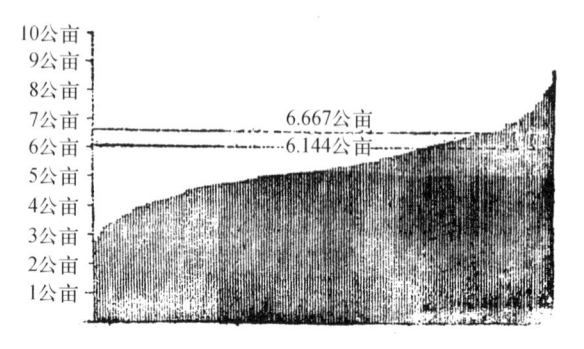

稻田的亩的各种大小比较图
（无锡22村）

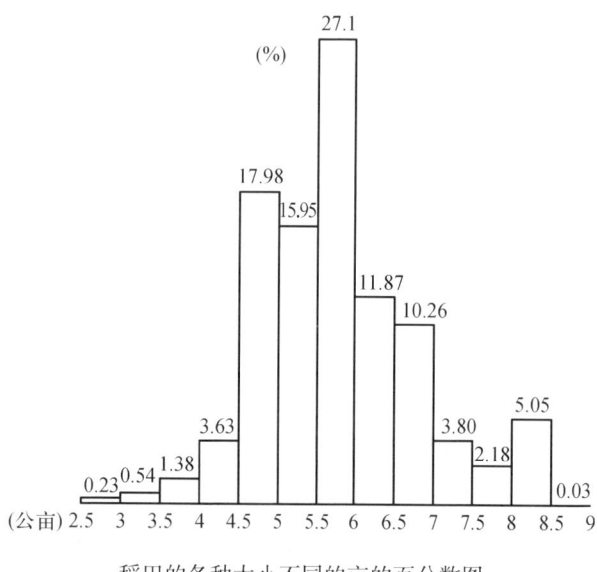

稻田的各种大小不同的亩的百分数图

在农民对于稻个数不很注意，而对于每亩所用去的秧把数很熟悉的地方，便可从每亩的秧把数，每秧把所种的横数，每横的棵数和棵地面积这几项去决定农田的实际大小。例如江苏靖江，江西莲花都可以应用这种方法。

稻田的各种大小不同的亩的百分数表
（无锡22村）

亩的公亩折合数	实地调查中所得公亩总数	百分数
2.5—3.0	84.880	0.23
3.0—3.5	199.655	0.54
3.5—4.0	513.122	1.38
4.0—4.5	1 353.610	3.63
4.5—5.0	6 712.428	17.98
5.0—5.5	5 951.225	15.95
5.5—6.0	10 108.172	27.10
6.0—6.5	4 429.141	11.87
6.5—7.0	3 828.561	10.20
7.0—7.5	1 417.369	3.80
7.5—8.0	811.570	2.18
8.0—8.5	1 883.601	5.05
8.5—9.0	10.748	0.03
共　计	37 304.082	100.00

稻田的亩的差异表
（无锡22村）

种　别	折合公亩数	实地调查中所得公亩总数	所在地
亩$_1$	**2.683**	36.221	邵巷
亩$_2$	2.808	30.326	邵巷
亩$_3$	2.957	18.333	张巷桥
亩$_4$	**3.120**	87.672	邵巷
亩$_5$	3.326	27.606	张巷桥
亩$_6$	3.370	32.689	毛村
亩$_7$	3.412	18.766	阳湾里
亩$_8$	3.456	24.192	黄巷
亩$_9$	3.492	8.730	跨上泾
亩$_{10}$	3.564	17.464	白水荡
亩$_{11}$	3.600	44.640	唐家塘
亩$_{12}$	3.696	25.872	张巷桥
亩$_{13}$	3.720	6.510	唐家塘
亩$_{14}$	3.744	353.246	邵巷
亩$_{15}$	3.802	7.604	白水荡
亩$_{16}$	3.931	57.786	邵巷
亩$_{17}$	**4.020**	14.070	前章
亩$_{18}$	4.025	151.743	邵巷
亩$_{19}$	4.044	20.220	毛村
亩$_{20}$	4.062	68.242	阳湾里

续表

种　别	折合公亩数	实地调查中所得公亩总数	所在地
$亩_{21}$	4.153	10.383	东吴塘
$亩_{22}$	4.166	33.328	探花墩
$亩_{23}$	4.200	97.650	唐家塘
$亩_{24}$	4.208	75.744	白水荡
$亩_{25}$	4.212	418.884	毛村，邵巷
$亩_{26}$	4.253	34.024	新开河
$亩_{27}$	4.277	8.554	白水荡
$亩_{28}$	4.292	150.005	黄土泾桥
$亩_{29}$	4.306	30.142	邵巷
$亩_{30}$	4.368	89.544	邵巷
$亩_{31}$	4.399	43.990	邵巷
$亩_{32}$	4.423	26.538	张塘巷
$亩_{33}$	4.464	49.997	任巷
$亩_{34}$	4.493	30.552	邵巷
$亩_{35}$	4.538	44.926	黄土泾桥
$亩_{36}$	4.633	378.516	毛村
$亩_{37}$	4.656	383.189	张塘巷
$亩_{38}$	4.660	47.998	黄土泾桥
$亩_{39}$	4.666	188.506	小房巷
$亩_{40}$	4.680	1 883.232	邵巷
$亩_{41}$	4.694	20.184	龚巷
$亩_{42}$	4.742	28.452	邵巷

续表

种　别	折合公亩数	实地调查中所得公亩总数	所在地
亩$_{43}$	4.752	194.357	白水荡
亩$_{44}$	4.754	7.131	苏巷
亩$_{45}$	4.762	362.269	探花墩
亩$_{46}$	4.800	492.720	唐家塘
亩$_{47}$	4.802	9.364	毛村
亩$_{48}$	4.824	241.682	前章
亩$_{49}$	4.838	24.900	黄巷
亩$_{50}$	4.867	45.263	邵巷
亩$_{51}$	4.874	183.750	阳湾里
亩$_{52}$	4.886	7.329	毛村
亩$_{53}$	4.890	10.758	苏巷
亩$_{54}$	4.899	1.960	小房巷
亩$_{55}$	4.906	1 284.096	黄土泾桥
亩$_{56}$	4.961	137.420	邵巷
亩$_{57}$	4.977	48.775	黄巷
亩$_{58}$	4.992	685.651	邵巷
亩$_{59}$	**5.016**	50.160	小房巷
亩$_{60}$	5.033	5.033	前刘巷
亩$_{61}$	5.040	129.780	新开河
亩$_{62}$	5.054	1 778.402	毛村

续表

种 别	折合公亩数	实地调查中所得公亩总数	所在地
亩$_{63}$	5.103	107.163	新开河
亩$_{64}$	5.115	17.903	黄巷
亩$_{65}$	5.119	15.357	探花墩
亩$_{66}$	5.146	153.865	前章
亩$_{67}$	5.148	90.605	邵巷
亩$_{68}$	5.151	43.784	黄土泾桥
亩$_{69}$	5.160	54.180	唐家塘
亩$_{70}$	5.162	3.613	苏巷
亩$_{71}$	5.174	18.109	张巷桥
亩$_{72}$	5.191	133.409	东吴塘
亩$_{73}$	5.199	7.799	阳湾里
亩$_{74}$	5.208	49.476	任巷
亩$_{75}$	5.225	23.513	曹庄里
亩$_{76}$	5.238	524.324	张塘巷
亩$_{77}$	5.242	133.147	邵巷
亩$_{78}$	5.249	244.079	小房巷
亩$_{79}$	5.253	52.530	黄巷
亩$_{80}$	5.274	61.706	黄土泾桥
亩$_{81}$	5.281	92.418	阳湾里
亩$_{82}$	5.292	47.628	新开河

续表

种　别	折合公亩数	实地调查中所得公亩总数	所在地
$亩_{83}$	5.306	92.202	前章
$亩_{84}$	5.335	58.685	邵巷
$亩_{85}$	5.340	24.030	东吴塘
$亩_{86}$	5.346	141.690	白水荡
$亩_{87}$	5.357	495.523	探花墩
$亩_{88}$	5.400	650.970	唐家塘
$亩_{89}$	5.434	459.309	苏巷
$亩_{90}$	5.467	10.934	前章
$亩_{91}$	5.476	79.402	毛村,探花墩
$亩_{92}$	5.477	42.173	龚巷
$亩_{93}$	5.484	60.324	阳湾里
$亩_{94}$	5.506	8.259	任巷
$亩_{95}$	5.519	84.165	西大房,黄土泾桥
$亩_{96}$	5.530	707.564	黄巷
$亩_{97}$	5.544	48.787	张巷桥
$亩_{98}$	5.587	126.825	张塘巷
$亩_{99}$	5.595	99.591	探花墩
$亩_{100}$	5.616	343.699	邵巷
$亩_{101}$	5.628	875.154	前章
$亩_{102}$	5.633	16.899	龚巷

续表

种别	折合公亩数	实地调查中所得公亩总数	所在地
亩$_{103}$	5.636	92.994	东吴塘
亩$_{104}$	5.645	189.108	周家桥
亩$_{105}$	5.670	328.860	新开河
亩$_{106}$	5.673	4.538	曹庄里
亩$_{107}$	5.687	329.846	阳湾里
亩$_{108}$	5.789	94.940	前章
亩$_{109}$	5.806	8.709	黄巷
亩$_{110}$	5.820	533.112	张塘巷,跨上泾
亩$_{111}$	5.832	426.319	小房巷
亩$_{112}$	5.833	10.208	探花墩
亩$_{113}$	5.880	13.524	唐家塘
亩$_{114}$	5.914	114.140	张巷桥
亩$_{115}$	5.933	805.108	东吴塘
亩$_{116}$	5.952	2 837.349	任巷,探花墩
亩$_{117}$	5.971	1 052.090	曹庄里
亩$_{118}$	5.992	11.984	西大房
亩$_{119}$	**6.000**	944.400	唐家塘
亩$_{120}$	6.048	162.086	新开河
亩$_{121}$	6.093	129.781	阳湾里
亩$_{122}$	6.110	39.104	前章

续表

种　别	折合公亩数	实地调查中所得公亩总数	所在地
亩$_{123}$	6.113	94.752	苏巷
亩$_{124}$	6.120	40.392	唐家塘
亩$_{125}$	6.150	89.175	西大房
亩$_{126}$	6.221	183.520	黄巷
亩$_{127}$	6.250	12.500	任巷
亩$_{128}$	6.259	737.936	龚巷
亩$_{129}$	6.270	56.430	曹庄里
亩$_{130}$	6.300	66.150	新开河
亩$_{131}$	6.307	1 934.672	西大房
亩$_{132}$	6.309	91.481	探花墩
亩$_{133}$	6.375	15.938	前刘巷
亩$_{134}$	6.398	54.383	任巷
亩$_{135}$	6.402	25.608	跨上泾
亩$_{136}$	6.416	41.704	龚巷
亩$_{137}$	6.419	95.643	曹庄里
亩$_{138}$	6.428	4.821	探花墩
亩$_{139}$	6.499	553.065	阳湾里
亩$_{140}$	6.547	424.900	探花墩
亩$_{141}$	6.572	39.432	龚巷
亩$_{142}$	6.600	1.980	唐家塘

续表

种 别	折合公亩数	实地调查中所得公亩总数	所在地
亩$_{143}$	6.623	172.198	西大房
亩$_{144}$	6.653	57.216	张巷桥
亩$_{145}$	6.696	214.942	任巷
亩$_{146}$	6.710	778.360	前刘巷
亩$_{147}$	6.718	1 045.321	曹庄里
亩$_{148}$	6.729	82.430	龚巷
亩$_{149}$	6.754	8.105	前章
亩$_{150}$	6.774	414.908	周家桥
亩$_{151}$	6.780	211.536	西大房
亩$_{152}$	6.792	364.051	苏巷
亩$_{153}$	6.938	13.182	西大房
亩$_{154}$	**7.042**	185.909	龚巷
亩$_{155}$	7.046	109.213	前刘巷
亩$_{156}$	7.056	486.864	周家桥
亩$_{157}$	7.096	245.522	西大房
亩$_{158}$	7.142	14.284	探花墩
亩$_{159}$	7.165	28.660	曹庄里
亩$_{160}$	7.214	75.747	前刘巷
亩$_{161}$	7.312	143.315	阳湾里
亩$_{162}$	7.381	75.655	前刘巷

续表

种　别	折合公亩数	实地调查中所得公亩总数	所在地
亩$_{163}$	7.440	14.880	任巷
亩$_{164}$	7.464	37.320	曹庄里
亩$_{165}$	7.549	430.293	前刘巷
亩$_{166}$	7.762	271.670	周家桥
亩$_{167}$	7.824	48.900	龚巷
亩$_{168}$	7.884	60.707	西大房
亩$_{169}$	**8.124**	32.496	阳湾里
亩$_{170}$	8.294	33.176	黄巷
亩$_{171}$	8.388	532.638	前刘巷
亩$_{172}$	8.467	1 285.291	周家桥
亩$_{173}$	8.957	10.748	曹庄里

稻田的亩的差异分村表
（一）怀上市曹庄里

种别	亩的"稻个"数	"稻个"的棵数	亩的公亩折合数	每种的亩数	每种的公亩折合数	每种的公亩折合数占总公亩数的%
亩$_1$	350	24	5.225	4.50	23.513	1.00
亩$_2$	380	24	5.673	0.80	4.538	0.19
亩$_3$	400	24	5.971	176.20	1 052.090	44.69
亩$_4$	420	24	6.270	9.00	56.430	2.40
亩$_5$	430	24	6.419	14.90	95.643	4.06
亩$_6$	450	24	6.718	155.60	1 045.321	44.40

续表

种别	亩的"稻个"数	"稻个"的棵数	亩的公亩折合数	每种的亩数	每种的公亩折合数	每种的公亩折合数占总公亩数的%
亩$_7$	480	24	7.165	4.00	28.660	1.22
亩$_8$	500	24	7.464	5.00	37.320	1.59
亩$_9$	600	24	8.957	1.20	10.748	0.49

本村标准棵地面积 0.000 622 公亩

(二) 怀下市探花墩

种别	亩的"稻个"数	"稻个"的棵数	亩的公亩折合数	每种的亩数	每种的公亩折合数	每种的公亩折合数占总公亩数的%
亩$_1$	350	24	4.166	8.000	33.328	0.88
亩$_2$	400	24	4.762	76.075	362.269	9.61
亩$_3$	430	24	5.119	3.000	15.357	0.41
亩$_4$	450	24	5.357	92.500	495.523	13.15
亩$_5$	460	24	5.476	11.500	62.974	1.67
亩$_6$	470	24	5.595	17.800	99.591	2.64
亩$_7$	490	24	5.833	1.750	10.208	0.27
亩$_8$	500	24	5.952	361.925	2 154.178	57.16
亩$_9$	530	24	6.309	14.500	91.481	2.43
亩$_{10}$	540	24	6.428	0.750	4.821	0.13
亩$_{11}$	550	24	6.547	64.900	424.900	11.27
亩$_{12}$	600	24	7.142	2.000	14.284	0.38

本村标准棵地面积 0.000 496 公亩

（三）北下乡苏巷

种别	亩的"稻个"数	"稻个"的棵数	亩的公亩折合数	每种的亩数	每种的公亩折合数	每种的公亩折合数占总公亩数的%
亩$_1$	350	24	4.754	1.500	7.131	0.76
亩$_2$	360	24	4.890	2.200	10.758	1.15
亩$_3$	380	24	5.162	0.700	3.613	0.38
亩$_4$	400	24	5.434	84.525	459.309	48.88
亩$_5$	450	24	6.113	15.500	94.752	10.08
亩$_6$	500	24	6.792	53.600	364.051	38.75

本村标准棵地面积 0.000 566 公亩

（四）南延市张塘巷

种别	亩的"稻个"数	"稻个"的棵数	亩的公亩折合数	每种的亩数	每种的公亩折合数	每种的公亩折合数占总公亩数的%
亩$_1$	380	24	4.423	6.00	26.538	3.73
亩$_2$	400	24	4.656	29.80	138.749	19.50
亩$_3$	450	24	5.238	64.50	337.851	47.49
亩$_4$	480	24	5.587	22.70	126.825	17.83
亩$_5$	500	24	5.820	14.00	81.480	11.45

本村标准棵地面积 0.000 485 公亩

（五）南延市跨上泾

种别	亩的"稻个"数	"稻个"的棵数	亩的公亩折合数	每种的亩数	每种的公亩折合数	每种的公亩折合数占总公亩数的%
亩$_1$	300	24	3.492	2.50	8.730	0.95
亩$_2$	400	24	4.656	52.50	244.440	26.66
亩$_3$	450	24	5.238	35.60	186.473	20.34
亩$_4$	500	24	5.820	77.60	451.632	49.26
亩$_5$	550	24	6.402	4.00	25.608	2.79

本村标准棵地面积 0.000 485 公亩

（六）泰伯市小房巷

种别	亩的"稻个"数	"稻个"的棵数	亩的公亩折合数	每种的亩数	每种的公亩折合数	每种的公亩折合数占总公亩数的%
亩$_1$	400	24	4.666	40.40	188.506	20.69
亩$_2$	420	24	4.899	0.40	1.960	0.22
亩$_3$	430	24	5.016	10.00	50.160	5.51
亩$_4$	450	24	5.249	46.50	244.079	26.79
亩$_5$	500	24	5.832	73.10	426.319	46.79

本村标准棵地面积 0.000 486 公亩

（七）新安乡龚巷

种别	亩的"稻个"数	"稻个"的棵数	亩的公亩折合数	每种的亩数	每种的公亩折合数	每种的公亩折合数占总公亩数的%
亩$_1$	300	24	4.694	4.30	20.184	1.66

续表

种别	亩的"稻个"数	"稻个"的棵数	亩的公亩折合数	每种的亩数	每种的公亩折合数	每种的公亩折合数占总公亩数的%
亩$_2$	350	24	5.477	7.70	42.173	3.47
亩$_3$	360	24	5.633	3.00	16.899	1.39
亩$_4$	400	24	6.259	117.90	737.936	60.71
亩$_5$	410	24	6.416	6.50	41.704	3.43
亩$_6$	420	24	6.572	6.00	39.432	3.24
亩$_7$	430	24	6.729	12.25	82.430	6.78
亩$_8$	450	24	7.042	26.40	185.909	15.30
亩$_9$	500	24	7.824	6.25	48.900	4.02

本村标准棵地面积 0.000 652 公亩

（八）开化乡前章

种别	亩的"稻个"数	"稻个"的棵数	亩的公亩折合数	每种的亩数	每种的公亩折合数	每种的公亩折合数占总公亩数的%
亩$_1$	250	24	4.020	3.50	14.070	0.92
亩$_2$	300	24	4.824	50.10	241.682	15.82
亩$_3$	320	24	5.146	29.90	153.865	10.07
亩$_4$	330	24	5.306	17.00	90.202	5.90
亩$_5$	340	24	5.467	2.00	10.934	0.72
亩$_6$	350	24	5.628	155.50	875.154	57.27
亩$_7$	360	24	5.789	16.40	94.940	6.21

续表

种别	亩的"稻个"数	"稻个"的棵数	亩的公亩折合数	每种的亩数	每种的公亩折合数	每种的公亩折合数占总公亩数的%
亩$_8$	380	24	6.110	6.40	39.104	2.56
亩$_9$	420	24	6.754	1.20	8.105	0.53

本村标准棵地面积 0.000 670 公亩

（九）开化乡东吴塘

种别	亩的"稻个"数	"稻个"的棵数	亩的公亩折合数	每种的亩数	每种的公亩折合数	每种的公亩折合数占总公亩数的%
亩$_1$	280	24	4.153	2.50	10.383	0.97
亩$_2$	350	24	5.191	25.70	133.409	12.52
亩$_3$	360	24	5.340	4.50	24.030	2.25
亩$_4$	380	24	5.636	16.50	92.994	8.72
亩$_5$	400	24	5.933	135.70	805.108	75.53

本村标准棵地面积 0.000 618 公亩

（十）富安乡阳湾里

种别	亩的"稻个"数	"稻个"的棵数	亩的公亩折合数	每种的亩数	每种的公亩折合数	每种的公亩折合数占总公亩数的%
亩$_1$	420	12	3.412	5.50	18.766	1.16
亩$_2$	500	12	4.062	16.80	68.242	4.21

续表

种别	亩的"稻个"数	"稻个"的棵数	亩的公亩折合数	每种的亩数	每种的公亩折合数	每种的公亩折合数占总公亩数的%
亩$_3$	600 400	12 18	4.874	37.70	183.750	11.34
亩$_4$	640	12	5.199	1.50	7.799	0.48
亩$_5$	650	12	5.281	17.50	92.418	5.71
亩$_6$	450	18	5.484	11.00	60.324	3.72
亩$_7$	700	12	5.687	58.00	329.846	20.36
亩$_8$	500 750	18 12	6.093	21.30	129.781	8.01
亩$_9$	400 800	24 12	6.499	85.10	553.065	34.14
亩$_{10}$	600	18	7.312	19.60	143.315	8.85
亩$_{11}$	1 000	12	8.124	4.00	32.496	2.01

本村标准棵地面积 0.000 677 公亩

(十一) 富安乡邵巷

种别	亩的"稻个"数	"稻个"的棵数	亩的公亩折合数	每种的亩数	每种的公亩折合数	每种的公亩折合数占总公亩数的%
亩$_1$	430	12	2.683	13.50	36.221	0.79
亩$_2$	300 450	18 12	2.808	10.80	30.326	0.66
亩$_3$	500	12	3.120	28.10	87.672	1.91

亩的差异

续表

种别	亩的"稻个"数	"稻个"的棵数	亩的公亩折合数	每种的亩数	每种的公亩折合数	每种的公亩折合数占总公亩数的%
亩$_4$	400	18	3.744	94.35	353.246	7.72
亩$_5$	420	18	3.931	14.70	57.786	1.26
亩$_6$	430	18	4.025	37.70	151.743	3.31
亩$_7$	450	18	4.212	61.90	260.723	5.69
亩$_8$	460	18	4.306	7.00	30.142	0.66
亩$_9$	200 350	42 24	4.368	20.50	89.544	1.96
亩$_{10}$	470	18	4.399	10.00	43.990	0.96
亩$_{11}$	480	18	4.493	6.80	30.552	0.67
亩$_{12}$	500	18	4.680	402.40	1 883.232	41.14
亩$_{13}$	380	24	4.742	6.00	28.452	0.62
亩$_{14}$	520	18	4.867	9.30	45.263	0.99
亩$_{15}$	530	18	4.961	27.70	137.420	3.00
亩$_{16}$	400	24	4.992	137.35	685.651	14.98
亩$_{17}$	550	18	5.148	17.60	90.605	1.98
亩$_{18}$	420 560	24 18	5.242	25.40	133.147	2.91
亩$_{19}$	570	18	5.335	11.00	58.685	1.28
亩$_{20}$	300 450 600	36 24 18	5.616	61.20	343.699	7.51

本村标准棵地面积 0.000 520 公亩

（十二）开原乡毛村

种别	亩的"稻个"数	"稻个"的棵数	亩的公亩折合数	每种的亩数	每种的公亩折合数	每种的公亩折合数占总公亩数的%
亩$_1$	400	18	3.370	9.70	32.689	1.36
亩$_2$	480	18	4.044	5.00	20.220	0.84
亩$_3$	500	18	4.212	37.55	158.161	6.59
亩$_4$	550	18	4.633	81.70	378.516	15.76
亩$_5$	570	18	4.802	1.95	9.364	0.39
亩$_6$	580	18	4.886	1.50	7.329	0.31
亩$_7$	600	18	5.054	351.88	1 778.402	74.07
亩$_8$	650	18	5.476	3.00	16.428	0.68

本村标准棵地面积 0.000 468 公亩

（十三）万安市周家桥

种别	亩的"稻个"数	"稻个"的棵数	亩的公亩折合数	每种的亩数	每种的公亩折合数	每种的公亩折合数占总公亩数的%
亩$_1$	240	30	5.645	33.50	189.108	7.14
亩$_2$	240	36	6.774	61.25	414.908	15.67
亩$_3$	500	18	7.056	69.00	486.864	18.39
亩$_4$	550	18	7.762	35.00	271.670	10.26
亩$_5$	450 600	24 18	8.467	151.80	1 285.291	48.54

本村标准棵地面积 0.000 784 公亩

（十四）万安市新开河

种别	亩的"稻个"数	"稻个"的棵数	亩的公亩折合数	每种的亩数	每种的公亩折合数	每种的公亩折合数占总公亩数的%
亩$_1$	450	18	4.253	8.00	34.024	3.89
亩$_2$	400	24	5.040	25.75	129.780	14.82
亩$_3$	270	36	5.103	21.00	107.163	12.24
亩$_4$	420	24	5.292	9.00	47.628	5.44
亩$_5$	450	24	5.670	58.00	328.860	37.55
亩$_6$	480	24	6.048	26.80	162.086	18.51
亩$_7$	500	24	6.300	10.50	66.150	7.55

本村标准棵地面积 0.000 525 公亩

（十五）青城市唐家塘

种别	亩的"稻个"数	"稻个"的棵数	亩的公亩折合数	每种的亩数	每种的公亩折合数	每种的公亩折合数占总公亩数的%
亩$_1$	300	24	3.600	12.400	44.640	1.90
亩$_2$	310	24	3.720	1.750	6.510	0.28
亩$_3$	350	24	4.200	23.250	97.650	4.16
亩$_4$	400	24	4.800	102.650	492.720	20.99
亩$_5$	430	24	5.160	10.500	54.180	2.31
亩$_6$	450	24	5.400	120.550	650.970	27.74
亩$_7$	490	24	5.880	2.300	13.524	0.58
亩$_8$	500	24	6.000	157.400	944.400	40.24

续表

种别	亩的"稻个"数	"稻个"的棵数	亩的公亩折合数	每种的亩数	每种的公亩折合数	每种的公亩折合数占总公亩数的%
亩$_9$	510	24	6.120	6.600	40.392	1.72
亩$_{10}$	550	24	6.600	0.300	1.980	0.08

本村标准棵地面积 0.000 500 公亩

（十六）天上市前刘巷

种别	亩的"稻个"数	"稻个"的棵数	亩的公亩折合数	每种的亩数	每种的公亩折合数	每种的公亩折合数占总公亩数的%
亩$_1$	300	24	5.033	1.00	5.033	0.25
亩$_2$	380	24	6.375	2.50	15.938	0.79
亩$_3$	400	24	6.710	116.00	778.360	38.48
亩$_4$	420	24	7.046	15.50	109.213	5.40
亩$_5$	430	24	7.214	10.50	75.747	3.74
亩$_6$	440	24	7.381	10.25	75.655	3.74
亩$_7$	450	24	7.549	57.00	430.293	21.27
亩$_8$	500	24	8.388	63.50	532.638	26.33

本村标准棵地面积 0.000 699 公亩

（十七）天下市西大房

种别	亩的"稻个"数	"稻个"的棵数	亩的公亩折合数	每种的亩数	每种的公亩折合数	每种的公亩折合数占总公亩数的%
亩$_1$	350	24	5.519	3.50	19.317	0.70

续表

种别	亩的"稻个"数	"稻个"的棵数	亩的公亩折合数	每种的亩数	每种的公亩折合数	每种的公亩折合数占总公亩数的%
亩$_2$	380	24	5.992	2.00	11.984	0.44
亩$_3$	390	24	6.150	14.50	89.175	3.23
亩$_4$	400	24	6.307	306.75	1 934.672	70.14
亩$_5$	420	24	6.623	26.00	172.198	6.24
亩$_6$	430	24	6.780	31.20	211.536	7.67
亩$_7$	440	24	6.938	1.90	13.182	0.48
亩$_8$	450	24	7.096	34.60	245.522	8.90
亩$_9$	500	24	7.884	7.70	60.707	2.20

本村标准棵地面积 0.000 657 公亩

(十八) 天下市任巷

种别	亩的"稻个"数	"稻个"的棵数	亩的公亩折合数	每种的亩数	每种的公亩折合数	每种的公亩折合数占总公亩数的%
亩$_1$	300	24	4.464	11.20	49.997	4.60
亩$_2$	350	24	5.208	9.50	49.476	4.55
亩$_3$	370	24	5.506	1.50	8.259	0.76
亩$_4$	400	24	5.952	114.78	683.171	62.81
亩$_5$	420	24	6.250	2.00	12.500	1.15
亩$_6$	430	24	6.398	8.50	54.383	5.00
亩$_7$	450	24	6.696	32.10	214.942	19.76

续表

种别	亩的"稻个"数	"稻个"的棵数	亩的公亩折合数	每种的亩数	每种的公亩折合数	每种的公亩折合数占总公亩数的%
亩$_8$	500	24	7.440	2.00	14.880	1.37

本村标准棵地面积 0.000 620 公亩

(十九) 景云市黄巷

种别	亩的"稻个"数	"稻个"的棵数	亩的公亩折合数	每种的亩数	每种的公亩折合数	每种的公亩折合数占总公亩数的%
亩$_1$	250	24	3.456	7.00	24.192	2.20
亩$_2$	350	24	4.838	5.00	24.900	2.26
亩$_3$	360	24	4.977	9.80	48.775	4.43
亩$_4$	370	24	5.115	3.50	17.903	1.63
亩$_5$	380	24	5.253	10.00	52.530	4.77
亩$_6$	400	24	5.530	127.95	707.564	64.25
亩$_7$	420	24	5.806	1.50	8.709	0.79
亩$_8$	450	24	6.221	29.50	183.520	16.66
亩$_9$	600	24	8.294	4.00	33.176	3.01

本村标准棵地面积 0.000 576 公亩

(二十) 景云市黄土泾桥

种别	亩的"稻个"数	"稻个"的棵数	亩的公亩折合数	每种的亩数	每种的公亩折合数	每种的公亩折合数占总公亩数的%
亩$_1$	350	24	4.292	34.95	150.005	8.84

续表

种别	亩的"稻个"数	"稻个"的棵数	亩的公亩折合数	每种的亩数	每种的公亩折合数	每种的公亩折合数占总公亩数的%
亩$_2$	370	24	4.538	9.90	44.926	2.65
亩$_3$	380	24	4.660	10.30	47.998	2.83
亩$_4$	400	24	4.906	261.74	1 284.096	75.65
亩$_5$	420	24	5.151	8.50	43.784	2.58
亩$_6$	430	24	5.274	11.70	61.706	3.64
亩$_7$	450	24	5.519	11.75	64.848	3.82

本村标准棵地面积 0.000 511 公亩

(二十一) 扬名乡白水荡

种别	亩的"稻个"数	"稻个"的棵数	亩的公亩折合数	每种的亩数	每种的公亩折合数	每种的公亩折合数占总公亩数的%
亩$_1$	300	24	3.564	4.90	17.464	3.92
亩$_2$	320	24	3.802	2.00	7.604	1.71
亩$_3$	350	24	4.208	18.00	75.744	17.01
亩$_4$	360	24	4.277	2.00	8.554	1.92
亩$_5$	400	24	4.752	40.90	194.357	43.64
亩$_6$	450	24	5.346	26.50	141.690	31.81

本村标准棵地面积 0.000 495 公亩

（二十二）开原乡张巷桥

种别	亩的"稻个"数	"稻个"的棵数	亩的公亩折合数	每种的亩数	每种的公亩折合数	每种的公亩折合数占总公亩数的%
亩$_1$	400	12	2.957	6.20	18.333	5.91
亩$_2$	450	12	3.326	8.30	27.606	8.90
亩$_3$	500	12	3.696	7.00	25.872	8.35
亩$_4$	700	12	5.174	3.50	18.109	5.84
亩$_5$	500	18	5.544	8.80	48.787	15.74
亩$_6$	400	24	5.914	19.30	114.140	36.81
亩$_7$	450	24	6.653	8.60	57.216	18.45

本村标准棵地面积 0.000 616 公亩

（原载《国立中央研究院社会科学研究所集刊》上海，1929年，第1号）

黑龙江流域的农民与地主[*]

中日俄记载中中国黑龙江流域农民地主农业经济概况（1929 年）

本著的原料

（甲）主要的

东省铁路经济调查局，北满农业，哈尔滨，1928，页数 310。

东省铁路经济调查局，北满与东省铁路，哈尔滨，1927，页 438。

嘉治隆一，东部吉林省经济事情，东京，1928，页数 621。

守田利远，满洲地志，东京，1905，3 卷。

日本外务省通商局，北满州，东京，1918，再版，页数 878。

日本关东都督府民政部，满蒙调查复命书，东京：

第三　宫崎吉藏调查，1916，页数 288；

第五　山科启吉调查，1916，页数 150；

第七　山科启吉调查，1916，页数 191；

第九　广本光治调查，1917，页数 187。

---

[*] 本文是同王寅生合写的。

井阪，庄村，北满洲经济调查资料，东京，1910，页数312。

井阪，续北满洲经济调查资料，东京，1911，页数175。

杉本吉五郎，吉林省东北部松花江沿岸地方经济事情，东京，1921，页数552。

牙什诺夫，北满农业之进化观，东省经济月刊，卷1，号数3，4—5，哈尔滨，1925。

牙什诺夫，北满农业状况之调查，东省经济月刊，哈尔滨，卷1，号数6，1925。

棉什阔夫，司莫力尼阔夫，赤尔阔夫，黑龙江省，满铁会社露文翻译调查资料第七号，东京，1924，2册。

石世康诺夫，发展北满农业的方法，东省杂志，哈尔滨，号数3，1929，页数29—36（俄文）。

牙什诺夫，中国人在北满的屯垦及其前途，哈尔滨，1928，页数291（俄文）。

黄维翰，呼兰府志，龙江，1915，12卷。

胡镜海，张海清，绥化县志，龙江，1921，12卷。

温广泰，王铭澍，吉林双城县乡土志，双城，1916，2册。

梅文昭，魏声龢，单友轩，宁安县志，1924，4卷。

金梁，黑龙江通志纲要，1925，2册。

孙蓉图，徐希廉，黑龙江瑷珲县志，1921，14卷。

（乙）参用的

徐世昌，东三省政略，1911，40册。

徐曦，东三省纪略，上海，1915，页数546。

李桂林，顾云，吉林通志，吉林，1891，122卷，卷28-31。

东省铁路经济实业事务局，东省铁路与东省铁路之沿带区域，哈尔滨，1924，页数56。

徐宗亮，黑龙江述略，1889，6卷。

黑龙江清理财政局，黑龙江财政说明书，龙江，1910，3卷。

西清，黑龙江外记，1894，8卷。

林传甲，龙江进化录，上海，1914，页数62。

作新社，白山黑水录，上海，1902，页数145。

萨英额，吉林外记，1895，10卷。

掘内次竹郎，宁安县事情，东京，1926，页数116。

掘内竹次郎，额穆敦化两县事情，东京，1926，页数136。

井阪秀雄，吉林东南部经济调查资料，东京，1911，页数97。

大谷弥十次，黑龙江省龙江道，东京，1919，页数270。

大谷弥十次，黑龙江省黑河道，东京，1921，页数144。

佐田弘治郎，吉林の财政，东京，1928，页数583。

森御荫，松花江黑龙江及两江沿岸经济调查资料，东京，1910，页数156。

千叶丰治，满洲农业の特质と日满农业の比较研究，大连，1928，页数160。

晋生，东三省黄豆业之危机，上海时事新报，1929，3月18日。

兴安屯垦专号，东北新建设，辽宁，卷1，期4，1929。

于吉祯，东三省之水利，东北新建设，辽宁，卷1，期3，1928。

柳国明，改良东三省农业的我见，东北新建设，辽宁，卷1，期3，1928。

钱穟孙，关外农业之概况，中华农学会报，上海，期67，1929。

哈尔滨最近各种物质调查表，东省经济月刊，哈尔滨，卷1，号数7，1925。

哈尔滨税捐之调查，东省经济月刊，哈尔滨，卷2，号数4，5，6，1926。

北满之移殖事业，东省经济月刊，哈尔滨，卷4，号数9，1928。

东三省之货币，银行周报，上海，卷12，号数29，1928。

黑龙江财政月刊，龙江，期数31，35，1928；40，1929。

中国黑龙江流域农民地主农业经济的趋势

农家每户耕作的面积和每户人数及每晌进益成正比例，和每晌投资的价值成反比例。东省铁路经济调查局1922—1923年在中国黑龙江流域农业中心实地调查的结果，足以证明此说的确切。

看了这表我们很可以明白，耕作面积愈大则所得的农业利益亦愈多。但现在富力中等的自耕农所耕面积平均只有 $13\frac{1}{2}$ 晌，富力中等的佃农所耕面积平均只有10晌。10晌以下的农户在全数35%以上（《北满与东省铁路》45页）。棉什阔夫等1914—1915年在巴彦地方所统计的农户在10晌以下的占57%，5晌以下的占34%。按照黑龙江流域农区的情形，耕种5晌以下的农户即使不负债，不纳租，不施肥料，也很难维持他们的最低限度的生活。虽然那农区内有 10 000 000 响以上可垦的荒地，可是荒地每响的平均地价需 15 元，开垦费又需 100 元，他们也没有能力去应付。至于熟地自然更难购买。可见耕地的缺乏，完全是因为地价的缘故。

每户平均耕作面积	15 响以下	15—30 响	30—75 响	75 响以上
每户平均人数	8.3	14.2	15.8	32.2
每响平均田产价值	62.72 元	73.60 元	148.22 元	200.01 元
每响平均最低限度的投资价值	79.99 元	58.83 元	54.90 元	61.77 元*

（《北满农业》）页 97，197—198，105—106）
* 此等农户"对于自种之田既照顾周到，对于出租之地亦加意整顿"，故每响投资额特别增高。

1 响田的价格有时就超过耕种 5 响田的雇农的全年工资。且田价正在继续增加。例如方正的上田价格 2 年内（1912—1914）涨 150%，依兰的 5 年内（1909—1914）涨 200%，宾县的 7 年内（1907—1914）涨 218%（《北满洲》页 538—539，566，508）。根据井阪，山科启吉，棉什阔夫等调查报告，五常，扶余，双城，榆树，呼兰，巴彦，海伦 7 县每响平均田价 6 年内（1909—1910 至 1915—1916）从 55.85 元增至 84.71 元，加了 52%。1920 年以后田价涨得更快。例如宾县 1 年内（1922—1923）涨 64%（《北满农业》页 189）；吉黑两省 24 县 2 年中（1925—1927）涨 $22\frac{3}{10}$%（同上，页 113）。奉直战争以后奉票跌价，一般人为存放资本的安全起见，多争先买地，官吏商人尤为踊跃，故 10 年内（1916—1926）南满的谷价涨 $4\frac{1}{2}$ 倍而田价几涨 7 倍（《千叶丰治》页 51）。北满受了官帖跌价的影响必有同样的情形。按 5 年内（1920—1925）黑龙江官帖跌价几 8 倍，吉林官帖跌价几 12 倍（《北满与东省铁路》页 236）。

工业资本主义没有发达的中国决没有与工资利息红利并立的那种田租。现在中国的所谓田租，不单是田租，还包含着一部分农业的红利，甚至一部分工资。这种不正当的田租完全成为田价的利息。所以田价的增高就使田租同时增高。尤其当地主受着税捐的压力而田价的利息被侵夺的时候，地主为维持自身利益计更有增加田租的必要。分租租额的增加可举呼兰为例：1909 年时该地普通租额是正产 40%，1914 年后就加到 50%。5 年内涨 $\frac{1}{4}$。谷涨租额的增加可举榆树为例：1910 年每晌纳粮 2 石，1916 年就加到 $2\frac{1}{2}$ 石。6 年内涨 $\frac{4}{10}$，钱租租额的增加更要快些。据 1905 年守田利远的调查，农安，吉林，宁安，绥化，呼兰等地方的钱租平均为田价的 $\frac{1}{16}$（《满洲地志》，中卷）。1915 年呼兰的钱租是田价 $\frac{1}{7}$ 稍弱（《黑龙江省》上册）；1925 年宁安的是 $\frac{1}{10}$（掘内竹次郎，《宁安县事情》）。我们可以推想钱租租额在 10—20 年内大约涨了 $\frac{6}{10}$。呼兰钱租的增加可以指数表明如下：

	钱 租	田 价	租价买田的能力
1905 年	100	100	100
1915 年	$1058\frac{8}{10}$	$272\frac{7}{10}$	$388\frac{2}{10}$

租价增加的速率远过田价增加的速率。若以租价买田的能力而论，10 年内钱租竟涨到差不多 4 倍的光景。况且还有押租。押租就是田租的一部分。关于押租的数目虽无详细调查，但它的继续增加亦是不可避免的。

除掉人口税捐与粮价对于工资有密切关系外，田租能够支配农民的工资。因为田租与工资都是农业成本中的要素，要维持成本则田租与工资的增减必成为反比例。不是田租涨工资跌便是工资涨田租跌。况且中国的所谓田租原来包含着一部分工资，即农民应得而未得的工资。在这种状况之下，田价高涨使田租高涨，就是转使农民所得的工资低落。所以田价增加便使工资的实价减少。根据井阪与庄村的调查 1909—1910 年农民日工的工资平均是大洋 0.36 元，年工的平均是 37.73 元。比之东省铁路经济调查局的报告 1922—1923 年，日工的平均工资 0.69 元，年工的 102.80 元，13 年内日工工资增加 $91\frac{7}{10}$；年工工资增加 $172\frac{4}{10}$%。但那 13 年中黄豆，小麦，高粱，谷子 4 种粮食的平均价格增加 $433\frac{4}{10}$%；高粱，谷子是农民的主要粮食，它们的平均价格增加 $556\frac{5}{10}$%。工资实价的减少可以指数表明如下：

	日 工	年 工
1909—1910 年	100	100
1922—1923 年	$35\frac{9}{10}$	51
（以四种粮食的平均价格计算）		
	$29\frac{2}{10}$	$41\frac{4}{10}$
（以农民主要粮食的平均价格计算）		

13年内工资的变化竟有这样的猛烈。农民所得工资的实价减少 $58\frac{6}{10}\%$，甚至 $70\frac{8}{10}\%$。

东省铁路经济调查局的报告说，"北满农家以土地为经济之命脉。故凡其户愈大，则其大部资本愈在置田。所以北满农家资本之总额，地价一项竟居其四分之三以上也"（《北满农业》，页106）。这样看来，在中国黑龙江流域经营农业，必须先将资本的76%消费于田价。田价愈涨则不但佃农雇农的经济地位愈低，即自耕农与一部分地主所能投入生产的资本亦愈少，无论农户大小愈加没有希望改良他们的农耕技术。

田价以外最能操纵农业经济的是粮价，税捐，和高利贷。我们读下面的统计就可明白各种农户都受食品价格的影响。

每户耕作面积	15 晌以下	15—30 晌	30—75 晌	75 晌以上
每晌出售的农作物占全数的百分数	$56\frac{9}{10}$	$55\frac{5}{10}$	$58\frac{2}{10}$	$61\frac{9}{10}$

续表

每户耕作面积	15 晌以下	15—30 晌	30—75 晌	75 晌以上
每人每年购买的饮食费占其饮食品总值的百分数	$58\frac{7}{10}$	$16\frac{4}{10}$	$15\frac{2}{10}$	$6\frac{4}{10}$

(《北满农业》，页 198，274)

普通农户将过半数的农产出售，又买进过半数的饮食品。他们受商人的剥夺是很明显的。"地方钱庄及转运机关，一方借官厅威势强定低价收买农民之黄豆；一方自定高价卖于豆饼厂"（晋生，《东三省黄豆业之危机》）。所以照石世康诺夫的估计，除掉运费，税捐，与其他杂费外，黄豆的市价仅有 $\frac{1}{3}$ 是到农人手里去的。

大部分的粮产每年为日本，英国，美国，丹麦等地方所吸收；粮价完全要靠国际市场为转移，不能自由伸缩。除掉非出口货如谷子玉米等类以外，各种粮食的价格上所受到一切税捐的负担，全部分或一部分，必转嫁与农民。又农舍在农业资本中占有重要地位，足以使田税的负担由地主推移到佃农身上。按泥土房 1 间的建筑费平均需 40—50 元，木房 1 间平均需 70—80 元；地主大多数供给农舍而仅纳一部分田税。1925 年每晌田税总额从 4.21 元增加到 5.00 元光景（牙什诺夫，《东省经济月刊》第一卷四五号合刊，1925，专载，页 16）；农民不但普遍有粮捐的间接负担，自耕农佃农与地主且须直接担负田税的增加。至于官帖的跌价就是变相的税捐，这种无形的税捐 1922—1923 年每晌平均合 1.91 元，每户平均合 4.47 元。耕作 10 晌以下的农户所受的钱法损失尚不止此数。雇农工资几全在夏日交付，雇主的出售粮食收入官帖大半在冬季；但江帖或吉帖的市价夏日较贱于冬季，当地的物价夏日又较昂于冬季。因此雇农与雇主无不受币价变迁的打击。况且所谓币价的变迁不但只限于官帖，官帖以外还有各城镇屯的商会与商家所发的私帖。票面有 1，2，3，5，10，20，25，30，50，100 吊各种样式。1918 年依兰一县发行的私帖即有 3 170 000 吊，约合大洋 16 万元（佐田弘治郎，《吉林省の财政》）。这种纸币的兑价时常更改，纸币本身的效力原无一定的保障，贻祸农民实是无穷无尽。总之，税捐的繁重已形成中国农业经济上的特色。即以黑龙江流域中俄两方面来比较（《北满农业》，页 223—224），农户每人每年各项消费的平均百分数可列举如下：俄国农民所担负的税捐较中国农民要轻得多。

	中国方面（1922—1923 吉黑两省十八县）	俄国方面（1922—1923 米师金调查）
农业消费	40.40	34.67
税　捐	7.20	4.20
私人消费及储蓄	52.40	61.13

税捐，粮价，田价所产生的压力愈重大则农业资本愈减少。农业资本愈减少则高利贷愈加容易发展。据井阪，庄村，山科启吉的调查，扶余的城市借贷 1909 年普通月利 $1\frac{2}{10}\%$，最长以 1 年为期；1916 年便是月利最低 $1\frac{2}{10}\%$，最长以 $\frac{1}{2}$ 年为期。1909 年五常，巴彦，呼兰，扶余，兰西，双城等处中小商人普通借贷的利

率为平均月利 $1\frac{5}{10}\%$，15 年以后（东省铁路经济实业事务局调查）已涨到平均月利 8%。在这 15 年内（1909—1924）乡间贷庄的利率从月利 3% 竟增加到月利 15%！高利贷是和粮价有密切关系的。它的潜势力逼迫着商人抬价卖出，同时又逼迫着农人贱价卖出。但资本缺乏的时候，农人商人多必跑到高利贷的怀里去。现在举一位赵姓的高利贷者作例，可以窥见高利贷与各方面的经济关系。安达县附近"明水设治局商会会长赵显宗假商会名义私出纸币二百七十余万吊，分发各商贷出四分上扣生息。所得利钱一百余万吊均有借户各商号账目可查。赵积有巨款，开设木铺，收买街基，包领官荒，并开典业储蓄会一处专司贷款。六分生息，三月一捣，本利完纳"（《黑龙江财政月刊》，期数 35，1928，命令，页 7）。这样会利用纸币，商店，和高利贷制度去累积巨款，领垦荒地的人在中国的达官显宦中是很寻常的。近年来退职的各部总次长，国会议员，各督军省长和他们的参谋走卒等每假借公司或堂号名义在黑龙江流域经营大批地产。他们的地产竟有在 1 000 晌以上的（《北满农业》，页 108）最初他们稍微用些资本，招请佃户代为耕种；以后便远居他处；坐收田租，与生产实际毫无关系。并且有些地主自始至终即以买卖田地为投机事业。此项买卖愈形发达，地价就随着愈加高涨，租价就随着愈加上升，工价就随着愈加跌落，一般农民就势必愈加屈服于高利贷的威权之下。

农民整年在这些剥削制度之下度日，他们的资本一天少似一天，他们的技术一天坏似一天，他们的生产能力就自然而然的退化了。

6 年内中国黑龙江流域农业中心的农作物收获量比较表下列：

(以每晌为单位)

地名	黄豆 1901—1910 1915—1916 (增或减)	小 麦 1909—1910 1915—1916 (增或减)	高 粱 1909—1910 1915—1916 (增或减)	粟与谷子 1909—1910 1915—1916 (增或减)
五常	4.5 石 3 石 (−)	1.5 石 3 石 (+)	3 石 4 石 (+)	3 石 4 石 (+)
扶余	4 4.5 (+)	3 3.4 (+)	5 6 (+)	5 5 (0)
双城	4.5 4 (−)	3.5 4 (−)	5.5 6 (+)	5.5 5.5 (0)
呼兰	5 5 (0)	4 1.5 (−)	7 6 (−)	7 6.5 (−)
巴彦	6 5 (−)	4 4 (0)	7 6.5 (−)	7 ? (?)
兰西	5.5 4 (−)	4 2 (−)	7.5 5 (−)	7.5 6 (−)
青冈	5.5 4 (−)	4.5 3 (−)	6.5 3 (−)	6.5 4 (−)
绥化	4 7 (+)	5 4 (−)	8 7 (−)	8 6 (−)
海伦	7.5 4 (−)	5.5 3 (−)	7.5 6 (−)	10 6 (−)

(《北满洲经济调查资料》,《续北满洲经济调查资料》,《满蒙调查复命书》,黑龙江省,上册)。

产力与资本常为正比例,产力增则资本多,资本多则产力增,两方面又有相互的密切关系。黄维翰说:"呼兰各属以农产丰富号称于时。然人力未尽也。无沟洫,无堤防,无阡陌;有耕无耘,有苗不粪;水旱丰歉一听诸天,鹜广而荒,故其效未大著。假令旱涝有备,深耕易耨,且厚粪之,则岁入又当倍蓰也"(《呼兰府志》,卷 11,页 5)。现在每响产量减少,农户更需要资本去努力经营,更需要扩大耕作面积去增加生产。但事实上田价,粮价,税捐,高利贷等等更使他们的资本减少,更使他们的耕作面积不能扩大。这便是中国黑龙江流域农业经济中的一个最大的矛盾。

中国黑龙江流域的粮价总值虽比粮产总量增加得快(3 年内 1922—1925 总值的增加比总量快 30%,《北满农业》,页 209, 211),石世康诺夫说:"普通农民只有施用不可思议的劳力和放弃最低限度的幸福方能保守 10 响至 30 响的田地。"东北大学教授柳国明曾将他家乡的农民生活很切实的写了几句(《东北新建设》,卷 1,期数 3,1928):"一般号称为小康的农家辛勤了终年,累尽了汗血,仅能混足衣食而已。他们平日的饮食非常粗劣。今日吃高粱米和咸菜,明天还是照样。一年到头总是如此。这种生活真算苦到家了。若是问他们说'为什么不要吃好一点呢?'他们准回答说'若是一生能将高粱米混足,还是好的啦'。我想这种的现状并不只限于敝乡一处。大半在东省各地都是如此。""小康"的农户尚且这样,那些不如"小康"的农户和占人口全数 13% 的雇农的情形更可想象。

在这种状况之下,中国黑龙江流域的千万响的荒地目前固然还不会立即都被开垦,就是都开垦了,也不过使这种状况多一度的轮回罢了。

(原载《国立中央研究院社会科学研究所专刊》上海,1929年第1号)

山西的农田价格

（1930年）

1929年5月北京农业大学毕业生王聪之先生在国军第三集团警卫旅调查士兵经济状况后，把所得的942张调查表委托社会调查所去整理。整理时发现597张表内有农田价格的数字。关于山西17县的这种数字比较还可靠；把它们和山西统计处民8民13两年份的报告放在一起，可以列成一表：

山西17县农田价格表（以每亩为单位）①

县名	最高数（元）			最低数（元）			中间数（元）		
	1919	1924	1929	1919	1924	1929	1919	1924	1929
陵川	28.00	28.20	20.00	2.67	5.70	5.00	8.17	13.00	15.00
黎城	22.25	36.75	100.00	3.76	3.16	5.00	8.00	9.99	10.00
高平	18.40	33.80	80.00	1.20	5.40	5.00	4.80	13.20	29.00
平顺	16.00	32.00	80.00	2.33	4.66	3.00	6.75	10.17	42.00
长治	11.00	18.75	50.00	1.25	2.83	15.00	3.48	7.16	17.50
夏县	29.03	47.00	60.00	1.68	3.00	5.00	6.75	9.05	30.00

---

① 王先生调查时未曾把农田分山地，坡地，平地（旱或水）几种和每种约上中下三等。亩的实际大小决不一致，但大小的差异在没有实地调查前无从知道。1919的数字见《山西第一次经济统计正集》，第一编，页81—92；1924的见《山西第六次经济统计正集》，第一编，页9—16。1928年17县统计范围只是4 752亩。

续表

县名	最高数（元）			最低数（元）			中间数（元）		
	1919	1924	1929	1919	1924	1929	1919	1924	1929
曲沃	45.00	35.75	15.00	2.16	1.54	8.00	6.24	7.30	10.00
绛县	27.00	55.00	55.00	0.78	0.97	8.00	2.87	3.06	20.00
阳曲	32.60	36.60	40.00	0.62	0.94	5.00	5.06	7.77	10.00
介休	27.00	28.50	85.00	1.02	1.92	2.00	4.07	4.96	15.00
文水	41.33	41.30	100.00	1.46	2.10	10.00	6.12	7.91	15.00
忻县	34.25	49.83	40.00	0.87	1.15	10.00	6.79	7.55	20.00
五台	24.77	55.58	40.00	1.08	1.51	5.00	5.62	8.31	15.00
盂县	40.00	75.00	60.00	2.54	2.27	10.00	8.34	7.87	25.00
崞县	21.50	41.60	30.00	0.60	0.86	10.00	3.83	7.08	25.00
应县	9.40	24.00	50.00	0.20	1.30	0.50	1.15	4.53	10.00
朔县	8.40	13.96	100.00	0.18	0.65	0.50	1.47	3.30	6.00

表中统计所包括的农田种类太多，从最没出息的山地直到最肥沃的水田。价格的最高数也难免有些疑问。例如表中1919年文水农田的最高价格是41.33元；但据日本人竹内元平1917年在山西实地考察的报告，文水大部为平地，土质良好，每亩地价下等30元，中等50元，上等120元。又表中1929年五台农田的最高价格是40元；实际绝非如此。同年社会调查所得报告：离五台城约50里的地方，河边村和东治镇附近，旱田普通售价每亩200元，水田300元。该处竟有出350元还难买水田1亩的。40元的数字只能说是数十年前兵士家中买进田亩的原价罢了。

表中农田价格的中间数不能代表山西其他各县。1919年，平陆，河津，荣河，晋城，解县，阳城，祁县等处的中间数是9—16元。1924年荣河，猗氏，阳城，壶关等处的中间数是15—23元。就拿17县的中间数的平均数——1919年5.32元；1924年7.78元；1929年17.90元——和人口很密的印度，新开辟的加拿大，工业资本很发达的美国，以及美国的属地菲列滨来比较，山西的农田价格显然是不低。

据E. Krishnamurthi 1916年在印度南部Chitoor区的调查，1年收获1次的旱地每acre（英亩）售价40—60Rs①。按那时的兑价60Rs等于24元。假使acre是6亩，每亩普通价格在Chitoor是4元；在山西（1919）就要5元以上。

加拿大的铁路公司和Hudson's Bay公司发卖可耕的农田，1924年每acre价格是\$15.39；② 按那时兑价，每亩普通价格合520元。同年山西17县的价格中间数的平均是7.78元。

欧洲大战后，美国经验着很大的农业经济的恐慌。③ 所以1920以来农田价格年有跌落，现在还没有十分恢复1920年的数字。又美国各邦的农田价格以Iowa的为最高。1920年每acre农田平均价格，全国的是\$90；Iowa的是\$219。④ 在Iowa又以1920年秋季的价格为最高。那时肥沃的农田每acre售价\$257。⑤ 如此

---

① Gilbert Slater., ed. *Some South Indian Villages*; Economic Studies of Univ. of Madras, Vol. I. London, 1918, p. 101.

② *The Canada Year Book 1927-28*, Ottawa, 1928, p. 971.

③ 工业资本很发达的地方，农田价格跟着农产价格而涨落。可参阅陈翰笙，《美国农业与世界经济》，北京大学社会科学季刊，卷3，期2，1925，页221—239。

④ *Year Book of the Department of Agriculture*; 1925 Wash., D.C., 1926, p. 1344, Table 682.

⑤ H.C. Taylor, *Outlines of Agricultural Economics*, N.Y, 1925, p. 260.

看来，在美国普通最高的价格是每亩合 85 元。在山西呢？据兵士的报告，黎城（南部）文水（中部），朔县（北部），都有 100 元的农田价格。据统计处 1924 年的调查，赵城有 97 元的，解县也有 100 元的。美国 Montana 邦每 acre 的农田价格 1925 年平均是 ＄19①，每亩合 6.40 元，比山西 17 县的中间数的平均低 17%。

美国是大规模工商资本很发达的一个社会，它的农业经济已完全受资本主义的支配了；可是它的农田价格，没有山西那样高昂。菲列滨和中国相仿佛，是资本主义前期的一个社会：自身没有大规模工商资本的发展，而受外来的大规模工商资本的侵掠。②虽然如此，菲列滨的农田价格还赶不上山西的。在 Luzon 岛的东南部 Bikol 地方，种麻的地每 hectare 值 P50 到 P100；近铁路，近大道，近河流，种米的水田每 hectare 也不过 ＄100 到 P250③，菲列滨水田的普通最高价格每亩合 15.62 元；可是山西 17 县 1929 年的价格中间数（6—42 元）平均有 17.90 元。前数比后数低 13%。

山西农田价格比岭南的东江一带和江南的苏杭附近确是低得多；比吉林，黑龙江两省似乎要贵些。东省铁路经济调查局 1922—1923 年在中国黑龙江流域农业中心实地调查的结果④，使我们知道该处的熟地近铁路的每亩合 10 元；较远的 6.72 元；荒

---

① *The Canada Year Book 1927-28*, Ottawa, 1928, p. 971.
② 请读菲议会议员 Mannel Roxas 演讲录，Manila Bulletin, Nov, 20, 1929。
③ *American Chamber of Commerce Journal*, Manila, Vol, 7, No. 6, Ie., 1927, p. 8. Dr Toribio Vibar has said, "The government sells public agricultural lands at as low as ten pesos per hectare, and it is given fifteen years to pay". *Philippines Fiee Press manila*, Vol. 23, No. 21, May 25, 1929, p. 14.
④ 东省铁路经济调查局编，《北满农业》，哈尔滨，民国 17 年。

地每亩合1.35元。

把普通的田价和雇农中长工普通的工价做比例，就可以测量田价的高度。换句话说，便是要知道各地方几天的，几月的，或几年的雇农的工资等于合每亩的各该地方的田价：例如在Montana是3天，在Iowa 24天，在加拿大4天，在吉黑两省40天，在印度和菲列滨大约是两月。① 在山西17县呢？几乎都是两月以上。

1929年太原县属的古唐，纸房，花塔，塔院，北大寺等村中，麦田每亩价格30—80元，稻田每亩50—170元；长工年给只是70—80元。五台县属河边村和东冶镇附近，长工年给60元；非积2年到4年的全年工资不能付该处1亩的田价。

山西田价的高昂当然对于农业经济有很大的影响。在吉黑两省经营农业，必须先将资本的76%消费于田价。② 此项消费在山西大约要超过资本总额的80%。③ 这样，田价愈涨则雇农佃农的经济地位愈低，自耕农和某种地主所能投入生产的资本亦愈少；无论农户大小愈加没有希望改良他们的农耕技术。

从17县的统计看来，就知道山西田价的高涨实在是可惊，10年内，1919—1929，许多地方涨高了150%—500%。这样的速度在中国其他各省是不常见到的。广东田价10年内，1916—1926，

---

① Montana的工价见 *Year Book of U. S. Agri. Dep't.*, Table 673; Iowa的见Taylor, p. 191; 加拿大的见 *Canada Year Book*, p. 273; 印度的见Slater, p. 38; 菲列滨的见Coupland, *Rice*, p. 335.

② 《北满农业》，页106。

③ 据姚石庵先生1929年夏天在晋祠调查的结果，每亩稻田的资本平均须20元，而田价乃5倍此数。

增加了60%—300%。① 奉直战争以后奉票跌价,一般人为存放资本的安全起见,争先购买土地;可是辽宁田价的增加10年内,1916—1926,没有超过600%。②

山西17县田价,工价比较表③
(1924年)

县名	田价中间数	长工一年普通工价		每亩田价等于几个月的工价
		铜元枚数	铜元230枚=1元	
陵川	13.00元	3 400	14.78元	约10月15天
黎城	9.99	3 500	15.22	7 15
高平	13.20	3 300	14.35	11
平顺	10.17	4 500	19.57	6
长治	7.16	3 960	17.22	5
夏县	9.65	4 800	20.87	5
曲沃	7.30	5 200	22.61	3 15
绛县	3.06	6 000	26.09	1 15
阳曲	7.77	8 900	38.70	2 15
介休	4.96	4 500	19.57	3
文水	7.91	4 000	17.39	5 15

---

① 马迦,《中国的农村经济》(俄文),莫斯科,1928,页213。
② 千业丰治,《满洲农业之特质及日满农业之比较研究》(日文),大连,1928,页51。
③ 表中的铜元枚数见山西省政府统计处编,《山西省第六次经济统计续集》。民国17年9月,第2编"工资(农事类)"。

续表

县名	田价中间数	长工一年普通工价		每亩田价等于几个月的工价
		铜元枚数	铜元230枚=1元	
忻县	7.55	3 000	13.04	6 15
五台	8.31	5 750	25.00	4
盂县	7.87	4 000	17.39	5 15
崞县	7.68	10 000	43.48	2
应县	4.53	5 000	22.13	2 15
朔县	3.30	4 000	17.3.39	2 15

山西17县田价中间数的指数表
（1919=100）

县名	1924	1929	县名	1924	1929
陵川	159	184	介休	122	368
黎城	112	112	文水	129	245
高平	275	417	忻县	111	294
平顺	151	630	五台	148	267
长治	206	502	盂县	94	300
夏县	134	444	崞县	185	653
曲沃	117	160	应县	394	870
绛县	106	696	朔县	224	407
阳曲	153	198			

这个指数表虽不能肯定田价高涨的趋势，可是也能表示1929年的价格比1919年的增加得多了。增加的原因当然很复杂；没有

详细调查和精深研究,决不能彻底明了。姑且假设几点理想,或许可以资助这种原因的探讨:

1. 近年来一般货物的价格增加得很快。2. 中国人宁可负债不愿轻易卖田,但人口增加需用农田的数量势必同时增加。3. 欧战后因卢布关系山西商人在关外大受打击,北伐后因需用猛烈山西钱铺在长江一带多数倒闭;商业资本势必转而投入农田。4. 一般军人和官吏踊跃购置田产;他们以为这是最安全的投资方法。5. 两年来山西的年成不好,棉花和粮食的出口减少了,即现金的输入减少,纸币不免要跟着跌价。

最近10年内阳曲的农业衰落,农田价格增加了98%;崞县的农业兴旺,农田价格增加553%。应县的田价现在虽较高于雁北其他地方,可是比山西中部和南部低廉得多了。1918年田应璜在该县创设广济水利公司,大规模的开掘了很多沟渠。应县的田价因此涨高了770%;这样的速度不但是在中国境内少有,就在山西其他各县也是没有的。

(原载《社会科学杂志》,1931年3月第1卷第1期)

崩溃中的关中的小农经济

（1932年）

渭河平原是郿县到华阴很窄的一条黄土或黄土再沉淀的冲积土，就是古称"关中天府""厥田上上"的地方。这也就是今人所谓"苛政如虎""人兽相食"的地方（见《中央日报》本年十月十八日社评）。从前"种三余一""耕九余三"的时代，还能够防灾；到现在，往往数十里内不见人烟，一入那些断垣残壁的村落，不由你不毛发悚立，联想起人类历史上最惨痛的纪录。

根据各方面的估计，一九二八至一九三〇年的陕灾增加了二百多万亩荒地；减少了近三百万人口；使省政府得了不下二百万元的出卖儿女捐。这些数字固然可以表现陕灾影响的广大，还不足以剖析它的深刻。一八四〇年以前的关中，各县都是自耕农占农户总数大多数。一九一九年时自耕的小农还有百分之六十。一九二八年以后小农就大批地没落了。小农经济的崩溃是灾后到现在最根本的一个转变。灾前关中农户所耕地普通在三十亩左右；灾后所种的普通只是二十亩以下。

自从商业资本和高利贷资本发展以来，田权的集中早就不断的在那里进行。长安一带，每年从冬至节起到次年的清明是农民典地的时期。但要是没有灾荒，田权的集中决不能像过去的五年中那样快。灾荒的前半期地价猛跌，购置田产的人家很少。一九二九年渭河北岸如泾阳，三原，淳化，富平，耀县，蒲城等地方，旱田一亩值五角，至多七八角。西安附迫和鄠县鳌屋底水浇田也不过十余元。在这时期，大地主和商人在农村中差不多已经绝迹，留着在乡间的还有许多富农。富农有钱原不多；可是在田价很低的时候倒也收买得一些。所以灾后富农的田产显然增加。一九三〇年后灾情在表面上不如以前严重，地价复渐渐上涨。但所涨有限，旱田每亩普通值三四元，水田每亩自四十至五十元。在这时期，能买进田产的大多数是经营高利贷的那些军人，官僚，商人和账务人员。田权已很快地集中到他们手里。在他们中间，有数百亩的很多，甚至拥田产有过一万亩的。

近年来关中小农大批地出卖田地。单说咸阳，泾阳，三原，高陵，临潼五县，他们出卖的耕地已各占本县耕地总面积的百分之二十（见石笱"陕西灾后的土地问题和农村新恐慌的展开"，本年七月二十二《新创造》半月刊）。据陕人李崇德，冯良辅，史克寿三君的估计，咸阳农户五十亩以下的灾后减少百分之十五。当然多数的小农早已无地化了。例如陕军十七师宣传队在凤翔调查的结果，因灾荒而完全失去耕地的农户就有二千二百八十户。这些无地化的农户求为雇农而不得。灾后凤翔农村中失业的人数增加了百分之六十二。当然许多失业的农民早已逃亡境外去了。

关中的小农，除死绝和逃亡以外，少数变为佃田的贫农，多数已成了纯粹的雇农。但因死绝和逃亡的过多，雇农的绝对数比灾前并未增加。因此在农庄上，年工的工资除供膳宿外还要四十至六十元。现时关中雇佣制下的耕种并不表示生产技术的改进。

凤翔境内，据陕军十六师调查，灾后农具损失百分之三十五；耕畜减少百分之七十以上。武功，兴平，扶风，大荔，鳌屋，三原，咸阳，醴泉，临潼等处的许多农庄上，都用人力代耕畜。两人扛一长椽，椽中间系一条绳，下面拖着犁。前面的人挽，后面的人推，两人行路很慢。数步一歇，汗如雨下。耕作的苦痛和技术的退化，可想而知了。

今年夏天到西安去的人们，还可以在中山北大街旁的炭市上看见那些从兴平，武功，咸阳，泾阳等县来的农民。他们到市上来贩卖门，窗，梁，栋，锄，犁，耙，耱，镂，镰，担，笼，掘，以及水车，柳罐，耕牛，大车等。关中农民正在破产的过程中讨他们最可怜悯的生活；他们破产的主要原因就是田租，高利贷，商业资本和苛捐杂税的负担。

陕西建设厅关于"保障佃农办法"曾呈覆内政部云："陕省地主租地，往往以少租多。如实际地只八分而租作一亩之类。将来纳租即按一亩索取。佃农立写字据，每年规定租额。甚有丰年不增、荒年不减等字样。及麦稻登场，田主即按数计收。佃农交纳不齐，或则欠记，或则续讨，以致纠纷横生，甚或逼死人命"（见西安《民意日报》本年七月六日和廿三日）。

灾后有力佃田的农户较少；田租的剥削已远不及高利贷。最近大荔县政府特布告人民，"对于放大加一利贼应严予取缔，并规定借贷利息至多不得超过三分。如有不听告诫，希图重利盘剥之徒，一经查出，即勒令按照二分五厘收贼，并科以相当之罪"（见《新秦日报》本年六月十日）。告诫尽管告诫，重利盘剥的人们还是很牢靠地经营着他们的事业。不用说荒年，就是在平时一般农民被田租税捐驱使到借贷过活的时候，如何可以要高利贷者或变相的高利贷者听从这样的告诫？陕省赈务会康寄遥君说，关中灾情最重的七县也就是种鸦片最多的七县。同会路禾父君以为种鸦片较多的地方利息必然较高。高利贷的基础不铲除，皇皇布告不过是说空话罢了。

据路君言,陕省利息在民国初年还是月利三分;民九烟禁开放以来利率便格外增高。高利贷当然是造灾的一个重要因素。可是灾荒时代高利贷更加盛行,更加狷獗。关中所称"大加一",月利是十分。"银子租"是借了十元三个月后要还本,再加上麦米三四斗。还有所谓"回头"的制度。借出八元作为十元,每月三分或四分行息;每隔二月或三月,本利积算,要换新借契一次。换契两次以后不再续换;到期不偿,债主就可将契上所写的田地房产任意作抵。"回头"在一年以内可将八元变成四十余元。其他如"连倒根""牛犊账""驴打滚"都是利上加利;或四个月内,或一月又二十天内。甚或一月以内,本利就可相等。高利贷在关中无异于一只猛虎。

高利贷和商业资本的剥削往往是联合的。何况在灾后,一般农民因为缺乏成本,在作物还没有成熟,还没到商业资本范围里的时候,必须靠借贷过活!关中的农民大多数是被高利贷形式的商业资本所操纵的。谷物未收获以前农民就将它抵借款项;这种预押或预卖使商人可以掠夺比市价还要低百分之二十至四十的谷物。经营高利贷的商人一面从商业中取利,一面又从借贷中取利。这样双重取利的情形,比单纯的高利贷还要剥削得厉害。缺乏成本的农民逼着进入这个剥削的圈套,奴役于高利贷商人淫威之下。农民尽管破产,农产却一往直前地商品化了。

关中农业商品化已是很久。清末的鸦片就是显著的例子。一九一四年后,农民多有由鸦片而改植棉花的趋向。一九二〇年烟禁开放后,又有由棉花改种鸦片的趋向。盩屋一县就有烟苗五万四千亩。渭南是关中产棉的首县,有棉田三十一万亩。鸦片种植的面积因税捐而扩大,棉田底增多复因纱厂业的要求而更易促成。美国陆地棉的入陕是从老河口经紫荆关龙驹寨直达关中。一九一五年关中已有"包谷下了山,棉花入了关"的农谣。关中产棉占全省十之九。陕棉在一九一五年产三十万担(北京农商部调查),一九一八年产五十万担(日本农商务省临时产业调查会估计),一九一九年产六十四万三千担,到一九二五年竟有七十七万二千担(华商纱厂联合会统计)。

灾后农产商品化的前进更速。贫穷的小农和中农,他们所有的田地尚且要出卖,何况所种的一切谷物和鸦片棉花等!商人利用灾后缺乏种子的机会,当然也要求推广棉种。最近陕西建设厅奉到实业部训令,转令各县政府遵照办理;部令如下:"为令遵事,案据华商纱厂联合会谏代电呈称,前年属会主席荣宗敬及江苏省政府集款七万元,向美国购买棉子,远散于豫陕两省栽种。近由河南灵宝收集所产之棉运沪试纺,纤维性质不让美产,而色泽尤且过之。窃以近年国内棉产奇缺,外棉输入激增,亟应竭力提倡,以期植棉普及,产额加增。此项优良棉种尤宜乘机推广。现在值棉作下种之期,实为推广最便之时。如此电恳迅令豫陕两省建厅,转饬所属建设局农棉场;对于灵宝所产棉子竭力设法推广,庶豫陕尽成良棉,国计民生同蒙福利等情。据此查该会所请各节事属可行……"(见《新秦日报》本年五月廿八日)假使鸦片禁种,烟田减少,推广棉花的种植更属可行了。可是,棉花是不像谷物容易堆积,容易保存;并且农民不能将它充饥的。农产商品化底影响,在现时的环境内,只有更逼着农民屈服于高利贷商业资本,使他们更加快些破产。

促进农产商品化而间接地助长高利贷的还有不良的政治。种谷物的田地，在关中年成最好的时期，一亩才收入可以值二十元。在荒年一亩得不到十元或五元的时期，田赋正税还是每亩三角到七角，附捐每亩一元到一元五角，杂派的款不在内。据站在西安炭市上出卖农具的，来自武功的农民说，去年每亩纳了二元五角的税款。一九三〇年冬起，烟税就不按实查的亩数计算。从实征改为摊派以后，派款屡有增加。因此，烟田愈是减少，每亩摊到的税捐愈是增多。去年陇县每亩征五十元，今已增为七十元。鳌屋底烟田较去年减少了很多，但现在要摊到每亩百元以上！征税的差役十之九是地痞或流氓出身。他们多数深染着烟癖。在县政府挂名者如果有一百人，依着他们当无名无薪的差役至少有三倍。所以省政府派款一万，农民所纳实已超过三倍以上，一个警察下乡收款一次，回城的时候至少腰带私款二十元。岐山的农民常说"把狗喂成熊了"（见《新秦先锋月刊》一卷三期页九十六）。去年洋县底烟款，村长们派三千二百元，区长们派一千六百元，县长给省政府的只是二百八十元。关中各县中饱的情形也相类似。鄠县县长张治寿三个月内括去二十余万；李口亭在咸阳三月括去三十五万；华阴县县长某（宋哲元时代）在任不到一月，括去款项近十万。《西安民意日报》本年七月十五日有如下的一段文字："过去之西路某县财政局长舞弊如山，控案迭起；而主管机关仅委一员查之，该局长长袖善舞，活动力大，其对于查案之员，投其所好而献媚之，加以金钱之魔力。遂致民冤莫伸，舞弊者反得美誉，又从而延长其职位。此所以是非莫明，黑白淆乱，政治不能清明，贪污不能铲除也。"

苛捐杂税的搜集，一面逼着农民不得不投奔于高利贷或高利贷商业资本；另一面使中饱的军政人员堆积了许多资本，暗中去经营商业或高利贷式的商业，或大批地收买田产。据陕省赈务人员说，关中灾后移转的田产十分之七集中在武人手里；十分之三集中在文人和商人等手里。又说，旧日地主没落的很多；他们现在已很多兼做商人。现时的商人兼地主倒不少，军人政客兼商人地主的更多。军人有些贩卖鸦片的，有些开钱庄的。许多中小商人深入农村去进行各色高利贷的，都是城镇里钱庄所雇用的代理人。从前的奸商和高利贷者要勾结政府方能站得住脚；现在有些政府的人员自身也变成商人和高利贷者了。关中的小农因为无力佃田，又当不起租税和高利贷的重担，已经大批地降为雇农或变相的农奴，或已经大批地逃亡，或已经失业而变为土匪。从前一切负担还可以移转到小农身上；如今小农正在崩溃，中农也要吃苦了。这样，陕灾以后关中的农民生活只是日趋恶化，农业生产因此倒反要落后。咳！关中早已不是"天府"了！

（原载《申报月刊》1932年12月第1卷第6号）

破产中的汉中的贫农

（1932年）

在中国一省里面往往有些明显然不同的社会经济关系。鲁西和鲁东不同，豫西和豫东不同，江苏的江北和江南，陕西的关中和汉中也不相同。潼关以西称关中；汉水上游称汉中。关中是西北黄土高原的一部分；汉中就属于长江流域的丘陵地。旧汉中道有二十五县。依照人口和财富来分别，南郑，安康，城固，西乡，白河五县为一等县；镇坪，汉阴，镇巴，宁羌，褒城，洋县，沔县七县为二等县；山阳，洵阳，紫阳，镇安，平利，略阳，留坝，凤县，佛坪，宁陕，岚皋，石泉，商南十三县为三等县。汉中北有秦岭，南有巴山，一条汉水横贯其中。

关中黄土多而砂土少，水田也很少。汉中就不然，黄土很少，且得山河大堰的灌溉，产米很多。就是没有灾荒，关中也不及汉中富庶。例如西乡有渠堰四十余道，引水灌田五万余亩；南郑的褒水，冷水，广水，灌浇濑田六万零七百八十亩。又如石泉境内，饶峰，大坝二河间，一百里地方盛产稻米。汉中以米食为主，不像关中拿麦面做日常食品。除稻米，杂粮和包谷外，汉中还有药材，木材，桐油，生漆，檞树皮，木耳，烟草，茶叶，丝茧等特产。地方的产物越是丰盛，人们的贫富越是悬殊，农产商品化的范围越普遍，农民贫穷化的程度越深刻。汉中贫农底破产给予了我们一个很好的实证。

破产中的汉中的贫农

关中一向多自耕的小农，汉中却多佃地的贫农。宁陕和佛坪的农户中佃农占大多数，他们所种的都是小地主的田地。留坝的农户三分之二是佃地的贫农。南郑自耕农只占农户百分之十五。城固自耕农所种只是全县耕地面积百分之三十八（城固全县耕地三十六万亩中自耕农所种只有十三万六千亩）。至于安康"耕者大半无地，有地者大半不耕；虽有自耕农，实居少数"（《西安日报》一九三二年十一月三十日）。安康"在丰收之年亦有半数农户为赤贫之家"（《中央日报》参加陕西实业考察团的记者所说，见该报一九三二年十月十日）。汉中的贫农向地主佃进田地，往往须纳顶首，即是押租。所缴的租要超过田间总收获的半数。有些地主和佃农对分粮食，有些取上季的麦租，可是多数取下季的稻租。上等水田平均每亩可产秋稻三担多，租谷倒要纳两担。正租以外还要献敬地主年礼节礼，实际租额因此必然地加重。汉水两岸的许多田地，在十八世纪末和十九世纪初的时代，都是那些从湘鄂川三省流亡到陕的难民所开垦的。在那时，地价比租价还轻得多（林一铭等编《宁陕厅志》；一八二八年，卷一，页十七。）

四川军人刘存厚等一九一八年占据汉中各县，大肆征敛，强卖仓谷仓房，并且开放烟禁。从此陕南就多添了一种特产。这种为适应税捐而来的特产，到现在已使安康城内，街中所见，有十之七八是烟容满面的人。宁羌的某建设局长和留坝的某教育局长都曾"亲身不惜劳苦，赴田中割烟"（据刘景熙调查，《西安日报》一九三二年十月二十日）。汉中的烟气弥漫，烟汁淋漓，可说无以复加。甚至各县庙宇中多有用鸦片享祀鬼神的。土税的别名是罚款，现时征收的机关即各城镇村所设的善后清查处。"民家被迫种植鸦片，年收二十两。每两值洋四角，计全年收入为八元。

而政府向人民征纳者则为十六元二角"(《中央日报》一九三二年十月十二日)。烟价跌而税额增,烟田就得减少。例如洋县境内一九二八年有烟苗一万二千亩,一九三〇年减至五千亩。但罚款是按县分派的,小县十余万元,大县二三十万元,从不因烟田减少而有丝毫的退让。特产尽管在那里消灭,特税还只有比正税厉害。汉中的农田,无论是灞田漕田,无论是榜田坡地,即使不种烟苗,也得负担烟亩罚款。

吴新田"镇守"陕南的时期,一九二四至一九二九年,六年以内派款总共在一千五百万元以上。经手税捐的当地土劣流氓至少还要加派一倍;民间所出不下三四千万。地主,商人和富农不难将重担移转给大批的贫农;如大水一样冲洗了二十五县乡村的那些苛捐杂税便紧迫着这些贫农,使他们很迅速地破产。破产的贫农为侥幸免死起见,大批地加入土匪队伍;土匪的焚掠将富饶地方变成赤贫,转使更多的贫农破产而逃亡。著名土匪如陈定安,王三春,韩剥皮,有三四万人和数千枝枪;一九二九年和一九三〇年曾占据西乡,镇巴,紫阳,石泉,岚皋,平利和安康。那时汉阴属的凤凰山被沈玺亭和狗代王等四千余人所占据;白河,洵阳两县被张丹屏等所占据;其他各县也无不有零星小股的土匪。一九三一年一月川军田颂尧,刘存厚等部队又大举入陕,盘踞宁羌,略阳,西乡,镇巴和沔县。川军未能达汉中道的东部。但东部已有土匪蜂起,跨县连镇的不可胜数。例如王光宗据安康,吴子桢据紫阳,钟人杰据岚皋,侯世俊据石泉,牛育椿据平利,赵文启据白河,杨尊安据汉阴。杨虎臣于一九三一年四月任命孙蔚如为陕南绥靖司令,指挥赵寿山和张鸿远,平定数年来兵匪纷扰的汉中。平定了以后的税捐又怎样呢?

据陕南民众上省府主席杨虎臣书中所说，在吴新田时代一县的烟亩罚款派定五千亩的，现今要派到一万亩了。正税和原有的特税以外，还有"临时的"剿匪费，"救国的"省库券和一切不动产登记费。就是清乡费，民团指挥费和驻军的月饷和粮秣，也还另外要勒令各县分摊照纳（见陕西留京学会出版的《新秦先锋》一卷一期，页一〇四，一九三二年三月）。县府简直是驻军的兵差局。县长，科长绅员，警役等所有的精力和光阴，大部分是消耗于军队的给养。按石泉县县志馆调查，去年九月份县府发出的公文稿共五百九十余件，内中关于办款和禀款的倒有五百三十六件。石泉一县的驻军，派用民夫每日多至百余人；农田上劳动力的损失就可想而知。最近《大公报》特派员的陕南视察记中，说到南郑农村破产，有如下的一段话："当吴新田充陕南镇守使时，汉中道二十五县共出军费一百九十余万元；连政费计，亦不过二百万元。目前汉中绥靖区只辖十二县，而军费数目达一百五六十万元；连政费共需一百六七十万元。数目虽较民十七年前减少三十余万，而担负地方则少兴安绥靖区之十三县。民十七年前临时加派，大县每年不过十万元，小县不过一二万元。现在临时加派之剿匪库券等，大县总在二三十万元以上，而小县亦在十余万元以上。平均担负均较当时增加三倍有奇"（见该报一九三二年十一月六日）。其实无论西部的汉中区和东部的兴安区，整个的汉中道没有一县的税捐增加得迟缓。城固和石泉可说是最明显的例子。民国初年城固的正杂各税和田赋，每年不过六万九千元。一九三一年竟达七十四万元，几增加了十一倍。在石泉同样地从七千余元达到二十四万元，增加了三十四倍。不要说按亩摊派的都是农民的担负，就是不按亩摊派的新式税捐往往也要农民来负担。褒城等县因为没有大商店,印花税便勒令乡村里农民直接地缴纳。

自从厘金改抽特税,新通过税倒反较旧通过税来得苛细。以前厘金的税单可以通行全省,不再重征。裁厘以后,特税局任意估价,不给收据;卡员因此中饱而纳税者处处须出买路钱。安康没有特种消费税征收总局;在平利,镇坪,岚皋和紫阳各有分局。该局职员见了什么东西都要勒捐。《西安日报》特派陕南记者余义明,有一次在安康的江边散步,看见五个农民在城里买了四五斤麻要渡江回家去绞绳子。特税局的人在船上向他们要税。农民每人给一串钱(合洋一角),才得了事。事后并没有什么收据。又有一次余君见从乡村来的一位农民,拿着他自织而自用的两匹粗布到城内来洗染。特税局的人向他要"入关税",每匹一串钱。染了以后出城时,还得缴纳"出关税"。两次都未给收据。《大公报》的记者在石泉"途中逢一乡农;负鸡子百枚入城求售。经城门时,首受税卡之留难。与卡吏若干始放行。又经城门卫兵之检查,可食者即留若干食之,然后始得进城。此不幸之乡农虽已损失不费,但终未将鸡子脱售。携之出城,卫兵与卡员之把戏又重演一次。再纳卖路钱若干,始免将鸡子充公"(见该报一九三二年十月十五日)。

汉中各县私印状纸和重征讼费,也是很明显地特种的苛索。县府往往用木板和劣纸私印状纸;遇到重大案情方准填写司法部所颁发的。每份所取无不超过部定价格。无论讼事的大小,每递一呈文必要依照手续将钱出足。否则有冤难伸。沔县的递字费有司法经费,收发费,用印费和纸笔费等。递一张呈文须纳大洋四元。到了批准传审的时候,还要出什么开单费二角和讼费二元二角。原来这种司法无非替富人帮忙，完全谈不到保障贫农。每逢差人下乡，不问是非曲直，先索"官号"若干，"盘缠"又若干。勒索不到，便将乡民私行管押。每案的"官号"和"盘缠"多至二三十元，穷人亦得出七八元。

县长下乡催征各款，往往美其名曰"巡行各区，考察民间疾苦"。和他同行的科长，公安局长，承审员，以及警兵夫役总有三四十至七八十人。不但每日要出定额的夫马费，各区还得供给他们的酒食。每走一区，花费不下数百元。县府又临时加派委员。有坐催委员，有督催委员，有提款委员，城固一县一九三一年中县府竟派二百余委员下乡。每一委员又带着随员三五人不等。他们宛如一群蝗虫，一切供应都出自乡民。供应所费还过于税捐的原额。县府委员以外，还有善后清查处所派出的清查委员。清查委员也和县府委员一样地人数众多，一样地如狼似虎，遇着欠款贫农动辄鞭打绳拴，严刑吊拷。

官府勒索往往和当地的豪绅地主们勾结。这些豪绅地主们又往往身兼区长，乡长或村长的职务，协同委员向农民逼缴款项。他们同时办理保卫团，用武装来镇压民众。区公所内设有"黑楼"，就是他们私创的一种监狱；农民未缴齐款的即被羁押在里面。押入"黑楼"以后，吃饭，喝水，以至大小便，都非要钱不成。南郑大西区青树子村的村长李厚，因浮派税捐远超定额，于今年四月间被一个捐户用菜刀砍死。褒城南七区的区长陈金亭，因办"地方费"过急，于今年七月二十六日被农民数人放枪暗杀。城固的农民也因为抗捐的缘故，最近曾和保卫团战斗；双方伤亡很多。税捐很明显地使贫农地主间的冲突更加尖锐。

税捐勒索自然地会逼着农民去借债。镇安，白河，安康，岚皋，紫阳，镇巴等县都有所谓大加一的借贷。月利达百分之十。沔县有支卖的习惯。贫农每在二三或六七等月向富家支卖麦米杂粮。如市价一斗值钱一千文，支卖只收现钱五六百文不等。凭人担保，限于收获后如数缴纳。在略阳，借洋十元，每十天须付息二元；借满一月，本利须全数归还。可是十元二十元还有地方可借，五十元以上的借贷就很少了。往往有土匪一二十人冒死绑得一票，所要求的赎款只是三五元。

高利贷资本和商业资本的势力在关中，因为农民受税捐的压迫不得不出卖谷物或向人借钱，颇有扩大的倾向。在汉中，却因税捐过于繁重，现金已快被刮尽，一般农民固然穷得"两千板子打不出一块钱"（陕南俗语），商人和高利贷者也很少钱可以经商或放债。近年来汉中的桐油，纺绸，纸张等商业日益衰落。从前由平利镇坪等地方运到安康的桐油，每年总有四千余桶，今年还不到四百桶。安康的纺绸和纸张一向是驰名外省的，现在这些商品也差不多要被消灭了。由四川运来汉中的木材，油漆，黄表等货，尽管出卖了还不易换得现钱。商人卖出货物后，只可买进汉票。汉票就是汉中商人所出，在汉口方能兑现。今年有许多四川商人拿着汉票还兑不着钱，不得不从汉口回到安康来找出票的人。往返损失不用说，就是没钱挨饿的商人也不少。由西乡到西安的汇水，每千元是一百五十元。但由西安到西乡，不仅不要汇水，每千元银号反倒贴九十元。关中和汉中比较，金融上显然地有驰紧的差异。

汉中的贫农节衣缩食，竟出米麦变价纳捐。卖的人远过于买的，因此粮价年年惨落，与关中灾后粮价的飞涨成了一个反比。今年汉中米麦杂粮的收成都较前数年歉薄，价格却都较前数年大跌。农家出粜米麦而留用杂粮，因此米麦价格的跌落比杂粮还要厉害。例如西乡的市价，每石豆类由七元跌至四元，玉蜀黍由六元跌至三元，小麦则由十二元减到五元，大米则由七元降至一元半。汉中的各种特产，因为税捐和盗匪的压迫，也只有年年跌价。桐油每百斤一九二八年时值十七八元，现在只是七八元。黑木耳从每百斤一百六十元跌至四十元，白木耳从每斤五十元跌至三十元。槲树皮的价格，以前最高时每二百四十斤可售一百元，现在只售二元了。

政府因为很多的小地主逃亡，从去年起在许多地方，已勒令佃户直接完税。汉中的贫农尽管将收获尽数出卖，所得的进款还不够抵作税捐。褒城，南郑，石泉一带的水田，一年虽然可收两熟，收入的总数每亩不过是五元。今年新稻每担只值洋七八角。田赋正税的负担普通每亩倒有二元，杂派和兵差每亩还要摊到四五元或七八元不等。一般农民断无力可以长久地支持这亏本的事业。他们最初出售田地，再则变卖什物继续又典质房屋，无非为应付税捐以苟延残喘。随后田地无人过问，举地赠人且无人敢要，房屋什物又无人肯买，贫农只得弃地不耕，卖儿女以作逃亡的费用。石泉一县人口原有四万三千户，今年春夏两季就减少了五千户。逃户应摊到的税捐还是分配与未逃亡的农民。昔日三人担负的现在变为两人的负担。因此更加催促了未逃的人家早日出走。

西乡特设一个土地局去管理那些无主的荒田。招佃耕种，就将田内收入作为该地应纳税捐的一部分。不到三月，土地局已没收了一万三千余亩。因为一时不易招佃，即雇长工每年每人的工资也要八元至二十四元，田内收入所余仍不能抵偿税捐。县府虽严禁农民逃亡，农民的逃亡仍然不能制止。现时城固的农田三十五万九千余亩中，已荒了五万三千九百亩。略阳宁陕等县荒田的成分更是多。汉中全境的农田，平均约有百分之十八已经荒芜了。留在汉中的一般农民穿着极粗恶褴褛的衣服，安康地方还发现许多结草为衣的贫农（《西安日报》一九三二年十月十七日）。他们所吃的无非是米屑，包谷屑，红薯块，巴山豆和无盐无油又酸又臭的野菜。食盐是从甘肃，山西，四川等处运入汉中的。民国以来，常闹"盐荒"。城镇已多淡食的人，乡村更不必说。盐价每元二斤，大多数的贫农是吃不到盐的。昔日农舍多瓦屋，门窗有雕镂。今则草房已不多，到处只见草蓬草坑。农妇夜中纺织，菜油桐油都点不起，只是燃枯竹以取光。据洋县的人说，该县某乡周围二十余里，因为"委员老爷"的光临，已无报晓鸡了。膏沃的地方被税捐化成荒芜；人们尽说关中的"天灾"也不应忘了汉中的人祸呀。

一九三二年十二月十二日

（原载《东方杂志》1933年1月1日第30卷第1号）

广东的农村生产关系与农村生产力
（1934年）

原　序

　　江南、河北和岭南是中国工商业比较发达而农村经济变化得最快的地方。假使我们能够彻底地了解这三个不同的经济区域的生产关系如何在那里演进，认识这些地方的社会结构的本质，对于全国社会经济发展的程序，就不难窥见其梗概；而于挽救中国今日农村的危机，也就不难得到一个有效的设计。研究中国农村经济先从这三个地方着手，才是扼要的办法。江南的农村经济，中央研究院社会科学研究所曾于民国十八年举行过无锡的调查；河北的农村经济，该研究所亦曾于民国十九年与北平社会调查所合作举行保定的调查；岭南农村民国九年以后虽有前广东大学农科学院做了农业概况的调查，但因过于偏重农业技术的本身，未曾注意到农村的生产关系，仍不能给予一般研究的人们以全面的观察。去年中山文化教育馆和岭南大学合作举行的广东农村经济调查，便是要补救这一个缺憾。

　　这次调查团的组织，全出于文教馆孙哲生理事长，叶誉虎秘书主任，黎曜生理事，研究部刘季陶先生，岭南大学钟惺可校长，陈荣捷教务主任和胡继贤教授等的赞助。要是没有他们那样的热心，广东农村经济的调查恐至今还不会实现。自去年11月底迄今年5月底，调查团的工作足足经过了半年。这半年内，接洽调查地点，制印调查表格和招考调查员等事务上的筹备大约耗去一月；而梅县，潮安，惠阳，中山，顺德，台山，高要，广宁，英德，翁源，曲江，乐昌，茂名，廉江，合浦和灵山等16县的农村经济概况调查共计费了三个半月的时间；余下一个半月在番禺十个代表村里做1 209户的挨户调查，同时举行50县335村的通信调查。我们的工作所以能顺利地进行，不得不感谢各地帮忙的诸位先生，尤其是黄枯桐先生，李熙斌先生，何家海先生，薛雨林先生，李禄超先生，王敬止先生，廖崇真先生，冯梯霞先生，李锡周先生，林纯煦先生，罗琼豪先生，何立才先生和许紫垣先生。

因为我担任了调查团主任的职务，所以来草拟这篇报告；其实这完全是集团的劳力所结晶。报告中疏漏或错误各点自然由我个人负责，并且希望热心研究中国农村经济者予以指正。

陈翰笙
民国二十三年九月，上海

一、耕地所有与耕地使用

（一）地主农民间的土地分配

有英国本部面积六分之五或法国本部面积一半那样大的广

东，可耕的农地占全省陆地30%左右；而农作面积还不到陆地15%。高原和倾度较缓的低丘大部分没有垦殖，就是未筑成阶段的小丘，无论峻夷，也仍是荒弃着。广东的农业既不发达，而工业又远不及江浙；无疑地广东的生产仍须仰仗于农业。据38县152村的调查，农户占总户数85%（见附录1）。即以工商最发展的番禺一县而论，69村的统计告诉我们农户占总户数77%（见附录2）。靠耕地过活的人家这样多，而可耕的农地竟不能尽量地去利用。研究农村经济的人们就应当对于这农村生产力无从发展的情形，追求它的根本原因。

这个根本原因的解答应该从农村生产关系中找寻。农村生产关系中耕地的占有和使用是最重要的，正好比工厂生产关系中机器的占有和使用是居于首要地位，广东佃农的众多在耕地占有和使用上显然地有很大的意义。佃农户数占农户总数的百分比，在高要九个自治区内有四区是70至80；在中山九区内有二区是70，有二区是85至90，余五区均在60左右；在合浦52区内所访问过的有九区，其中有三区在90以上。灵山全县佃农占农户80%；茂名佃农占85%；曲江佃农占70%；梅县佃农占75%；潮安佃农占90%；惠来佃农占80%；惠阳佃农占87%；台山佃农占65%。番禺的69村内，佃农户数占农户总数77%（见附录2）。据38县152村的通信调查，佃农户数占农户总数57%（见附录1）；其实这许多农村中佃农的成数还是比较少的。像本团调查员黄晓山君的家乡，新会第六区牛湾乡，3 500余农户中佃农竟有80%。

五年内无地农户的成数比较
（番禺 10 代表村，1928 和 1933）

年份	成数	指数
1928	50.3	100.0
1933	52.0	103.4

假使我们要知道农户中无地农户的成数，单就佃农户数去推测，决不能算是完全。农户中还有好些无地的雇农。雇农和其他纯粹无地的农户，在番禺十个代表村的农户中占了52%（见附录3）。五年以前还只是50%，而在这一个时期内番禺的农户中无地农户竟增加了2%。

关于土地分配的观察，不能含糊地囫囵地限于农户；必须进而根据农户的类别来分析；有些人只依照农户所有田地的多少而分别农户，这是完全忽视了其他生产关系，因此不能切实地表示农户的实际的经济地位。单单依照农户的田权而分为自耕农，半自耕农和佃农，也不是妥当的办法。这是只顾到租佃的关系而没有注意别的条件。实际上一家种很少的自田而必须出外当雇工的自耕农，比起一家租种很多农田而大批地雇工来耕种的佃农，还要贫穷得多。即使按着各户所种农田的多少而区别农户，用经营的范围来确定经济的地位，也未必可靠。农户种田的多少，只表示农业经营的面积，还不能完全表示经营范围的大小。何况经营的范围又不足以决定农户的类别。附带种些菜地，果园或桑田的人家实际上也许是很大的地主；按着经营的范围，岂不要算是贫农吗？同时，一家种十亩自田的农户和一家种十亩租田的农户比较，他们的经济地位显然也很有差异。

单就租佃的关系，上面已经说过，不能确定农户的类别。在广东的农村经济中更比北方诸省可以证实这一点。番禺十代表村923家农户的统计告诉我们，富农18%是纯粹没有自田的（见附录4）。决不能只因为他们无地而称他们为雇农；实际上他们倒是雇用雇农的富农呢。番禺富农中纯粹无地和耕地不够种而租进农田的有47%。中农中间租种的户数有60%左右。贫农中租种的户数占76%以上（见附录5）。拿租种的亩数来统计，番禺的富农所种亩数59%是租种的。中农所种亩数中70%是租田；贫农所种82%是租田（见附录6）。假使除掉农产较为集约而经营范围较小的蔬菜村如桂田，和山地较多而利润基础稍为薄弱的地方如龙田以外，那么，一般稻作区的租田亩数所占的比率且更会大些。富农，中农和贫农的全部使用田亩中，租种的竟占了73%（见附录7）。不用说贫农和中农，就是富农的使用田亩中也只有40%以下是自田，60%以上都是租进来的。

各类农户的户数%和租田%
（番禺10代表村，1933）

类别	户数%	租田%
富农	12.7	28.2
中农	23.0	27.7
贫农	64.3	44.1
总计	100.0	100.0

番禺十代表村中租田共计5 742亩。以户数的成数和租田的成数来对比，很可以明白富农租进农田的能力远胜于贫农。占农户数13%的富农租到租田的28%，而占户数64%以上的贫农只租到租田的44%。平均每户所租进的租田，在贫农只是四亩七分；在中农也

不过八亩三分；在富农却有 15 亩 1 分。可是，贫农所租进的多价格较贵出产较丰的水田，而少价格较廉经营较难的旱地。富农所租进的恰和这个比例相反（见附录 8）。很明显地，这是表示贫农为生计所迫，不得不租进较好的农田以求每亩较多的收入；富农却能利用他们剩余的资本去租进那些贫农无力经营的旱地，而从事规模较大的生产。所以，农户租进农田往往具有同样的形式而含着异样的性质。只是租佃关系的外表决不足以做农户分类的标准。

农户的类别最好基于富力而同时参照雇佣关系。当地农家普通一家有几多人口；这样的农家须用几多自田或几多租田才能过活。且有能够过活的中等富力而在雇佣关系上不剥削他人，也不被人剥削的农户，可称为中农。雇用长工或雇用散工而超过当地普通农户所必需要的忙工人数，如其耕地亩数超过中农的标准，可称为富农。有些富农所耕的田亩超过中农一倍或一倍以上，那么不再问雇佣关系，也就能断定是富农了。至于贫农，更易分辨。凡所耕亩数不及中农的标准，而耕作之外往往要借工资或其他收入才能过活的农户，统括地称为贫农。不在家耕种或耕种极微小的一块田地，而主要地靠着出卖劳力替人耕种以过活；换言之，几乎纯粹地在雇佣关系上被人剥削的都是雇农。

广东农户中地权分配的不均，可以从各类农户成数和各类农户所有田亩成数对照地看出（见附录 9）。占番禺农户总户数 12% 的富农，他们所有亩数占农户所有耕地 50%。可是，占农户 58% 的贫农只有农户所有亩数 22%。农户中 52% 是完全无地的，上面已经说过。有地 30 亩以上的农户不到 10%，而 5 亩以下的农户倒占 34%。富农户数中 16% 各有耕地 20 亩以上，而中农和贫农无一户有地 20 亩以上的。中农户数的一半各只有地 5 亩以下；60% 的贫农完全没有自田（见附录10）。如以平均每户所有的亩数来比较，贫农和雇农不到1亩；中农也不到4亩；富农就有11亩（见附录11）。五年以前各类农户中平均每户所有的亩数还稍微多一些。近五年来富农平均每户亩数减去4.2%；贫农和雇农平均每户亩数减去4.4%；中农减得最多，平均每户亩数减掉5.8%（见附录12）；中农失地的速度比较得快，正表示贫富悬殊的现象在那里深刻化。

农户中使用亩数的分配也是很不均的。占户数13%的富农使用了34%的耕地；占户数64%以上的贫农倒只使用38%的耕地。可是，使用50亩以上的农户，富农中只有9.4%；中农和贫农一家都没有。90%的中农每户所耕在20亩以下；88%的贫农每户所耕不到10亩。除掉雇农不算，番禺的农民72%只耕着10亩以下的田地。假使将占农户9.3%的雇农一起统计，那么，细微经营的成数更会大些。雇农以外的农户，在番禺，平均每户只使用9亩6分；富农25.5亩，中农11亩7分，贫农5亩7分（见附录15）。

按照十个代表村的统计，番禺耕地68%是稻作，17%是杂粮，13%是生果，2%是蔬菜（见附录16）。稻作在富农所种亩数中68.4%；在中农所种亩数中占70.6%；在贫农所种亩数中占65.4%（见附录17）。无疑地，禾稻是番禺，也是全广东主要的农作物。有些人以为稻作比较小麦的经营来得集约，所以承认施行小农经营还算合理。这是很错误的观念。在某一定的地域内，集约经营每单位的收获固然要比粗放经营每单位的多一些，但从必要的生产费和劳动力计算起来，确实可以证明大规模经营较优于小规模经营。

如今还没有机会尽情地去调查广东农户的详细收支，我们可以拿日本稻作区调查的结果来做很有意义的考证。今年 6 月 28 日东京《朝日新闻》（日刊第四页）曾登载日本帝国农会农业经营部去年调查的一部分报告。调查的范围是限于稻作区内所选定的九百户自耕农。根据九百户调查的统计，平均每户每反（一反合九又十分之九公亩，即三又十分之六华亩）的生产费或成本有如下表：

经营面积	直接生产费	间接生产费	生产费总计
5 反以下	37 元日金	32 元日金	69 元日金
5 反至 1 町	34	33	67
2 町 5 反至 3 町	33	27	60
5 町以上	29	19	48

照每单位耕地的生产费来观察，经营面积愈加大，所支付的成本也愈加合算。所谓直接生产费是指种子，肥料，牲畜和雇工的工资而言。所谓间接生产费包括税捐，利息，农舍，农具和土地改良等费。因为经营愈大、牲畜愈多，自制肥料也愈多。5 反以下农户用自制肥料的只有 48%，而五町即 50 反以上农户用自制肥料的竟达 56%。大经营在税捐上也占便宜；在农舍农具和土地改良等所谓设备费上，更显然地要占便宜。五反以下的农户，每反设备费须付日金四元零七分；50 反即五町以上的农户，每反设备费只是日金一元八角。

据日本帝国农会的统计看来，3 町 5 反以下的自耕农若种禾稻必然亏本。稻作经营要在 3 町 5 反以上，即合中国 56 亩以上，方有利益。现时一般小经营的农户所以表面能维持生活，实际上完全因为牺牲了他们家工底可得的工资。平均每户每反家工所可得工资，列表如下：

经营面积	家工可得的工资	经营面积	家工可得的工资
5 反以下	20.80 元日金	5 反至 1 町	21.90
2 町 5 反至 3 町	20.05	5 町以上	23.51

3 町以下的农户，平均每反家工可得的工资只是日金 20 元光景。严格地说，稻作的经营至少须用耕地 5 町即合中国 80 亩才可以算合理。佐渡爱三先生对于上面的统计曾经发表如下的意见："平均每户不满一町的农业经营，是日本农村生产上莫大的桎梏。这种经营方法不改善，万难解救日本农村的贫穷和农民的没落。"（东京时局《新闻周刊》第 61 号第 1 页，1934 年 7 月 2 日）

在番禺十个代表村 840 户（雇农除外）农户中，不满 36 亩（即不满一町）的农业经营占了 96%（见附录 14）。广东其他各县耕地狭小的情形都类似番禺，尤其是西江，韩江，罗成江下游的几个三角洲地方和海南岛的东北一部分。据中山大学农学院民国二十一年的调查，高要农户 80% 耕种 5 亩至 20 亩；四会农户 40% 所耕的地在 10 亩以下，30% 耕种 10 亩至 30 亩；开平农户 50% 所耕的地在 10 亩以下，30% 耕种 10 亩至 20 亩；合浦农户也有 50% 所耕的地在 10 亩以下，40% 耕种 10 亩至 20 亩；赤溪，台山，灵山和新兴的农户都有 70% 耕种 10 亩以下；广宁农户 80% 和开建农户 90% 所耕的都在 10 亩以下（参阅中大农院所编《广东农业概况调查报告书》续编下卷，民国二十二年 8 月版）。广东农业经营的面积比较日本还要小得多呢。

狭小的农业经营，因为耕地使用和耕地所有两方面不能相称，更加没有找寻出路的希望。小自耕农尚且不容易负担一切必要的生产费，像日本方面调查所指示的，小小的佃农更难于维持他们

的生活了。广东的贫农固不必说,就拿中农和富农来看,耕地所有和耕地使用的对照是如此:

中农和富农平均每人所有的/使用的亩数
(番禺 10 个代表村,1933)

类别	所有的	使用的
中农	0.73 亩	2.40 亩
富农	1.75	3.95

耕地所有和耕地使用的矛盾固已很明显(见附录 18,19),在地主和农户间这个矛盾更加尖锐。番禺农民所使用的田亩,68.4%是向地主租进来的。

农民耕地中地主所有亩数的成数
(番禺 10 个代表村,1933 年)

村名	农民使用亩数	农民向地主租进亩数	地主所有田亩%
梅田	1 116.7	937.6	84.0
南浦	1 393.4	1 117.9	80.2
岗心	434.5	331.8	76.4
沙亭冈	1 179.6	899.1	76.2
鼎隆坊	635.5	402.5	63.3
北山	1 070.3	659.8	61.6
黄边	626.5	377.1	60.2
旧村	1 065.9	588.7	55.2
桂田	206.5	81.7	39.6
龙田	327.1	113.9	34.8
总计	8 056.0	5 510.1	68.4

五年以前耕地中地主所有的成数原是 67.1%。这成数在五年间增高了 2%。耕地出租的占全部耕地 73%（见附录 7），而地主出租的已占全部耕地 68%，其余 5% 耕地大部分是小商人和其他村户所出租的。

地主普通都住在市镇和都会里，为农村挨户调查的范围所不能及。广东的大地主大多数是宗祠，庙会，华侨和大商人。留在村内极少数的小地主绝不能代表广东地主的整个势力。可是，就拿村内的这些小地主所有田亩数和农民所有田亩数来比较，所得百分数如下：

各类村户所有田亩统计
（番禺 10 个代表村，1933）

类别	所有亩数	%
地主*	583.6 亩	18.6
农户	2 442.6	77.6
其他村户	118.4	3.8
总计	3 144.3	100.0

*不包括集团地主和村外地主。凡村户具备下列三条件者方为地主：（1）所有亩数超过当地普通农家所必需有的；（2）所有亩数半数以上出租；（3）除雇工式的小老婆外无人下田耕种者。以上三项虽皆具备，而所得田租犹不足以维持全家生活，同时全家收入大部分非田租者，不作地主论。

各类村户平均每户和每人所有田亩统计
（番禺 10 个代表村，1933）

类别	平均每户	平均每人
地主*	16.7 亩	3.33 亩
农户	2.6	0.54

续表

类别	平均每户	平均每人
其他村户	0.5	0.13
总计	2.6	0.56

* 不包括集团地主和村外地主。

村内私人地主虽仅得所有田亩数19%，但他们平均每户的或每人的所有亩数多过于农户平均每户的或每人的所有亩数好几倍。

占村户只是3%而毫不参加农业经营的私人地主（村户户数的百分数见附录20）享有19%的地权。并且这些地主所有的田亩，61%是价格较贵的水田；39%是价格较廉的旱地。农民所有的田亩51%都是旱地（见附录21）。

于此须特别注意，前面关于番禺土地分配的各项统计并未包括沙田区域。沙区就是珠江所冲积的三角洲内最肥美的农业区域。沙区的田称为沙田。沙田在中山最多，番禺和顺德次之，东莞，宝安，新会，南海和台山等县又次之。全省沙田250万亩，占广东耕地总数1/16。但在这沙区耕作的85 000余农户几乎没有一家自有土地的。番禺沙田30余万亩上4万余农民从事近乎农奴式的耕作；他们都是纯粹的佃农。若将沙区放在番禺土地分配的各项统计中，那么，佃农的成数，地主所有田亩的成数，和无地农户的成数必然地会有很大的改变。

国民政府立法院委员吴尚鹰先生于民国二十年11月曾经为中山县土地局地政年刊题词："土地问题为民生的根本问题。如于此问题有适当解决，国民生计自有正当途径可循；人类自相残杀之祸庶几渐为减免。吾党对于解决土地问题之主张，以平均地权四字揭示天下。其精义所在,盖欲使全体人民有使用土地之均等权利与机会,不致为少数人所操纵垄断。如是则土地之利,全体人民得而均之;人民幸福与世界和平之基础,其在斯欤。"可见吴先生对于广东失地的农民不胜感慨之至。

(二) 集团地主的地位

在广东私人地主的势力远不及集团地主。除掉少数县政府和少数慈善机关的那些公田,它的数量在全省耕地中算不上什么,集团地主还有学田,庙田,会田和太公田。学田的地位可说是很低微。在中山,学田不过占耕地 1‰;在潮安 1%;在灵山 1%;在翁源和英德 2%;在惠阳 3%;在茂名 5%。合浦学田虽占耕地 20%,大部分都是原有的庙田和会田所改充的。庙田在广东远不如长江流域几省的那样多。它的势力和学田同样地是很小。

在中山,庙田只是耕地 3‰;在潮安 1/600,在惠阳,翁源和茂名 1%;在英德山较多而庙较多的地方,也不到 4%。会田多设在南路诸县。闻其缘起纯系商人借神立会而图共同娱乐,会中置有田产称为会田。一会往往置田三四十亩至一百五六十亩。由各会份推举一位理数管理会田。有时还请几位会份帮同这理数去照料收租的事务。茂名有几百会,名称也很多,最通行的是洗太会(纪念唐代一位女将的)。廉江的宾兴会,会份达数百家;它所累积的会费全数用以置田产;十余年来已十倍其母数。宾兴会会田的收入 1/3 作为香火费,又 1/3 一津贴会份中子弟学费,余 1/3 充廉江中学经费。会田的创立最盛在清初。光绪末年和民国初年还有些新会成立。近年来非但没有创立的,就是旧有的也正在逐渐地自行解散。许多会田已被出卖，以免被政府方面充作学田。现时化县耕地中会田不到1%，电白耕地中不到2%，灵山耕地中不到3%。廉江的会田还有耕地5%；会田在茂名是最多，占耕地11%。

太公田即族田或祭田的俗称。有些地方通称为蒸尝田。黄香铁先生在他所著的《石窟一征》内说，"蒸尝为秋冬二祭之名。曰蒸尝田者，亦犹祭田云耳。蒸尝田无论巨姓大族，即私房小户亦多有之"。又说，"土俗民重建祠，多置祭田，岁收其入。祭祀之外，其用有三：朔日进子弟于祠以课文试童子者，助以卷金；列胶庠者，助以膏火及科岁用度；捷秋榜赴礼闱者，助以路费。年登六十者，祭则颁以肉，岁给以米。有贫困残疾者，论其家口给谷。无力婚嫁丧葬者亦量给焉。遇大荒则又计丁发粟；可谓敦睦宗族矣"。温仲和先生覆辑《嘉应州志》，以为"此风粤省大抵相同。惟视其尝田之多寡以行其意。所以睦姻任恤者于是乎寓"（光绪《嘉应州志》卷八，页七）。

《广宁县志》也说："士庶之家，礼重祀先。富家巨族建宗祠，设尝田，轮收供祭；纵空乏，不敢私卖"（道光四年《广宁县志》，卷十二，页四）。广东的族田，和江南的（"宗祠"，"义塾"和"义庄"都是族田）同样不能出卖。最近台山县横水白坭坡村的克宣祖尝的值理刘亚泮私卖尝田，被该房子孙发觉。这些子孙就召集会议，并宰猪议罚（《新宁杂志》民国二十六年第七期，民国二十三年三月，页三九）。正因为太公田不容易被出卖，它的数量累积起来便成了集团地主的最稳固的基础。

势力愈大的人家愈加能凭借它的威权去抢夺田地。沙区的田地往往被他们明争暗夺。《广东新语》说，"潮漫汐干，每西潦东注。流块下积，则沙坦渐高。以黄草植其上，三年即成子田。子田成然后报税，其利颇多。然豪右寄庄者巧立名色，指东为西；母子相连，则横截而夺之"。《香山县志》也说，"田濒海浮生，势豪家名为承饷，而影占他人已熟之田为己物，是谓占沙。秋稼将登，则统率打手，驾大船，列刃张旗以往，是谓抢割。其有交通蛋民，纳交豪富，恣意影占，鬼蜮百端，是谓沙棍；斗狠兴讼，皆此辈为之"（光绪五年《香山县志》卷五，页十六）。彭昭麟先生在他的《香山杂泳》小序中，对于强族侵占沙田的事实，颇有感慨："定制本以贫民无业者承垦，而报承者皆富户诡名。本无界址，彼此冒占。"

沙区农作极其粗放，盛行"挣藁"方法。早稻插秧后 20 天内在秧的行里间再插入晚稻的秧。早稻收割后晚稻方续渐长大。如此可省去一次翻土的工作，俗称为"挣藁"。"挣藁"不需施肥，且省人力，但收获则较两造分种的少去二三成。普通农户非租种六七十亩不能维持他们最低限度的生活。换言之，沙区的农业经营必须以六七十亩作一个单位，不便再行分割。况且沙区交通既不便利，地主足迹也从不到那里，对于一大批，一大批的田亩的界限向来不能十分清楚。所以分家的时候，往往不分田而分租。有论房数而分租的，如番禺的南村；也有按人口而分租的，如在沙湾镇。凡不分家的田亩就并入太公田。这种分租而不分田的习惯，当然必使沙田区域的太公田成数特别地增高。沙湾 5 000 余家有宗祠百三十余，每年所收沙区太公田田租在 90 万元以上。全省沙区中太公田大约要占到耕地 80%。

族田在广东的这样多，远过于长江流域几省。例如无锡的族田只占耕地 8%，而具有同等数量的耕地（125 万亩光景）的惠阳却有占耕地一半的族田。惠阳分 14 区。调查到的各区中太公田占耕地的百分数如下：

| 第3区 | 60 | 第7区 | 60 | 第9区 | 40 |
| 第4区 | 50 | 第8区 | 50 | 第14区 | 40 |

番禺太公田占耕地的百分数和惠阳差不多。据实地调查到的十个村看来，太公田约30%的光景。

| 桂田 | 6 | 旧村 | 20 | 北山 | 30 | 龙田 | 45 | 南浦 | 70 |
| 黄边 | 10 | 岗心 | 20 | 沙亭冈 | 30 | 鼎隆坊 | 55 | 梅田 | 75 |

按番禺61村的通信调查，太公田要占耕地的40%左右。61村内44村的百分数都在30以上；24村的百分数都在50以上；有十村都在70以上。可是这61村内只有两村是在沙区的。上面所说实地调查到的十个村完全不在沙区范围。所以番禺全县的太公田也有全部耕地的一半。

广东南路诸县太公田的成数要比较少些。兹列举各县太公田占耕地的百分数如下：

化县	20	灵山	20	陵水	10	阳春	40
文昌	20	罗定	40	儋县	5	遂溪	10
合浦	10	定安	20	琼山	15	电白	35
吴川	25	茂名	30	澄迈	15	乐会	20
廉江	25	信宜	45	阳江	40	琼东	15

北江诸县的太公田占耕地的百分数和南路差不多：

| 仁化 | 20 | 花县 | 50 | 南雄 | 20 | 清远 | 15 |
| 曲江 | 10 | 英德 | 20 | 连县 | 50 | 乐昌 | 30 |

续表

| 佛岗 | 10 | 乳源 | 40 | 翁源 | 12 | | |

东江韩江一带地方的太公田百分数较高；兹分列各县太公田的百分数如下：

东莞	20	龙川	25	蕉岭	40	五华	30
惠阳	50	海丰	40	惠来	40	潮安	30
番禺	50	紫金	40	河源	30		
兴宁	25	博罗	40	和平	20		
梅县	40	宝安	30	平远	40		

西江诸县太公田最多。多数县份太公田占到40%或40%以上：

中山	50	顺德	60	鹤山	40	恩平	40
台山	50	高要	40	新会	60	开平	40
四会	30	广宁	10	德庆	40	新兴	30
南海	40	郁南	40	云浮	30		

上述各县中，中山，台山，高要，顺德，广宁，梅县，惠阳，番禺，潮安，曲江，英德，翁源，乐昌，茂名，廉江，合浦，灵山等17县曾经实地调查。余46县的太公田成数是根据294村的通信调查得来的。63县中南路诸县有20，东江诸县有17，西江的有15，北江的有11。大致说来，太公田占耕地的成数在南路是23%；在北江是25%；在东江和韩江是35%；在西江是40%。珠江的三角洲各县平均有50%。全省耕地的30%是太公田。太公田和其他公田在广东要占到全部耕地35%以上。按最低的标准推测，全省有耕地4 200余万亩，内60%是有灌溉的。这些有灌溉的田亩

中，公田所占的成分较多。照普通的租额每亩 10 元计算，全省 1 470 余万亩的公田，每年所收的田租不下 14 800 万元。

民国十七至民国十九年间，平均每年度广东省库所收到的田赋只是 400 万元左右，所收到的沙田捐也不过 140 万（参阅省政府秘书处编《统计特刊》，卷二，一至六期合刊，页 41 至 53）。"广东素称富庶之区。国内除江苏而外，其他各省莫可比拟。每年收入，国省两库共计约有七千余万"（同上，页二九）。可是国省两库全年收入只是全省公田田租收入的一半罢了。

太公田对于农民不仅有田租的关系，并且还有利息的关系。南路和北江诸县，佃农借尝谷和尝钱的很多。农民向"太公"纳了租，还要问它借一笔债。有的借了谷或钱去充农本；也有些佃农甚至借了债去还租。茂名第四区全体农民 5% 是借着尝钱的。他们要付年利三分至五分。花县太公田的收入十分之八是以月息一分半或二分借给农民的。一年以内本利必须还清，至少也须付完利息。万一利息付不足，就是以利并作本，本上再加利。本利相等的时候，负债农民的财产就要被没收。要被没收的假使还不足以偿债，往往用"移亲及疏"的办法将亲属的财产去抵补。在顺德的新隆乡，尝地占耕田十分之四；佃户春秋二次纳租，不纳则须按月缴息。珠江三角洲的全部一半的耕地是尝田，且多纳上期租。上期租即预租；预租即有放息的可能。拿最严格的标准估计，广东全省太公田的田租至少有 12 600 万元。这项巨大的租额加上了它所能得到的年利，那么总数也要倍于广东国省两库的全年的收入。

广东农民聚族而居的至少占全体农民 80% 以上。潮安境内的农村几乎有一半都是一姓所居；一村中非一姓者，亦多分段聚族而居。在惠阳，过半数的村庄都是被一姓独占的。聚族而居的风俗就完全靠着族田或太公田不分割的条件而维持下去。族分大宗祠，小宗祠，房，派，等等。族中担任职务的人具有族长，族尊，族董，理事，总理，经理，值理，理财，理数等名称。族长普通以年龄最大的人当之。族尊或族董以辈分最高的当之。理事，值理或理数有时为族中五十岁以上或六十岁以上的耆老所推举；有时为各房轮流推举；有时为祭祀时族人所公推。理数们专门掌管族产。太公田就被他们所料理。他们普通是出于人口众多的所谓"强房"，本人也必须殷实而富有。往往族中殷实而富有的人不愿自任理数，他便推出另一位担任名义，而自己仍握着处置族中一切收支的实权。理数或理事寻常是一年一任，但得连任。在英德有三年，五年，以至终身的任期。在台山常常有世袭的。

凡族中可以收到的塘租，房租，利息，特别是田租，统归理事或理数支配。除掉纳税，祭祀，修理族产，津贴教育以外，族款即被他们保管。或支或存，他们通常是要舞弊的。许多理事始终就没有详细账目公开地报告出来。有时甚至拿太公田的田租暗中支付他们私家的田赋。虽然太公田是不能被人自由地买卖的，实际太公田的收入已为主管人任意支配。这样，族有田产便成为变相的家庭或个人所有的田产。1260万亩的太公田差不多完全归社会上极少数分子所有了。

在聚族而居的状况之下，管理族产的人们决不会将他们的威权限止于族款的收支一方面。他们时常排解族中纠纷，责罚族中不良分子，实施了行政性质的事体。例如翁源的黄堂一村，有村户二百家都是黄姓同族。族中理事于民国二十二年七月九日出一悬赏的布告："凡在村内田亩上偷芋头，黄豆，禾子者，人人得而捕之。获族贼一名赏二千文，外贼一名赏五百文。如获偷花生黍粟的，无论内外贼，具赏二百四十文。"同年十月十五日，黄族理事又出一关于共同樵山的通知："割河背山茅草限于十九，二十，廿一间三日。每日每家限于上午下午各三担。十八担为一份，每家每份收镰子钱七仙。不准头一夜进出；欠出米及利钱者须于开山前一日一律还清。"

族中理事非但为太公田缴纳田赋，并且还有时替族中人转缴他们私家应纳的田赋。往往一村所有公田私田的税款完全由理事一手交付粮差。粮差将每户应得的收据给与理事去分发。番禺的梅田，北村，鼎隆坊诸村都是这样的。所以一族的强有力者既是太公田的收租人，又同时做了当地政府的收税吏。近年来，预征和摊派接二连三地催逼着；经理，理事或理数愈加要应接不暇地替全村或本村的一坊料理各项税捐。无怪乎他们的政府方面的势力也能牢靠起来。

现时正在推行乡村自治的制度。但实际区长，乡长，村长，里长等都被那些在宗族中有权威者所保荐的人们充当。许多族长和理数简直自身就兼任了乡长或村长。甚至用了地方自治制度所给予的名称以后，族中职位的名称也渐渐被忘却。例如潮安著名的鹳巢村，离浮洋市约七里，有七千余居民皆属李姓。全族分40余祠堂，分布于村内11里。惟李姓无族长，世族宗祠由八房每年轮流管理，亦无房长名称。管理宗祠，房祠和太公田的人们多是乡长和里长。在最近实施的保甲制下里长即是保长，乡镇长即是甲长。太公田原为祭太公而设，如今倒被这些人所支配而便宜了活太公了。

（三）租佃的制度

农民因为饥荒似地缺乏耕地，常常被逼着用种种方法去佃进几亩，以维持他们的生活。主管太公田的值理或理事们就利用这竞争的情形，假公济私，从中取得自己的利益。例如化县的塘尾和茂名的低垌，向值理纳贿而得到租种的契约，已成为惯例。在翁源，佃田以前必须请理事吃饭。顺德的龙山村一带地方，称贿买值理而立租约的款是"黑钱"。太公田被出租有些是先尽本族，并且有时族中的佃户可以少缴此田租（翁源本族的佃户少缴二成）。但大多数地方，并无族的界限，租额也无折扣。

尝田或太公田被出租，可说有五种办法：分种，轮种，投耕，契约和口头约。前两种是限于本族，后三种是不分族内外的。投耕和契约都须写明字据。可是，投耕是有一定限期地找佃人，将全部或整批的田亩包租给他；契约是指那随时立契而以田亩零星地或分别地租给许多佃户的办法。投耕，契约和口头约三种办法下，假使佃人和佃户不肯缴租或欠租过多，主管太公田的值理或理事就可根据所约而撤换佃者，俗称为转佃。分种或轮种的时候，假使佃者欠租，也有革耕的办法。例如茂名的九罡村，如扫墓以前族人不纳租，耕尝田的权利就要被取消。在信宜的罗林地方，本年欠租须于明年春祭时还清。春祭时开族会，由值理将欠租的田交与族人愿耕者。同县龙湾村所有田亩一半是太公田；欠租虽不立即革耕，也要看所欠的多少而革除多少年的胙肉（俗称丁肉）。

太公田的分种，全部族人同时可以参加。新会的鸾冈坊十分之七的田是太公田；各族叫齐兄弟等商妥，"愿租者即都能租种，无押金，租银也须交给大众"。台山下川塔边的耕地有一半是太公田；全村130余户分组编妥后去向"太公"领耕。租期为三年或五年，租分两造交清。丰年则照定额还租，歉年得由主管尝田者酌减几成。轮种是轮房或轮家地去领耕。茂名的平山村，和乐昌，蕉岭，惠阳，梅县，琼东许多村庄里，都有轮种太公田的办法。往往轮种的人家可以免缴田租，只须负责办祭。普通轮种只一年，无押金。但如梅县有些地方，轮种也要付押金，每家约付一二十元。

投耕有极少数地方只限于本姓的，如在鹤山的涩蓼，每年太公田于正月和11月开投两次；族外人不能过问。开投也有于二月和八月举行的，如在开平和恩平等县。潮安，乐昌，佛岗，英德，番禺等处普通每年只开投一次。大都是秋祭开投，春祭纳租。中山惯例且须于春祭以前一次缴足租额。也有一年须分二次缴预租的，顺德和新会最通行。凡割禾以前缴租皆是预租。学田和太公田同样有投耕而取预租的办法。中山学产管理委员会于民国二十三年1月5日登启事于该县《民国日报》云："承耕本会学田各佃注意，本会廿三年租项一律限于廿三年一月五日以前清交到会。逾期即予照章将按柜及已交过各款没收充公，另行招佃投耕，决不宽假。"中山投耕学田或太公田时，例有押金，称为按柜，普通等于田租的2/10。投耕太公田在顺德也有批头；茂名的荷垌和云浮的辣头沙，投耕须要找保。

用契约分别地，随时地出租太公田，有须要押金的；也有不须要的。如信宜的金渠塘和茂名的北部西部许多村庄，族田出租多用批约；但无押租，亦无担保。台山的浮石村和中山许多地方都须要按柜，且付预租。有时这种押金在租额一半以上。纳租有由佃户送往宗祠的，如预租通行的三角洲各地。也有由值理或房老往佃户处去收租的，如仁化，龙川，五华，乳源，南雄，谷租更加通行的许多村庄和番禺的木樨村等。

用口头约出租太公田，已续渐减少。民国以前翁源尝田十之九用口头约租给佃户。近十年来书面契约很快地推广了。现在翁源尝田，用口头约出租的 10% 也不到。然而在广东，不以契约而以口头租佃太公田的，还是常常可以发见。台山的冲湾村就用口约出租族田。最值得注意的是：商业资本那样发达的潮安地方，公田出租还用口约。

私田出租不外用口头约和契约两种方法。私田用口约出租，多数为亲戚朋友关系，或因租期很短，或佃户距田主很近。甚至有无须乎缴押租的，例如高要的百丈乡和番禺的鸦湖。茂名的古柳坡 80% 的耕地是公田，公田出租多用契约而私田则用口约。虽用口约，也无押租，但租额是公私田一样地要占产量 60%。用口约出租私田，须要押租的较多。这项押租在潮安普通是占租额 10%—50%。在中山虽只 25%，佃户于佃田时还须送礼给田主。台山浮石村的押金占租额 50%—60%。五华普通有 80%。现时灵山的所谓批头要等十一年租谷的价格。租不缴清，地主可以付还批头，改批另一佃户。地主如欲收田自耕，则虽租清而佃户不能拒绝。近五年来灵山的押租增加了 80%；以前取租谷一担的田的批头只是 4 000 文（2 400 文为一元），现时须 7 200 文了。

私田用契约出租，不要押租的占少数。曲江，平远，阳春，惠阳，五华的许多地方，立契时没有押租。梅县的契约俗称"白赁字"，多以五年为期，且可续订，但也无押租。在南雄，佃户普通不交押金,只是冬收以后请地主吃一餐。在英德,因为地主下乡收租一年有二次,佃户须请吃二次;无押租而送租到地主那里去的就要附送"租田鸡"。茂名的骊珠山地方,太公田只占1/10,私田出租时虽立契也无押租;可是地主事前往往说明要佃户代种些田。在阳山立契或"承批字"时虽无正式押租,每担田须由佃户送四毫租礼于地主。佃田少的送猪肉一块也可了事。乐昌佃户立"承批字"的程式如下:"立承批字人某某,今因无田耕种,特来承批得某某水田或旱地若干丘,计共若干亩。其田地系在某处(并说明田址)。言定递年供纳干谷若干斤,分早冬二季量清(或早六冬四量清),丰歉皆无加减。二比甘愿,立承批字为据。"承批时也无正式押租,佃户须送给地主猪肉一块约一斤半和饼食两包。

大多数地方,私田出租是要押租的。番禺的东北部障冈村称这种押租为"酒席金",意思是原来要以酒席待地主的。押租的分量各处不同。大约等于租额十分之一至九的最为普通。茂名的田雅村,批头等于租额20%。中山许多地方是20%—70%。化县的那建村,90%。乳源许多的押租等于每年谷租价值的总数。有些地方如信宜的龙湾(五区双龙堡属),批头已占租额80%,定租还无论如何不能改变,荒歉时地主要扣留佃户的牲畜以抵偿欠租。南路的租佃关系最为落后,立契约和交押金以外,佃户仍须有特别的负担。信宜的金渠塘,交了批头且须代地主做苦工。电白好些村庄里,批头以外还要送礼和供给地主劳役。海南岛的临高县多贤村,也是如此。吴川的黎村,佃户交了批头,须另送鸡和猪腿。茂名的翰田村,批头以外也须送些鸡和糯米。

沙区的公田和私田,通常用包租制出租。富商巨绅往往在投耕办法下包佃了数千亩至数万亩的沙田,自己固然不耕也不去经营,只是再分批地转租给好些"分益农"或"分耕仔"。这些"分益农"也只是分益而不从事于农业的。他们更将沙田转租给"大耕仔"或佃户。有时包佃者直接分批地租给"大耕仔",但这样比较直接的转租还是较少。"分益农"大多数是从包佃者批了田亩,有直接转租给"大耕仔"的,亦有转租给二重"分益农"后再转租给"大耕仔"的。"大耕仔"或佃户又往往将耕作大部分交给雇工,或种果蔗,或种糖蔗。这项包工自正月初起至9月半止,斩蔗工作不在内。9月中停工,将田亩交还佃户,俗称"交青"。俗称包工为包青。"包青"或每亩给工资8元,或每季给工资24元。"包青"的人们每对夫妻或父子,或兄弟二人,可以种6亩果蔗,或15亩糖蔗。除掉"交青"时可得工资外,他们必须兼做割禾插秧的散工方能过活。

"大耕仔"每户男女3人,加上一条向"分益农"借钱而买来或租来的耕牛,可以种禾田70至80亩,多的甚至于90亩。早造收获时他们即提出种子每亩5斤(值二毫半)和肥料每亩20斤(用以换取花生麸),然后将早造晚造所有的谷75%缴租。沙区的水较咸而地较瘠,如在东莞地方的那些田亩,因为久用挣藁法而地力更迅速地下降。东莞沙田的谷租占产量70%,较低于中山,番禺和顺德的75%。沙区以内旱地种芋或薯后,土地风化而肥料易溶,第二年就最宜于种果蔗。这样的沙田,"大耕仔"们必须缴付等于产量78%的田租。他们所缴的田租多为谷租,因为种60至90亩的耕户没有现款可付;而"分益农"原欲得大批的谷以作投机商业。"分益农"和包佃者普通须缴押租每亩二元,并且都缴钱租;每一层转租,普通每亩租额加二元。沙区钱租都是预租,俗称为"上期租"。有些是年底缴付来年的田租。有些在2月和8月分两次缴付；收割时是6月和11月。只有富力充足的人们才有钱缴付"上期租"，才有能力可以直接承批沙田。近来因为谷贱的缘故，少数地方将二八月的预租展缓到谷将成熟的时候缴纳，称为"禾黄缴租"。"上期租"分二次缴付时，有早四成晚六成的；也有早晚二次同样数量的。

沙区公田和私田，在地主方面出租以十年为最普通的租期。包佃的和分益的人们分租或转租时，最普通期限是二至三年。"包青"只有一年。中山全县沙田约1万5千顷，至少有95%是分租或转租给农民的；而这些出租的田亩又至少有一半在土豪的掌握中。这些土豪往往采用强迫或恐吓手段，向二三十地主包佃大批的沙田，以20至30年为期。他们再进而利诱商人，组织公司，出资筑围；每1000亩约费10万元左右。筑围以后，将田亩分租给赤贫的蛋户，而所取租额则倍于缴付地主的。蛋户（以船为家的无地渔民）佃进最久以五年为期，期满后还要加租方能续佃。荒歉之年，土豪向地主减租二成，对耕人却毫不让价。地主出租每有30年的期限，而农民佃进每只是一年的命运。

种生果的田亩，如在番禺第三第五区和潮安第六第八区，租期也有15年至30年的。可是，种禾的地方，租期最普通是三年和五年，一年的也不少，十年以上的定期就不多见。有些地方如茂名、信宜等，契约中并无租期；因此地主得随时随意收回或改租。在无定期而又非永租的租佃下，佃户自然不肯充分地加肥料，地力就很快地降低。广东又有租清永耕的习惯，特别在北江，南路和韩江上游。租清永耕，实施于太公田的远多于私田；但这究非永耕权，就是田租年年还清，地主只要退回押租也可以撤佃的。

《广宁县志》(道光四年，卷十二，页四)说"邑中农民多向富室佃耕，有祖孙相继不易者"。这或许是永佃的一种表现。可是永佃在广东已不多见。高要还有些永佃的模样，佃户可以不向地主求得同意即将租田转租给人耕种。竟有这样地转租到第三道手的。如族外的佃户欠租而地主要收回田亩时，必须付给佃户相当的款项。因此高要所称"不转批的田"，原来都是属于永佃制的。茂名也有这样不能随意换佃的，也是永佃的遗迹罢了。

北江的翁源和英德有好些所谓"粪质田"的田亩。英德的东北部和翁源的石公乡、福兴乡等地方，粪质田占了耕地30%。粪质田被佃进时，新佃户要出相当的代价给上手的旧佃户。并且粪质田更换佃户时，地主是会代上手佃户对下手佃户声明索价的。假使这项代价是已有规定的数量，地主在声明时便附带地说出。否则上下手佃户还得自己去商妥。万一因为上手讨价过分的高，而换佃成了问题的时候，地主就会强硬地调解，逼着上手佃户听从。据翁源黄漠奔先生说，粪质田的来源不外乎两个情形。一是原来瘦瘠的田，收成不好，经佃户不惜工本重加肥料实施灌溉以后增加了收成。于是交替佃权时，那耗去工本的佃户要求收回代价。这代价所以俗称为粪水钱。二是原来很膏腴的田，佃户每造所得的比较普通收成要多些。于是佃户放弃佃权时，更要求得些利益以为要挟。地主对此最初当然反对；但下手佃户如不肯照给，上手的会在作物上或水利上很厉害地横行报复。下手佃户因为很急迫地要佃进田亩，必然答应了这粪水钱，而地主也渐渐地习惯于此种办法。无论黄先生的解释是否真确，佃权交替时必须付粪水钱这个事实，也能表现永佃制已经没落而将被取消时的一种遗迹，和所谓"不转批的田"是属于一类的。

最值得注意的，南路诸县商业资本比较地落后，永佃制度未曾听到。可是，商业资本很发达的韩江的上下游，梅县和潮安，不但有永佃制的遗迹，并且多少还有些属于永佃的田亩。那里的田权有所谓"粮田"和"质田"的分别。粮田即田地的所有权或收租权，是属于地主的。质田即佃户的耕种或使用权。这两种权可以各自分开着典当或买卖。据当地老年人的议论，粮质的分别在二三百年前是最清楚。质田来源也有两说。一说是因为垦荒关系，所谓"久佃成质"。旧时的官吏和大地主向政府领得大批官荒后，即找佃户耕种。佃户因在垦殖时须费去许多心血和成本，故与地主订明，日后不能将此田移交别人耕种。这种永佃权便成了典当或买卖的对象。另一说以为现时所谓"永佃"的田亩都是以前农民自有地。因为畏纳巨额的赋税，这些农民要求托庇于大户人家。一面供给大户以少数的钱或谷，一面得减少必须缴纳的赋税。日久而向大户所纳的变成所谓质田的田租；包税的大户的子孙俨然以粮田的地主自居。潮安的粮田的价格向来较低于质田。在田赋或钱粮继续地增加中，粮田的负担愈大，价格也愈下降。民国以来，潮安的粮田和质田因为纠纷渐多，就很快当地合并起来了。现时买卖田地，单写质田或单写粮田的已较少，大多数田契上写着"立断卖据人将粮质归一之田出卖"。并且契上还写明"可问耕者来面询而令其交田，以便另租给他人"。虽说潮安的永佃已是这样地在那里被取消了，现时潮安耕地有5%还是质田，即属于永佃制下的租田。潮安的永佃制多通行于始祖的太公田，而不见于各房所有的太公田。在韩江上游梅县境内，永佃的成数较潮安多些。现时梅县耕地一半是"粮质归一"的田地，一半是质田和"租田"。梅县的所称"租田"多属山地，是明末时代佃户垦荒而向地主所永佃的。

二、田租税捐利息的负担与生产力

（一）田租的高度

除旱地多数缴纳钱租外，可以说广东全省还是通行谷租。只有顺德一县几乎全县是钱租；中山大部分也是钱租；新会，南海，台山等县钱谷各占一半；潮安，番禺，开平等县一部分是钱租。近十年来，各县都有谷租改为钱租的一种倾向；所以到处可以见着折租，而谷租依然在全省占优势。就工商业比较发达的番禺来说，实地调查到的 70 村内，全部纳钱租的只 24 村；全部或大部分纳谷租的有 12 村，其余 34 村谷租都不通行。可是这些被调查的 70 村并不包括那占番禺耕的 1/5 的沙田区域。在这个区域，虽然包佃的和分益的人们所缴的是现款，而农民所纳的却是谷租。

稻作早已商品化，而生果，蔬菜，棉花等农作物更是商品化。因此，稻作区所纳的钱租还不能像其他农产商品化程度更高的地方那样盛行。番禺四个种禾的村里，纳谷租的面积超过纳钱租的。另四个种生果，蔬菜，棉花，花生的村里，纳钱租的面积就占了 96.4%。广宁的崀头村，三水乡和小径乡都被调查过；在那些地方佃户种禾的纳谷，种竹的纳钱。潮安的禾田都纳谷租；柑田普通纳钱租。最可注意的是潮安七区西林乡（离金石市四里）的大地主出租柑田而收谷租，每亩 4 石，情商以后方许佃户缴折租。

大地主往往愿意取谷租去做投机的商业，不愿意单单地收一笔现款。可是，成本充足些的中农和种生果蔬菜等的富农倒反愿意还钱租。只有贫农是被逼着而还钱租，他们无钱可用的时候，终至要纳谷租的。番禺十代表村中挨户调查的结果，贫农纳谷租的亩数超过纳钱租的。富农租入的田亩数只有17%是纳谷租的（见附录23）。沙区农民差不多都是赤贫的，难怪他们所还的全部是谷租。

谷租有定额的，也有不定额的。虽无定额，而每年由地主和佃户用一定的成数来分的，称为分租。广东的谷租，按全省说，定租也许要比分租多些。可是分租的势力还是很广布。在梅县分租占到谷租田亩的1/5；分租俗称"分利谷"。梅县分租大多数是主四佃六地分得田间收获，有些是两方对分，少数是主六佃四。中山分租多为主七佃三。地主取租对于收获的成数，完全不在乎地主所出农业成本多少的关系；普通地主除掉田亩以外毫不供给什么农本的。分租的成数大约和地力，且和佃户所出的成本不无关系。翁源上田是主四佃六，中田对分，下田主二佃八。上田佃户所出成本往往多于中田，地主所取也少于中田。惟有赤贫的佃户仰给于地主的成本时，或富有的佃户和地主合股投放资本时，地主所得的分租成数必然地较高，潮安种柑的田，地主供给肥料和树苗；分租时地主得60%收获。

潮安的柑田分租，在广东也是个特例。其实中国地主取得分租或任何形式的田租，只是根据有田产而造成的一种传统的身份。看那高要第六区离广利墟八里的桂岭乡（俗称水坑村）的租佃关系，就显然地能够明白这一点。全村1万人左右，内有3 000是"下户"。下户是不许得着田地所有权的一种世袭佃户。这些佃户的地主（俗称主人）和地主的后裔们不但不耕种，并且把耕种看作一种极卑贱的工作。近年来上户的后裔们受了经济的压迫也不得不稍稍从事耕种，但还只愿种植些果木而不肯去种稻禾。他们是耻于耕种，而反荣于取租的。上户对下户差不多都采取分租。在这种分租制下，同时参加分配田间收获的人，除掉地主和佃户外，还有包税的商人，更夫和临时要求者。每当收割后，佃户便把所收获的谷放在空场上；在地主，包税商人（或他们的代理者）和更夫等监视下，分成大小相等的 11 堆。这 11 堆中，地主取五又六分之二堆，佃户取四又六分之四堆，税商取一堆的 4/6，更夫取一堆的 2/6。若以成数计，则地主所得是 48.5%，佃户所得 42.4%，税商所得 6.1%，更夫所得 3%。近来为防西江水患起见，特年年筹款修筑围基。因此佃户又须负担一种基务费。分配收获的比例也被更改了。现今在这 11 堆的收获中，地主取四又六分之四堆，佃户取四堆，税商仍取一堆的 4/6，更夫也仍取一堆的 2/6，基务取一堆又 2/6。换算百分数，地主得 42.4%，佃户得 36.4%，税商得 6.1%，更夫得 3%，基务得 12.1%。这种分租办法的特色，在于能够蒙蔽地主对佃户的实际剥削率。照前一种没有基务费的分配比例，地主只得收获的 48.5%，而佃户也能得 42.4%。照后一种有基务费的分配比例，表面上地主所得为 42.4%，佃户所得降为 36.4%；而实际在佃户方面被剥夺去的收获，已从 57.6% 增加到 63.6% 了。田税和基务费，本来应当在田租中扣出；现在税捐的负担由地主转嫁而变为额外的田租。据桂岭的人说，分租还有许多黑幕不利于佃户的。每到分租时，地主和税商就带了武装队伍下田，亲自动手把他们自己所要得的谷堆堆得大过佃户所能得的几乎一倍。

在惠阳的定额谷租制中,也有包收或包缴田租的人们,俗称为"租客"。这是与租额也很有关系的。惠阳和海丰的"租客"就是以前有威权而能抗税的官僚巨商。一般小地主曾将所有田地活卖给他们,以求得他们的保护。结果成了地主可卖田,而租客可卖租。租客纳粮轻而取租重。惠阳第九区大坪乡每斗种田,佃客(即佃户)纳田利(即谷租)一石六斗给业主(即地主)。业主再纳二斗谷给租客。租客只须纳粮半升于政府。惠阳和海丰很多这样的"租田"或"挂粮田"。这里一斗种田比别县所谓一斗种的要大些。惠阳一斗三升半种的田合成60方丈的一亩。上田一斗种早晚稻共可产三石,定租一石六斗要占收获53%。

台山佃农7/10是纳定额谷租,只3/10纳折租和钱租。定租租额占到收获的一半。北江的乐昌曲江等县租额稍轻。南路的定租往往比台山还高。合浦钱租很少,通行定额的谷租。在晚造一次还租的居少数;普通分两次还,早造还租的十之四,晚造还租的十之六。谷租至少占收获30%,但大多数是60%。北部的张黄镇附近,佃户还了定租以后还要送礼物给地主。廉江也是通行定额的谷租,分租和钱租很少。谷租常占收获65%;廉江佃农出卖儿女以还租的,时有所闻。无论男女孩,十岁左右的每个人卖价不到一百元。

高州各属地主催租的厉害,莫过于吴川和化县。在吴川第一年欠租,须以月利三分至五分计算还利。第二年如还不清,地主就雇流氓去催租。俗称这种流氓为"烂仔"。索租讨债而不满所欲时,"烂仔"往往夺去耕牛,甚至以本利合计而取佃户的儿女作价抵偿。化县多见军人受地主委托而下乡催租。有三斗的谷租而许军人以六元酬报的。三斗谷现只值六毫。被催的佃户往往须出六元六毫,方可还清三斗的田租。肄业于省立第一农业学校的化县同学和该校推广部主任吕均泽先生都说过,民国十八年化县有一家佃户出卖一子以还租,那孩子九岁卖得 120 元。民国廿年该佃户又出卖一子,五岁值 90 元。民国二十二年该佃户第三次出卖子女。这次出卖了一个六岁女孩,得价 70 元去还尝田的田租。据说化县每至清明,佃户迫于还欠租的时候,乡间常能听到一片卖儿声。

番禺境内也有一部分是定额的谷租。一般讲来,番禺定租占到产量 55%;神山,坑村和大小龙乡等地方都超过 60%。北江的连县,乳源、仁化和翁源等定额谷租稍微轻一些,也占收获的 40% 左右。英德和南雄定租占到收获的一半。东江一带和韩江流域,大多数县份的定租是超过收获 50%;只兴宁和五华是 40%,蕉岭是 35%,丰顺是 30%。西江诸县,定额谷租大多数占产量 40%—60%。惟有南路各县定租,多在 50% 以上,少数县份且在 60% 以上。

假使将定额谷租折合成钱,看所折合的占田价的多少,就可以知道几年的谷租能等于田价。例如在开平田价 280 元的田须要还值 16 元的谷租;还租 17 年半则租价和田价可以相等。这 17 年半可称为"购买年"。购买年长,表示田租的较轻;反之,购买年短,表示田租的较重。开平谷租购买年自 17 年半至 20 年,新兴自 11 年至 16 年半,高要自 11 年至 14 年,开建自 11 年至 13 年半。从购买年看来,西江上游的谷租还不如南路钦廉两属那样的重。灵山购买年自 15 至 16 年,合浦自 10 至 14 年,钦廉自 11 至 13 年,防城自 10 至 12 年。赤贫的佃户纳了 10 余年租,说不定还要出卖儿女。不劳动也不经营的地主们收了 10 余年租,所有权就可以扩张一倍。这便是社会中贫富悬殊的深刻化的一种程序。

凤池乡田租的"购买年"

田亩等级	田亩价格	租额	购买年
上	260元	28元	9
中	220	22	10
下	180	16	11

广东谷租通行地方的钱租，每有低于谷租租额的。因为这些地方的钱租，都是出于生产力较弱的旱地，常常比当地的谷租轻了15%。但在钱租比较地通行的区域，如番禺，新会，南海，顺德，中山等县农产商品化程度较高的一些村庄，钱租租额就比谷租的要高10%光景。例如南海第九区凤池乡的预租的租额，比防城的定额谷租还稍微高些（见上表）。

三水西部的芦苞，黄塘，河口，马口等乡也有和南海这样高的租额。中山的坑田，即山谷间稍低润的田地，它的价格较高于沙田。据该县土地局报告，沙田每亩普通值150元；坑田每亩大多数值300元。坑田出产量并非较多或较优于沙田；完全因为它可以改作屋基，所以价格高涨了。每亩坑田的钱租往往是30元，构成10个"购买年"。

钱租在广东竟有占生产费一半以上的。民国十四年国立广东大学农科学院所刊行的《糖业调查报告书》，记述番禺沙鼻廊的蔗田每亩生产费很详细。兹照录如下：

第一年支出

田租 17 元

包青 6 元

木蔗蔗种 1 400 本——5 元 6 毫

生麸 150 斤——8 元 2 毫半

第二年支出

田租 17 元

包青 5 元

生麸 120 斤——6 元 6 毫

合计 2 年可产片糖 1 600 斤；蔗田生产费共 65 元 4 毫半

每亩蔗田的生产费中 51% 就是田租，然而这项田租完全和生产范围是脱离的。

番禺沙区的地主们所得的田租，甚至于占到田间收获的 72%。沙田稻作的收入大约每亩在 18 元左右。分益者或包佃者所纳于地主的租金有下列四项：

每亩纳正租 12 元

沙伕　　　　　半元

引耕　　　　　1 毫 2 分

鞋金　　　　　1 毫 2 分

合计共 12 元 7 毫 4 分

有时附近村落中地主还要索取每亩一毫或半毫的所谓"沙骨权"。沙骨权俗称"鸭埠"或"鱼虾埠"，即沙田中养鸭和捕鱼虾的权利。原有地主出卖沙田而保留沙骨；尽管自己不去使用这个权利，却仰仗了它而年年取得一项附租。这项附租仍被现行法律所保障的。民国二十一年大石和会江两村因筑沙田的围堤而涉讼。会江地主根据沙骨权而拒绝大石的人来筑围。法庭虽不认沙骨权可以取消筑围权,但仍令大石村给会江村一笔沙骨费。300亩沙田,每年的沙骨费由法庭判定为200元。

田租的高度如何能直接地影响于农业经营,可以把"围馆"的命运来做个实例。30年前番禺的富农还有些租进1 000亩以经营稻作的。他们所用的雇农都聚居在一屋,俗称"围馆"。因此"围馆"也成为这种大农场的代名词。那时每亩普通产谷6担,现在只有4担光景。那时田租至多只是每亩6元,现在田租反倒加倍。这完全因为租额高涨,工资又不能有同等比例的低落,"围馆"的面积就逐渐减缩了。长洲一带的"围馆"不但从千亩降为四五百亩,并且必须兼种稻作和生果方能维持开支。就是那些很少数专种禾稻的"围馆",也得兼用翻耕方法以求相当的产量。至于长洲以南的沙区,以前也曾有过"围馆",如今早被消灭了。

再看顺德的情形,更能明白田租的高度与社会经济的关系。顺德耕地十之七是桑田,其余是禾田,鱼塘和菜园。无论桑田禾田都缴纳钱租,并且30年内几乎全成了预租。租额每亩自6元至50元,最普通自20元至25元,近三年来,因为茧价每斤2元跌至3毫,桑叶价格也从每担5元余跌至6毫。摘桑叶的工资每担还要付6毫至6毫半;因此农民宁可弃桑而不采。桑每年有7熟。一熟不采摘,下一熟就会叶老而不能出售。农民自有的桑田不到1/10,而桑田完全被荒弃了的达十之三。顺德习惯,地主不直接纳税,田赋由佃户代缴而在租额中扣除。所以佃农欠租也得欠税。一般农民"天未光兮基畔立,露水干兮待桑摘。摘得柔桑二百斤,日斜西兮近黄昏。挑桑入市待价卖,市上无人桑叶枯"。"丝平桑贱家家哭，春蚕弃却果鱼腹；可怜鱼饱人自饥，饥儿膝下犹依依。昨朝犹有白粥吃，今日厨空火尽熄"。顺德农民的痛苦在他们这几句歌谣中已充分地表示出来。佃户求一天两餐粥还不可能，如何还得起租？地主在这种局面下，只是借减租的美名而使佃户负责保管田地。所减租额普通有50%。可是赤贫的佃户对着已荒的桑田，还要欠着一半的租，白白地负起一笔不能自拔的债项。

有些人提议将桑田改成禾田；但每亩改作的用费至少须25元，多的甚至50元，农具还不在内。何处去找这千余万现款？比较近情的话是将桑田改种杂粮的提议。一熟早稻，一熟小麦，也可以使农民过活。但地主是宁可减租，宁可答应欠租，而不许免租的。以现时顺德的租额减半计算，杂粮的全部收获还不足以去抵偿。

除掉顺德和附近一二县因为茧桑失败不得不减租以外，广东的租额在过去5年中显然地增加了。灾歉时候固有此折扣，普通讲来五年内广东的租额增加20%左右。据民国廿二年台山《县政年刊》（总务页三三），五年内该县上田每亩租价自20元增至30元，加了50%。台山本应能推行冬耕的农作法，农民因恐地主藉此加租都不敢尝试（《县政年刊》，特载页六）。近来因为华侨失业返乡，许多要抢种太公田；租额上升的趋势就更加急剧。例如番禺鸦湖村的耕地60%是尝田；近三年来因为华侨返自加拿大等地的要佃种尝田，租额就在这时期内加了66%。三年前每亩普通是12元，现时非20元不可。

最近税捐加重，也成了地主加租的一个理由。灵山第六区武利一带，每斗种田早晚二熟产20斗谷。因为现时税捐增加到正税只占全部税捐的1/3，地主将每亩上田的谷租自12斗改为15斗，中田的自10斗改为13斗，下田的也自8斗改为10斗。民国二十三年1月15至18日灵山第一次开行政会议，对于佃户所要求缓加租或少加租的折衷办法也没有给以援助。该县第六区的地主普通有4 000斗种田，最多有达万余斗种田的。1斗种田约合半亩的光景。这些大地主因为税捐关系对县府自然有相当势力的。

糖厂原是广东建设计划中最重要的一方面。可是当禾田改植糖蔗的时候，地主每每借口加租。因此糖厂附近的佃户，往往有收未增而租额已被加的。第一集团军军垦区第一制糖厂筹备处，设在惠阳的平潭地方。该厂于民国二十三年夏开始改制土糖；而二十二年冬惠阳县政府第65号布告（10月21日）已经说到这严重的田租问题。县府布告说："兹当推广植蔗，奖励生产时期，限平潭25里见方内，业主于四年内不许抬高租额。"

当然，抬高租额的责任不在佃户。从前士大夫们却将这个责任完全放在佃户肩上，光绪五年所刊《香山县志》（卷五，页十九）就说："民心诡诈，租多缺，大户乃变为期价。期价者，订租与期，先一年冬至输来岁租银。咸丰中红匪构乱，道梗谷翔涌，耕户大利，民俗亦侈靡。后谷贱租贵，侈风未衰，耕户大窘。窘则谋生之心急，竞高其价以图耕；盖冀幸于年之丰谷之贵也。利令智昏，不数年而村落萧然矣。耕户病而业户亦无由丰。仁让风息，职此之故。"实际，佃户无力还租，地主反将谷租改为预租；谷贱则佃户的收入减少，势必欠租，而租额又被提高。农民为生计所迫，都"竞高其价"地多缴田租，希图获得耕地。这样，"耕户"哪得不"病"！现今广东又到了"谷贱租贵"的时候；因为田权更是集中，农村中"竞高其价以图耕"的情形，已从租额不断地提高表现出来。

（二）税捐的繁重

广东绥靖委员公署政字第八零八号训令（廿二年四月）曾说："粤省近年以来，建设事业逐渐经营，人民负担亦日趋繁重。各区乡所设机关名目繁多，自为风气。每有巧立名目，恣意诛求。或则凭借威权，额外需索。苛抽勒派，层出不穷，致使缴纳地方之款项多于质税之正供。而地方事业略无成绩可指，徒供豪劣之私肥；此必须切实整顿，以谋生息者也。"这训令发出以后不到一个月，第一集团军总司令陈济棠又有东江韩江一带的视察。据他报告西南政务委员会："潮梅各县地方，其财政之来源，概括言之，约可分为附加税，生产税，过境税，派捐四种。推源办理此项税收之初，或因需要迫切，无暇审择。明知有妨产业之发展，或触犯重复征税之嫌疑及派摊不匀之弊害。而为急于集事起见，竟不顾一切颟顸行之。殊不知流弊所极，遂使土豪劣绅操纵把持，多一勒索之工具。济棠目睹斯弊，认为此项税捐不仅增重工农之负荷，亦且为制造土劣之根源。"从上面所引的训令和报告就可窥见税捐问题在广东的严重。

大部分的税捐在广东是包给商人或公司去征收的。开标包税的制度就是制造土劣和增加勒索的最妙机会。往往税商所收，数倍或十倍缴纳于政府的。现时不但省库所收的许多税捐是出包给商人或公司，并且各县的地方税也是如此。油行，麻行，猪栏行，鲜鱼行，鲜果行，咸鱼行等捐和京果海味捐，生猪出口捐，屠牛牛皮税，冬草菰腊鸭捐等完全由包税商人承办。有时几项税捐统归一个公司承办，例如在惠阳就有省税机关，称为"惠州区屠牛牛皮税生牛出口税兼生猪出口捐利源公司"。

中区绥靖委员香翰屏呈第一集团总司令部,曾说:"捐商每借口执行职务,维持税收,设立多数武装稽查或暗探等类,以为截缉走私漏税。此项稽查品流复杂,良莠不齐;动辄狐假虎威,横行乡曲。凌烁敲诈,层见叠出。各种捐商稽查等平日均着便服,并无何种识别。间或持有号带证章,俱不佩挂。不独人民无从辨认。即行政机关亦不能调查"(呈文登香港《中兴报》,二十二年12月18日)。实际上税收机关和行政机关已渐渐无甚分别;承包税捐的商人或公司每自用钤记,出告示,俨然有管理财政的气象。

对于税捐的征收,教育机关也有出布告的。拿乐昌来做一个实例。该县县立第一小学校于二十三年4月18日由校长徐整出面张贴了如下的布告:"为布告事,照得本校奉县府核准,抽收县市水陆花捐附加学费,历年办理在案。现据商人恒裕公司李宏钧呈称,愿遵照章程承办,前来本校复核无异。理应准予承办,仰各界人等一体知照可也。"

民国二十一年以来广东各县都设立区公所,镇公所和乡公所。农村里税捐的负担也都增加起来了。中山各区公所和乡公所的经费大部分靠着户口捐,田亩附加,瓜菜秤捐和沙伕工食费等等,也有靠海埠的收入的。海埠就是某乡某村附近的领海权。不论何人在这领域内捞获鱼虾,必须以廉价卖给该处的人民。剩余的鱼虾由商人收买运出,而纳海埠费给区公所或乡公所。有时区公所自有沙田,将田出卖而保留沙骨权。根据此权向买主每亩每熟取一斗谷,称为"沙谷"。"沙谷"就充作全部或一部分的公所经费。梅县各区公所的收入是赌馆捐,烟馆捐,庵庙捐,斋醮捐,婚证捐,中资捐,猪屠捐,等等。中资捐是田地买卖时所抽中人的捐。婚证捐乃指妇女再嫁时每人所纳六元的税。郁南各区公所依赖着屠牛屠猪的附加捐，鱼苗松杉鸡鸭等出口捐和按田亩抽谷的办法去开支一切（参阅广东西北区绥靖委员公署二十三年底刊物《元旦特号》）。第六区区公所的费用连警卫队每月须660元，完全是从田亩抽谷而得来的。台山的广海区公所每月经费约2 000元，9/10是取诸鱼税。每担鱼出口须捐区公所四毫。惠阳各区公所多抽农产品过境税，称为"查验费"；也有许多在墟集上办杂捐的，甚至每一百个鸡鸭蛋要纳税二三仙。

近年来公路的建筑固然便利了军事和交通，而农民所负筑路的重担在广东也和各省一样地很明显。番禺的梅田村于民国十七年时，每亩抽筑路费一毫；棠下村沿广增路左右各十里内，每人抽筑路费二元五毫。从石榴到新造的公路，以沿路各村每亩抽三毫作经费。从新造到市桥的以每一男丁收二元作筑路费。北山一村4/10的男子已离村往都会或国外，留村的男女每人要负担三元的筑路费。同番禺一样地负担公路捐的很多。例如英德每斗种田抽筑路费一元四毫，潮安每亩有筑路附加二元，高要第六区于民国二十年时每人抽过四元去充公路建筑费。从翁源到英德大坑口的翁大公路筑了四年，民国十七至二十一年，用去80余万元。这是由田赋附加15万，公路纸票25万，财主捐16万和1至50岁每人出一元的人头税等所凑合到的。民国二十二年又开征翁虔路捐，每斗种田须出一元二毫。而已筑成的翁大路上，农产品出口每50斤就要起征；每50斤的出口货税捐是半毫。

农田本身往往因为筑路而被牺牲了。全省的省县乡道合计约2万8千余里，所经地方收没许多农田；所给代价无不低于市价，并且有许多是无代价收用的。自惠阳的淡水墟至澳头，筑了30里的乡道；收用田亩以市价八折偿给。自广九路平湖站至淡水墟的县道，约长80里；收用了的田亩十之六是已耕地，十之三是可耕地，只十之一是山地。平淡路所收用的这些田地都以市价的一半偿给，但所偿给的只是本路的股票。本路虽然年有五六万光景的纯利，股票从未发过利息。最可怪的是，因筑公路而无代价地收没了的田亩还得继续纳粮缴捐。往往因小地主无从团结，呈请政府也不得要领，所以只好纳无地的粮，并且缴出不应当派到的一切税捐。韶州到矸石的公路，新造到石榴的公路，番从公路，禺北公路，由广州到鱼珠炮台的中山路，都有这样的情形。不但因为筑路而没收的田地还得纳粮缴捐，市府或县府或某某机关圈了田亩也一样地要地主和农民负担税捐。广州附近的石牌棠下等地方就是如此。

民国十七和十八两年建筑番禺到增城的公路时，路线左右各14里内各大小村庄分摊了各段的土方和泥工。许多沿路村庄里的父老召集族人在祠堂里开会，议决应付的各种办法。大多数地方是由祠堂公布了各家应出力的壮丁姓名。筑路是没有工资的；饭食由祠堂供给，祠堂用款不敷时还要各家分担。惠阳的平淡路是民国十九年至二十一年造成的，也是由各村分担了各段的工程。无论男女老少，每人要担任八尺路基的工作。因为女子和小孩不能做这样辛苦的工作，也有些壮丁因为农事太忙不上算去筑路，所以能够出钱的人们就每人出一元以代劳役。据说有十分之三的农户，因为实在无钱可出，被迫得去出力的。平淡路的工程进行中，农民每日做路工从清早八时起，直到晚间六时。民国二十二年夏季，南雄到信丰的公路也是征工造成的。每户征工4日至14日，看人口多少而决定。工作地段完全用抽签的办法去分配。往往要离家跑了数十里方能到工作地点。并且饭食也须自备。农民每天要挑担往返行数十里，又要自己料理饭食，做了整天的工而不能获得工资。公路建筑的影响到农业生产，实在太直接而明显了。有时它所给予农业的损失，和军队在农村拉夫一样。

加于农业成本的税捐，除劳役以外还有猪糠和豆麸等税。猪糠因税捐重而涨价，生猪因市场缩而跌价，民国二十二年11月时广州附近农民每有卖猪一头还不能抵偿猪糠的价格。豆麸每块的价格已从三元跌到一元六毫，而税捐须付五毫左右。汕头一个地方每年所抽豆麸捐就超过100万元。近年来外国肥料的施用，因为价格较贵，在广东已大见减少；可是，豆麸的税率还高过于外国肥料的。

关于农产品，可以说无货不捐。猪牛鸡鸭等等还可算是副产，米却是广东主要的农产。这项主要农产所负担的税率，各地都不一律。我们就拿产米最多的中山来观察，也能窥测这项税率的梗概。民国二十三年一月按石岐各米机的报告，中山的米每担价值六元；而其中税捐要占到一元。在第六区金斗湾附近，米税更须加重。中山全县年可产52万担米，即约80万担谷。4/10的谷是出口的，多运往江门和陈村一带；2/10的米是出口的，多运往九江和容奇等处。每年由金斗湾运往石岐的谷有1 000万斤，运往江门的谷也有这样多。财政厅虽然已免除了出口税，运米的拖船每只仍须缴"船头费"每次四元六毫。并且由金斗湾至石岐拖运米谷，以前每万斤只取价三元半，现时非七元不办。因为护沙分局局长自雇轮舟，强迫贩运者出此高价。实际金斗湾至石岐约100里，不过四小时路程，轮舟拖运米谷，每万斤只须成本三元罢了。

农田本身的税捐，各县各村也不一律。在惠阳每亩正税只是三毫八仙，附税和附加捐普通要在七毫以上。惠阳一亩的税率约在一元二毫至一元五毫之间。各区虽有催征委员，每区二人，县府虽有粮差二十余名，实收的田赋只是所纳的5%。全县有耕地约130万亩；而据财政局长吴恒山言，每年实收到的田赋还在九万元以下。惠阳田赋征收的弊端，可说是全省首屈一指的。但其他各县多少也有这样情形。

台山在民元以前上田每亩田赋共只四毫。现今中上之田每亩也须纳税一元六毫。合浦一斗种田约合半亩；在北部一斗种要纳田税一元一毫；在南部稍为低些，也要一元。所以合浦平均每亩约纳二元左右。潮安的田赋正额只是每亩四毫二仙。但加上警卫捐四毫半和公路捐二元等等，每亩就得纳三元。中山在最近两年内已升课两次，每年县府所收田赋的正额和附加已达700万元。坑田每亩纳一元余，沙田每亩纳三元余，均分两次缴足。坑田的正税只二毫四，加上更夫费三毫四和警卫费六毫，每亩共须一元一毫八。沙田每亩有护沙捐一元七毫半，沙捐三毫，更夫费三毫四，警卫捐六毫和正量二毫四，共三元二毫三。第九区有些地方，每亩还须出一毫作"碉楼费"。每亩三元二毫三的沙田税捐，由地主和佃户平半分担。可是，当沙匪勒索的时候（参阅《中山县县政季刊》，二十一年冬，页一九九），佃户还须出钱，名为自卫捐或黑票费。

中山的沙田佃户于7月和11月纳县府田赋的一半，计一元六毫，三月须付土匪开耕费三元，7月和11月又付土匪黑票费每次二元五毫；一亩沙田佃户的税捐负担多至九元六毫。又往往有临时派捐如公路电话等等，佃户所纳税捐每亩将近十元；加上15元的租额，每亩租税两种的负担便须25元左右。幸沙田需用肥料较少，每亩成本除工资外五元已足。可是，每亩总收入以前最多时不过40余元；照现时谷价，每亩只能得30元左右的总收入罢了。近二年来，沙区土匪渐被警卫队赶走；但所谓保护费者又将代黑票费而起。据九区业佃联合会代表黄开等称，该区警卫大队长曾勒抽保护费每亩八毫。农民也曾因拒绝而被拘30余人；大队长仍勒令照缴每亩八毫，另缴罚款四毫。

东江的揭阳每亩税捐也要九元。北江的英德每斗种田纳正税一元，田亩调查费六毫和附加筑路费一元四毫，共计三元。该处三斗三升种田合一亩；一亩的税捐就是九元九毫。西江的高要每亩正税只是三毫八，但加上各项附税和各项地方附加捐每亩竟要纳11元。高要田赋的高，在广东可算首屈一指。南路田赋的税率正在上升，还没有这样高。例如茂名一担租田民国二十一年缴纳一毫五，民国二十二年缴纳二毫八，民国二十三年要缴纳五毫的田税。三年间多了三倍。除南区一部分以外，茂名一担租田只是一亩的三分之一。所以现时每亩田在茂名的税率，普通是一元五毫。

番禺居于全省首县的地位，五年前每亩所纳的税捐平均不过半元；而现在已增加到将近一元半。五年间税率涨高了三倍的光景。兹列举十个代表村的田税如下：

农田税捐的增加
（番禺10个代表村，1928和1933）

代表村	每亩的税捐	
	民国十七年	民国二十二年
北村	0.50元	0.80元
沙亭	0.40	0.90

续表

代表村	每亩的税捐	
	民国十七年	民国二十二年
岗心	0.48	0.98
南圃	0.40	1.00
旧村	0.40	1.10
梅田	0.60	1.25
黄边	0.40	1.30
棠下	0.40	1.40
龙田	0.42	1.40
鼎隆	0.40	3.75
平均	0.44	1.39

近广州东郊的棠下，民国十五年时每亩纳税共三毫半。民国十七年加到四毫。民国二十一年加到七毫半。民国二十二年加到一元四毫。这样，七年间加了四倍，尤其是民国二十一年以后增高得更厉害。按现时谷价计算，每亩禾田的收入普通不过20元左右。田税要占到它的7%。

水田在高要，普通一亩要产早稻400斤和晚稻450斤。以谷价每百斤5元计算，一亩的收入有42元半。田税11元就占了收入的20%。这样的税率，假使再向上增高，必然地会促进田权的集中。梅县在康熙间，因为惮于征徭，农民"尽以其产归之士绅。故士绅皆坐获连阡广陌之利"（光绪《嘉应州志》，卷十三，页四三）。近年来陕西的汉中和关中好些地方已是如此；只怕广东的高要等县也快要有类似的倾向。

（三）商业资本和高利贷资本的剥削

农民伏处于这样的税捐和田租两重负担下，有许多要靠离村的家族或亲戚汇款回乡，才能维持生活；大部分的农民必须仰仗农产品的出卖勉强去度日。可是，最近三年来华侨的汇款已有一落千丈的情形，民国二十年香港、广州和汕头三处所收华侨汇款差不多有 1 万万元。现今只是十分之二三了。以前中山一县每年要收华侨汇款 3 000 余万，三年前还有 2 000 万光景，去年至多只是 200 余万。台山所得华侨汇款民国十九年时差不多有 4 000 万，现在也不过十分之一二罢了。梅县以前直接吸收华侨汇款年有 500 万，去年降为 200 万。潮安的银湖一村以前可得 20 万的华侨汇款，去年所得仅有 4 万。华侨失业的人数增加，广东农产品在南洋的市场也萎缩；农村和城市的购买力都降低，农产品的价格自然要跌落。而农民为应付租税和债务起见更必竞相出卖，以致农产品的价格愈是跌落。

潮安的鹳巢一村，每年出口的柑值 30 余万元。出口的十之三运往上海，十之七装赴南洋。因各处市场萎缩，柑苗的价格从每百颗二三十元跌至五六元。民国二十三年 1 月由广东运送出口的红柑，甜橙，香蕉，橘柚，甘蔗等类生果，比较前一年价格都是跌落十之四五。番禺，东莞，增城等地各大果园，许多因亏折而至于破产。沙区的果蔗田每亩成本约须 280 元；民国二十二年的收入忽由每亩四五百元跌落至 60 余元。这种果蔗田的租额还须付二三十元。

中山县谷价每担在 6 元以上，才可以维持每亩 10 元的田租。

以前石岐米机收买新谷每百斤价约 7 元，民国二十二年年底上谷每百斤只得四元二毫；次谷还要更贱四毫。茂名的谷价，民国二十二年年底每担不过 4 元，比前一年要少去一半。所以水东的米价也大跌，民国十七年至二十一年时每担约值 11 元，民国二十二年早季降为 7 元，晚季更降为五元五毫。往年由水东出口的谷米达 40 万元，去年只是 10 万元。廉江的谷在民国二十一至二十二年间每担有六元，后来一年以内竟跌至三元五毫。杂粮也随着米谷同时跌价。北江一带向来多产萝卜，薯芋和花生；因为价格跌到与运销的用费相等，只得随地弃置而任凭腐烂。最近 5 年来番禺的谷价跌去 36%；而花生也跌去 15%；芋头跌去 25%，番薯和萝卜跌去 50%（见附录 24）。

副业所出产的，它的价格更加跌得厉害。以广州的市价来说，民国二十二年 9 月生猪每担价格由 34 两跌至 28 两。同年 10 月跌至 24 两，11 月跌至 20 两，12 月竟跌至 15 两。农民常有卖猪而不能抵偿人工食用的。以前由水东运销江门的生猪每年值 260 万元，今只 80 万左右。鸡鸭鹅的价格自然同样地跌落。石岐市上今年年初比较去年年中，六个月以内鸡每斤由九毫跌至六毫；鸭每斤由五毫跌至三毫半；鹅每斤由七毫跌至四毫余。茂名以前每年有 60 余万元的鸡出口，三年来每年平均已不到 30 万。顺德南海等县的桑价固已跌得不够采摘的工资，这些地方主要的养鱼副业也是一落千丈。去年鲩鱼、大头鱼等类每担估价 25 元至 30 元。现仅值 18—19 元。鲮鱼每担只 12 元，还无人过问。农民简直对着那些活泼鲜跳的塘鱼而有啼笑皆非的感想。

因为要应付租，税或利息的缘故，农产的价格愈是跌落，逼得农民愈是要多卖而且快卖了他们的血汗的结晶。弄到他们不但要举债才可以再开始耕作,并且非投奔高利贷的门就不能暂时地过活。广东农户借债的,3/10是因为疾病,婚丧或其他临时的费用;7/10完全是因为食粮不足。所谓食粮普通也不过是番薯芋头等杂粮罢了。

据各方面的观察,广东农户中至少有65%是屈服于高利贷的。番禺十个代表村的统计,村户44%是负债的;而负债的农户占全体农户53%。实际这十个农村是富力中等而负债户数较少的。再据67村的调查,负债农户的百分数要高得多。小洲,水坑乡,大小龙乡三村负债农户占农户总数20%;员村和岳溪二村30%;鸦湖,赤山,柏塘,沙涌和月龙庄五村40%;凌边和桂田二村50%;坑头,圆下,沥滘,旧村和山门乡五村60%;尹边松柏冈,化龙乡,客村,旧市头,傍江,新桥,棠下和石马九村70%;湘冈,黄边,鹤边,土华,径子,坑村,潭山,岗心,山屋,曾边,眉山,五龙冈,江贝,石碁,北村,和双冈16村80%;木樨,科甲,梅田和西园四村85%;南圃,罗溪,彭边,赤沙,仑头,竹篙园,松冈,坑园,亨元,沙亭冈,白沙塘,大垴村,罗村,谢家庄,长沙垴,障冈,众径园和蚌湖18村的农户中90%是负债的。九比,涌口和杨冈三村差不多全数农户是负债的。这67村中有50村的负债农户数在70和70以上。换言之,番禺74%的农村,它们的负债农户百分数竟在70以上。西江流域其他各县负债的情形不甚清楚。可是通信调查的结果指示我们,云浮农户40%;新兴,台山和中山农户50%以上;顺德农户70%,都是负债的。

东江的兴宁,负债农户百分数有50,五华和龙川有60,惠来有65,平远有70,蕉岭有80,龙门有85。北江的连县和曲江,负债农户百分数有60;乐昌,阳山,乳源,英德和翁源负债农户百分数有 80。在南路的茂名，85%的农户是负债的。假使我们拿化县的 8 村，信宜的 10 村，电白的 22 村和茂名的 60 村，这境界相连的四县内 100 个农村来统计，我们就知道半数以上的农村有负债农户 60%以上。在化县的塘尾，信宜的金渠塘，电白的河瑯铺和茂名的茅中壁，负债农户 20%。化县的名教和那冰，信宜的茶山，电白的老屋和茂名的吕垌，兰石，塘口，坡尾，大坡，河山，石镜，祥堂，荔枝圩和酒铺园，负债农户有 30%。化县的长美公，信宜的茅甸和旺砂，电白的田公屋和茂名的茂坡，芹洲，石奎，大翰，谢鸡坡，丽珠垌，骊珠山，古柳坡和石鼓，大路山，负债农户有 40%。电白的文盛，木苏，官河，茂名的西村，霞地，荷垌，厦村，何谢，八角山，详和洞，小校庠，储良坡和杨群平山，负债农户有 50%。化县的茅山，电白的坡边，信宜的甘埔，览多，塘面和茂名的官岸，九罡，水边，清垌，水堂，东内，邦和，南华垌，负债农户有 60%。电白的长口湾，茂名的蓝田，竹山，山口，霞满，锦堂和大禄亨，负债农户有 70%。化县的高峰，信宜的龙湾，电白的古楼和新屋仔，茂名的低垌，亨堂，贺亨，车垌，田雅，桃杏和堂阁，负债农户有 80%。最可注意的是这四县内 100 村中，竟有 25 村的负债农户 90%以上。化县的那建和山尾，信宜的罗林和森林水，电白的那增，北照，尚唐，罗照，经理，坡心，大塘岭，楼阁堂，根基坑，山鸡窜和大塘美下，茂名的翰田，公塘，旭盾，良德，云吉，留驾，麻子坪和域莲塘，23 村的农户 90%是负债的。电白的求水庙和茂名兰溪负债农户 95%。可以说在茂名一带有 40%的农村，村内的负债农户超过 70%。

农户借债，冬季多借谷或借粮；春季下种时则多借钱。但近年来借现款的趋向很明显，钱债比粮债更是盛行。广东农村中钱债，普通月利为二分至三分；年利为二分上下。海南岛各县月利通行四分或五分。化县，茂名，大埔，揭阳和高明等县，许多农村里月利须要五分。中山的耕户向土豪借钱也有付月息五分的；到期不还清本利，禾稻就被债主割去作抵。茂名的乡间借款在二十元以下，月利多为五分。番禺沙区借钱百数十元的，月息普通是四分至六分。钱款年利二分以上的也很多。英德的金鱼水和筋竹尾两村年利为三分。新会的崖西京背年利四分，六区牛湾乡年利多至六分。信宜的茶山村年利为七分。吴川的黎村年利竟达十分。

借谷的利率普通在三分以上，大多以半年为期。超过这利率的也很多，略举几个实例如下：

县名	村名	半年期利%
陵水	广廊乡	50
吴川	殷底	60
电白	求水庙	60
五华	丁云洞口	60
云浮	乌猿径	80
曲江	麻洋	50
乐昌	楼下	50
信宜	茶山	70
茂名	域莲塘	70
新兴	白鸠洞下	100
恩平	大亨	100
台山	葫芦山	100

借钱还谷，利率更高。这个高利贷的办法在债主是放谷花；在债户是卖青苗或卖地灰。放谷花的地主，商人或富农对于谷价的估定，常常只是市价的1/3。茂名第四区西岸村，借债一元要在四个月后还本利四斗谷。四斗谷的市价超过了两元。乐昌和阳山等处放谷花的往往于阴历三月借出钱款，而于阴历六月收回本利。三元的债取谷一担。谷价每担五元的时候，贫农债户就要在三个月内以五元的货去还三元的债。

一般说来，全省高利贷的利率正在上升。顺德农民以前借贷较少于它县。他们彼此间互助的多，向地主富农举债的少，现在蚕桑业衰落，农民不能不去求"财主佬"借钱了。顺德的利息，一借就须算半年；利上加利，负债的农户更难以自拔。最近五年内利率有增高10%的，如电白的坡边和文盛；茂名的厦村和东内；新兴的白鸠洞。也有增高20%的，如信宜的石庆和龙湾。英德的塘墩和梅县的锦屏堡五年内利率增高40%。五年前台山的广海附近农村里月利只是八厘；现今因华侨汇款大减而月利高至二分，最低也须一分五厘。

当，按和押三种高利贷机关，在广东都要月利二分至三分。普通押以一年为满期，按以二年为满期，当以三年为满期。当因资本周转太慢，易遭损失，加以税捐叠增，难于应付，近年来各地都在减少。例如潮安城内，道光六年当有103户。70年以后光绪二十三年时，减至40户。今只剩下一户。光绪末年当税每年每户纳50两（见《海阳县志》，卷二三，页二二）；去年须纳180元。现有的典当无不压低当价或增高利率以图生存。广州湾典当已将月利提高至六分。可是，当和按仍然有减少的趋势，而押店则愈来愈多。农民当押棉胎的最多，其次是当押农具。据翁源广安押的主人兼该县商会会长刘绣廷君说，翁源农民当农具的比较三年前多了三倍。农村中大地主往往开设一种非正式的押店。例如广宁四乡就盛行这种高利贷。往往十元价格的物品只押二三元。期限由各人面商决定，月利十分至二十分，每月分二次付利。

广东的商业资本普通都和高利贷资本混合起来。谷栏，果栏，糖坊，猪行，种种商业机关兼着商业资本和高利贷资本双重的剥削。沙田的田租要在割禾前缴纳。税捐也往往在禾黄前征收。耕户只得向谷栏借钱以应付租税。因为租税如不纳完，耕户往往就不能割禾。割禾以后耕户将谷卖与谷栏。所借的本利就从谷价中扣除。五月底借钱纳租税，六月初即割禾，至迟于六月底还谷。借期虽只是一个月上下，而利息要算两个月；名义上月利三分，实际却付了月利六分。

广州蔗栏的放款办法更是奇妙。普通农户种果蔗有三四亩，成本至少需用三四百元。这样大的款项只有向蔗栏接洽，预先借用。可是，蔗栏并不完全出借现款，出借的大部分还是实物。春季种蔗时，蔗栏出借蔗种。一二月后再出借花生麸或花生壳等肥料。五月底缴预租时，方出借现款。秋季甘蔗已长大，须搭竹架以免大风的摧折，蔗栏又出借竹竿木撑等。秋季还须施一次肥，还须预缴一次租，有时付包工的工资还要用钱，也统归蔗栏出借。凡出借的实物，都折算成现款。折算往往高于市价一成。平均四个月借期要作八个月计算；名义上月利一分半而实际至少必须加倍。农民卖蔗给蔗栏又须付佣金3%—8%和杂费2%。杂费有时称为毫水。无论将蔗卖给谁家，放债的蔗栏总要收到它的佣金和杂费。并且蔗栏收蔗常有以上等货算作次等的。照这些形形色色的剥削看来，种蔗农民实际付给蔗栏的利息，比月利六分还要多呢。

潮安农村中常见汕头青果行派办手来收买柑花，柑粒或柑叶；都是先估价而出钱，然后尽量收柑以得利。柑贩或办手以借款形式于收柑前二三年即定价给农民，俗称为贩柑叶。青果行放债，名为月利一分至二分，实则常超过五分或六分。因为买柑花等所定价格，只等于市价的一半光景。汕头行家又往往和农村里有势力的人们合股办货。农村中称这种有势力的为"头家"。"头家"出资本十之二三，行家出十之七八。以三四千元的商业资本和高利贷资本竟要做到数万元柑的贸易。惠阳一带的糖坊贷款给农民，收蔗时就扣清本利。名义上月利二分，实际也决不止的。南路如茂名等处，农民向猪行借款必以生猪抵偿。借到的款只是生猪估价的一半；商人出卖生猪后，农民才能获得其余一半的估价。广州猪栏的贷款也是如此，名义上只取月利八厘至一分。

农产品如青苗，米谷，蚕桑，生果，猪，牛，当然不是农民投奔于高利贷门下的惟一抵押品。广东农民借债时，也常有以衣服，什物和住屋等作抵押的。拿农具作抵押的债户，差不多平均每村有几家。拿儿女作抵押的各县也都有。例如茂名乡间，十岁的女孩可押 40 元。南路大地主家中每每养婢女多至二十余；他们嫁女的时候随从婢女必有数人。这无非是些高利贷的牺牲品。农民有田地的，到了绝路也要拿它做借债的抵押。进一步简直就典当田地。梅县翁源等处常见全村一半的农户典当了他们的田地。典价普通只是地价的 50%—60%，很少是 80%—90%。在农民总希望有一天可以赎回，所以不愿立即断卖。谁知踏进了高利贷的墓门，往往一去不复返。广东农民的失地，70%—80% 都是先典后卖的。做抵押品的田地，到本利过期不还清时，照例就被债主没收。典出的田地过期不赎，也要断卖给债主。关于广东农民在高利贷中失去田地，还不曾有周详的调查。但据番禺十个村的统计，五年内农户典卖了 5% 的田地。潮安第二区东龙村每年失田地的农户要占农户总数 3%。高利贷对于拥有生产手段的小生产者有绝大的破坏能力。它活似生活在那些小农们的毛孔中，吸吮他们的血液，萎缩他们的心脏，逼得他们一天悲惨过一天地去从事农业的简单再生产。

三、生产力低落与农村劳动力

（一）农村工资的低落

从农村劳动力的消长的情形，可以很明显地观察农村生产力的或增或减。同时也可以看到当生产力下降的时候，劳动力就不能充分地被利用。在耕地缺乏而农业经营面积很小的广东，农民自家所耕的田亩每不能容纳所有的工作人口。据番禺十个代表村中 840 户的统计，17% 的工作人数是要出外做工的。出外当长工的自然都被富农雇去了。当散工的也有 68% 是被富农所雇佣的。只有 15% 的散工受雇于贫农（见附录 27）。因为贫农平均每户雇不到 5 个散工；平均每使用亩雇不到 1 个散工。而在富农，平均差不多每户要雇长工 1 个，散工 99 个；平均每使用亩所雇散工差不多有 4 个（见附录 28）。富农从事于生果种植的，更须多雇些长工和散工（见附录 29）。近两年来，生果的跌价和米谷的跌价给了富农很厉害的打击。所以农村工资也必然地要跟着跌落。

广东有许多地方，实物工资和货币工资还是并行的。西江下游和韩江的三角洲的农村工资多以钱支付；南路的农村有好些完全用谷去支付工资。就我们所得49县265村的通信调查来说，足有1/4的农村还可以见到实物工资的形式。现今不但钱的工资正在跌落，谷的工资也是如此。5年以内265村中工资增加的占30%，无甚变更的占38%，而显著减少的倒占了32%。例如茂名工资，以前普通每日四五毫；现今只是二三毫。又如台山的广海附近各村，4年前男散工每日工资一元二毫，今年只是八毫左右。番禺的棠下村民18年前闲工每日六毫，现跌至四毫；忙工在同时期内由一元八毫跌至八毫。民国二十一至二十二年间，电白的文盛村长工工资由14担谷降为10担。同时期内信宜的茶山和茅甸等村长工工资由十一二担谷降为八九担。

于此我们须注意的，广东农村中的工资原来就很低廉。化县的山尾村，长工全年工资向来是谷2石至13石；那建村4石至8石；长美公村5石至10石。电白的青山乡和木苏村长工向只取谷7石；文盛，北照和河瑯铺长工普通有10石；古楼村较多，年有12石。信宜的石庆村长工4石，茅甸村长工10石，茶山和罗林普通都是11石。茂名的麻子坪地方长工年取5石，石奎村5石，南涌6石，西岸8石，只有丽珠垌的长工每年可得谷20石。恩平的大亨村长工年有谷18石；惠阳的给谷的地方，长工得7石至12石；德庆的栗村长工只得6石。番禺沙田区域内于阴历六月割早稻时，散工每亩得谷11至12斤为工资。晚稻较早稻多产三分之一；阴历十月割禾时，每亩工资为20斤谷。插秧时，雇主很少有谷的；所以沙田插秧的工资每亩早晚二造共付七毫。按民国二十一至二十二年冬，谷价每石在南路是6元。长工所得2至20石的代价，也不过是12元至120元。民国二十二至二十三年冬，每石谷跌至3元半；长工的全年工资可以说已经跌到7至70元了。

往往在数里或十数里范围内，谷的工资竟会相差一倍或一倍以上。钱的工资也是如此。例如在番禺，以嘉禾市为中心点的几个村里，相距不过三四里，长工工资相差很多。黄边村的长工年得80元，彭边村的得130元。尹边村的得100元，鹤边村的得120元。很近的地方而工资有这样的差异，完全表示着劳动力没有联络而稳定的市场。这就是表示着生产力的停滞。

在生产力停滞而农村工资跌落的场合，雇农能否有获得耕地的希望，从他们的工资和当地田价的比例中可以观察出来。我们先拿番禺的农村做一个实例：

村名	长工全年工资	中等田每亩价格	村名	长工全年工资	中等田每亩价格	村名	长工全年工资	中等田每亩价格
梅田	70元	80元	岗心	90	140	潭山乡	70元	180元
五龙冈	50	90	曾边	100	150	客村	100	230
长沙㘵	90	100	赤沙	100	180	石碁乡	50	120
谢家庄	70	80	土华	120	150	九比	90	200
柏塘乡	50	60	坑围	120	200	北山	150	300
鸦岗	70	100	享元	70	100	仑头	120	240
双冈乡	70	80	沙涌	60	80	坑村	90	200
蚌湖	50	70	沥滘	160	270	径子	80	200
木榶	80	150	赤山乡	100	160	竹篙围	120	300
棠下	120	150	永宁	80	160			

长工固然有他的雇主供给膳缩，但他全年所得的工资还不够1亩中等田的价格。往往辛苦勤劳了整个年头，工资只是1亩田的一半价格。

和番禺有同样工资的各县，据调查所得，列举如下：

县名	长工普通工资	中等田每亩普通价格
惠阳	60元	100元
东莞	70	80
平远	50	60
龙川	60	70
梅县	200	400
五华	60	150
德庆	40	70
云浮	65	130
台山	70	200
中山	150	300（坑田）
阳江	100	200
阳春	60	80
佛冈	40	60
翁源	35	100
英德	50	120

在西江一带，长工工资有只等于中等田价1/3的。例如郁南工资40元，而中等田值120元。有只等于中等田价1/4的。例如鹤山工资50元，而田价须200元。高要的工资还要低些，长工年

得40元,而普通1亩中等田至少须值300元。在东江上游,和平的工价普通是1年20元,而中等田价普通是80元;兴宁的工价普通是1年40元,而中等田价普通是200元。

南路诸县的长工工资,除阳江阳春以外,普遍地更是低廉。

县名	普通工资	普通中等田价
惠江	30元	70元
吴川	40	120
信宜	30	90
化县	30	100
罗定	40	150

南路诸县许多的农村中,长工工价只是20元左右。给谷的时候,普通也只有六七石。一个壮丁把他所能得的工资全部存放起来,自己不花费什么零用,也不供给他的家庭,那么,还须积上一年,二年,三年,甚至于七年八年的工资才可以希望买进1亩中等的田。可是,仅仅种着1亩是不中用的。至少要有了5亩到7亩的禾田,才可以勉强养活一家。茂名第五区的凤村地方,以前1亩中等田值360元,现今虽已跌至150元,但长工的工价只有20元左右。凤村的雇农非积了7年的工资,不能希望1亩中等的田。同县的二区卓村地方,以前中等田价是450元,现今跌至240元。但长工工价不过30元,要积八年的工资方等于中等田1亩的价格。

华侨多的地方,田价更是昂贵。例如高要五区数年前1亩上田值千余元,现今还要500元。台山近年来房价地产虽然跌价,田价并未稍减。普通一亩须备价300元左右,多的甚至1 200元。

四五年内广海附近的田价又涨了二成。梅县田价几为全省第一。该县第三区南口堡等村里，1担上田现今非500元不可。按1亩合3担多计算，1亩田的价格竟达1 600元。广东的田价因为税捐繁重，米谷跌价，丝业衰落种种关系，固然有很多地方正在下降，但另有许多地方因为富贵的人们抢着收买，反而有上升的现象。

就拿合浦来做个实例。该县1斗种田合半亩稍弱。民国元年以前1斗种田只是15元。民国十年升至25元，民国十五年升至30元，到民国十八年已是35元。近五年来1斗种田的价格继续高涨；现今普通值40元，上田1斗种非50余元不可。尤其是罗成江下游的三角洲地方如沙岗，均安，乾体等处，三年内田价增加了50%以上。这三角洲地方1斗种田已是120元。合浦第五区南康一带的田价也有层层上升的趋势。这一区以内以前自耕农占到一半以上，现今因为出卖田地的增加，佃农已占农民全体十分之六七。合浦共52区，全县农户中自耕农户只有20%，佃户有70%以上，雇农差不多有10%。长工一年的工资给钱的普通在30元左右。谷的工资还不到30元的代价。工资这样地低田价又那样地涨，耕者有其田的希望，能否有实现的可能？据合浦廖云程县长说，罗成江三角洲和五区南康附近在最近数年内收买田产的，富商占十之二；军政界人物占十之八。

（二）妇女耕作的普遍

广东农村工资的低廉，更从妇女耕作的普遍可以见到。上面所说的长工，固然没有女子的份；普通地讲来，全省农村的散工中女子也许还要多过男子。据番禺十个代表村的统计，无论忙工或闲工,男工的工资总是较高于女工的(见附录 30)。我们又在这县内所调查到的 52 村中,知道非农忙时或闲工的工资女工平均只得二毫六;而男工平均可得四毫五。女工工资比男工工资,平均每工要少去一毫九。兹列举十余县的闲工工资的统计,可以证明女工工资的更加低廉不止番禺一县。

县名	男工闲工工资	女工闲工工资	女工工资对男工工资的百分比	县名	男工闲工工资	女工闲工工资	女工工资对男工工资的百分比
东江				西江			
				高要	6.0毫	4.0毫	67
惠阳	3.0毫	2.0毫	67	台山	8.0	5.6	70
梅县	5.9	3.7	62	新会	9.5	6.5	68
蕉岭	3.7	2.5	67	番禺	4.5	2.6	58
北江				南路			
英德	2.9	2.0	68	罗定	2.6	1.2	46
翁源	3.0	1.5	50	信宜	1.7	0.6	40
乐昌	3.6	2.3	64	钦县	3.5	2.5	71
				防城	2.0	1.0	50

广东农村中散工工资和长工工资一样地以南路为最低廉。在信宜,女工平均每个散工的工资只是六仙。电白的山鸡窜村,男工每日工资 150 文;女工 100 文。茂名的荔枝圩村,散工无论男女只备二餐饭食,不另给以工资。这样供饭食而不付工资的情形,在海南岛的定安,临高,陵水等县常可以见到。新会和台山的散工工资高过其他各县,大概是因为华侨提高了生活标准的缘故。

梅县华侨也是很多的,但梅县的妇女已代替了男子而成为主要耕作人员。因为妇女劳动的普遍,就使梅县农村中一般的工资更低于新会或台山。

梅县居民的祖先都是宋末和明末从中原迁移来的。因为"土瘠民贫,山多田少,男子谋生各抱四方之志;而家事多任之妇人。故乡村妇女耕田,采樵,缉麻,缝纫,中馈之事无不为之。自海禁大开,民之趋南洋者如鹜。始至为人雇佣;迟之又久,囊橐稍有余积,始能自为经纪。其近者或三四年,五七年,始一归家。其远者或10余年20余年始一归家。甚有童年而往,皓首而归者。当其出门之始,或上有衰亲,下有弱子;田园庐墓概责妇人为之经理。或妻为童养媳,未及成婚,迫于饥寒,遽出谋生者,往往有之。然而妇人在家,出则任田园樵苏之役,入则任中馈缝纫之事。乡中农忙时皆通力合作。插莳收割皆妇功为之。"(参阅光绪《嘉应州志》卷八,页五三至五五)

出梅城西门,沿着梅兴公路走去,就可看到一群一群挑担进城来的妇女。她们所挑的大多是三区所产的煤炭和从二区转运来的柿饼茶叶等货品。离开了公路走入山谷中,仍是一行一行挑担的妇女,挑着煤炭石灰之类上下于险峻的斜道。这些都是十岁到五十岁的妇女,每日挑行30里的山路至多赚到六毫工资。在田间工作的妇女,她们所得工资还要低些。整天地在农场上劳动,还不容易换取四毫的工价。第三区高断一带的村里,常见有枯了的稻根留在田间,而它的旁边就长着一行一行的青青麦苗。这完全因为妇女们工作太忙,没有时间去翻耕,就种了一些春麦。据当地的人们说,妇女们耕作所用的力量不大,所以不易得到深耕。久不深耕,农业自然要退化。东江上游和北江各县妇女耕作最普遍的地方，不能得到深耕已成了目前农业上严重的问题。

《舆地纪胜》引《寰宇记》言："龙川风俗，妇人为市；男子坐家。"《连平州志》："贫人多上山樵苏，负竿累累，如列行阵。"《长甯县志》说，信丰地方"户必力田，妇女皆耘获；虽绅衿家亦间有之"。就看东江下游如惠阳等县，妇女当散工的也差不多要占到全数的一半以上。韩江下游潮安，澄海和揭阳等县妇女，下田耕作的向来是很少；但近年来因为生产力降低，劳动力不值钱，廉价的妇女劳动也正在发展。潮安一带妇女挑水担的已逐渐增多，并且耕耘的女工现在也不是不能见到了。

西江的番禺一县，据我们调查到的72村来看，妇女劳动同样地很普遍。72村中妇女不参加工作的只是20村。有41村男女共同担任田间工作。番禺北部鸦湖和蚌湖等地方，华侨出资置田产给本家妇女耕种。这些地方的妇女已成为主要耕作人员，男工仅处于助理的地位。

据通信调查49县261村的结果，其中女子不参加耕作的只75村，不到三分之一。有15村妇女是主要耕作者；有6村全靠妇女来从事农业。妇女劳动固然不是广东农村所特有的现象，西南各省都很普遍，但广东生产力不足以充分地利用代价较贵的男工是值得大家注意的。

（三）壮丁的离村

农业生产力正在退化中，农户就不容易专靠农业去维持生活。番禺的统计很明显地指出，半数以上的农户必须兼当苦工，小贩，小店员，或出外当兵（见附录31）。担任这些兼业的，尤其多是贫农。因为贫农没有受教育的机会，所以不当苦工，小贩，小店员，或不出外当兵，而能兼着自由职业的贫农还不到2%。近五年来，富农和中农的户数减少，而贫农的户数同时增多（见附录32，33）。贫农数量增多了，他们获得生存的机会更是困难。他们求为雇农而不可得的时候，只有纯粹地脱离了耕作而专去当苦工，小兵，小贩，或小店员。因此我们也可以明白为什么非农民非地主的村户中有7/10以上操着这些职业（见附录34）。甚至于万难留在本村而不得不离村去找寻出路的时候，所能谋到的职业，大多数也无非是苦工，小兵，小贩，或小店员（见附录35）。工厂业比较发达的上海一带，离村的农民还很不容易跑进工厂，何况乎新式工业更加落后的广东？

关于农民离村情形，向来未曾举行专门的调查。调查起来也难得周到。姑且拿几个县的一般状况来观察。开平人口中约1/10是离村而又离国的；留在南洋的有1万以上，留在美洲的有2万以上。四会华侨也有2万余，大多在新嘉坡。台山华侨不下30万，35%留南洋；25%留美国；20%留加拿大；8%留澳洲；12%留在外国其他各地。北江方面，华侨比较少些，可是，离村农民一样地可以推测到的。例如翁源一县完全是农业地方，手工业也没有什么的；而它的人口在最近五年内减少了1/5，从15万降为12万。

东江惠阳的农民在最近20年内出外当兵，做侨民和到广州等处当苦力的，要占到全人口5%。惠阳第八区全体农民的1/10，都趁着农闲时赴香港做季工。兴宁梅县一带的人民向来多出外谋生的，俗语所谓"无兴不成市，无州不成衙"。近年来梅县出外的人们，足有2/3是变成商人了。梅县的华侨很多留南洋，差不多

7/10在荷属东印度群岛。据县政府民国二十年12月中统计,在梅县的人口中半数是参加耕作的。男子8%,女子65%都是农民。全县人口22%是出外谋生的。

韩江下游潮安地方,离村农民的众多不下于梅县。潮安第六区银湖一村的壮丁只2 000左右,出洋的在800以上。第七区华美村里的壮丁,据当地区长说,竟有7/10是出洋的。全县壮丁大约有2/10在南洋。每年从潮汕附近出国的华侨平均要在12万上下。

	男子	女子
居留本县的人口	本籍 171.912 客籍 4.650	本籍 205.819 客籍 1.198
出外谋生的人口	83.235	25.845

南路诸县的华侨也是很多;但离村农民无法出洋而在国内当兵的,南路的人数可算第一,淞沪抗日的十九路军,和其他中国军队一样,都是那些离村农民所编成的。这十九路军中,直鲁豫晋四省的人占不到十之一;湖南人在十之一以上;广东人差不多有十之八。在这些广东人中间,从北江小北江来的不过是1/10,东江韩江的不过是3/10,而来自高,雷,钦,廉,即所谓"下四府"的竟占到6/10。"下四府"的兵士尤以来自高州和雷州的较多。现今广东的军队中,许多军官固然是东江人,小兵的队伍里还是要算南路人最多。

农民离村的确数,因为没有周详的调查,很难知道。有些地方在最近五年内,因为谷贱丝贱,或因公路开通后大批挑夫的失业,离村的人数显然增加了。信宜的塘面村增加20%;览罗村增加5%。茂名的何谢村增加10%;良德,大坡,谢鸡坡,杨群平山等村增加20%；麻子坪村竟增加了50%。电白的坡心村增加6%。梅县的书坑村增加30%。蕉岭的石寨村增加40%。德庆的栗村也增加40%。台山的下川淡水坑，中山的斜排村，番禺的龙田，沙涌和傍江乡，都增加了10%。梅县六区湾下村20年来离村的人数增加20%。顺德的勒流乡，番禺七区罗溪乡和八区长沙坜，最近五年来离村的多了20%。

可是，有许多地方的离村人数，最近五年内不但没有增加，骤然间还要收容失业返国的华侨。自民国十九年的12月起，迄二十一年1月止，建设厅所设广州和汕头两个办事处共收容失业华侨6 975人。这些人里大多数是"资遣返乡"了。不经办事处而直接回乡的，当然更要来得多（参阅民国二十二年《台山县政年刊》，调查统计页49至51）。所以像潮安农村中，这两年来农民人数反而增加了1/5。广东的农村一面因为华侨汇款减去十之七八而更是急剧地贫穷化；一面又因为华侨返乡而更要增加许多无业的游民。人祸的能使经济组织解体，实在远胜于天灾。一般赤贫的人们往返地被驱逐于农村和都市之间，他们自身固已是破产的象征，农村经济和政治的崩溃也转被他们所促进。

广东离村的农民，自从嘉庆末年至光绪十九年薛福成奏请废止华侨出国之禁那时为止，80年间在贩运猪仔的制度下先后流落在国外的约有100万。他们正逢着美国西部有大批的耕地和矿山无代价地拨给人民去开拓，欧洲列强在南洋和南美各属地也有大批的产业开始经营起来，牺牲他们无工资的劳动力而策动了世界资本主义的发展。20世纪初年以后，资本主义国家就无须乎再利用华侨的血汗，并且渐渐地要驱逐他们回国。华侨，尤其是他们的祖先，感受着留居国外的不安，又痛心于国内的无以谋生，当然在他们的中间产生了很热烈的革命情绪。孙总理中山先生所以说，"华侨为革命之母"；"中华民国四字简直是华侨牺牲的代价"。

最近数月来，南洋的树胶和锡米，价格都已稍涨，工厂也已相继复工。为加工赶制而增多产量起见，华工又被招募前往。惟当地政府仍设法限制人数，例如星洲移民局不许华工于一个月内超过2 500人。因女工工资较男工低廉，女工的赴星洲也较被欢迎。男工须缴入口税，每人5元；自香港至星洲大舱位，须付70元。而女工则不但不必缴入口税，并且船费也可减半。现时往新嘉坡的华侨，女子人数就远过于男子。资本主义工业恐慌中整个生产力不能提高，不得不利用工资更加低廉的女工来延续它的生产。广东农村中妇女劳动的普遍，早就表示广东农村生产力的薄弱。

在壮丁被出卖为猪仔的场合，幼女也就有被出卖为猪花的。农村中五六岁女童的代价在广州附近只百数十元。收买者教养她们到十五六岁，再转卖给富家当侍妾，因此而获千金的利益；俗称为"槽猪花"。近年来"槽猪花"因为市场不好已不及旧时那样盛行。农村中出来的婢女的数量却蒸蒸日上。香港一个地方，注册的婢女有2 794名；未注册的还差不多有两万。潮汕一带要出卖的妇女太多，所以去年一年内价格大跌。以前十二三岁婢女卖价100至170元；现今连中人费也在内跌至60至130元。潮州称侍妾为"二人"，"二人"往往不可转卖。以前"二人"的价格普通是200至500元；现今跌至150元至300元。两年以来，潮安农村中被第三军的排长，连长，营长等收买去的妇女至少有四五百名。现今收买的能力低薄，所以出卖的妇女还不及出当的来得多。八岁至十岁的农村儿童往往以百元当出,去做十年的佣工。

劳动力在广东这样的低廉,这样的不值钱;可是,全省可耕而未耕的地还要占到陆地面积的15%。兵灾匪灾以后,已耕的田也有很多被荒弃而还不曾种植的;如徐闻,如合浦,如海丰,如惠阳,都有这样的情形。海丰第四区的梅陇和鲘门一带,荒田至少有千余担。惠阳经过了民国五年,民国九年,民国十一年等战役,全县荒田占到农田总数的20%。由稔山,平山,以至惠阳县城,沿途都可以看到许多荒田。有可耕的土地而不耕;有可用的人力而不用;香港,广州,汕头等处的银行银号中堆积着大量的货币资本而不能应用到农业生产上去。这便是农村生产关系与农村生产力的矛盾。耕地所有与耕地使用的背驰,乃是这个矛盾的根本原因。田租,税捐,利息的负担与生产力的背驰,充分地表现着这个矛盾正在演进。而农村劳动力的没有出路,更体现着这个矛盾的深刻。

我们明白了广东农村经济的矛盾的现象和矛盾的深刻的程度,并且晓得这个矛盾的根本原因,我们就要进而研究怎样可以去解除这个矛盾。解除了它,然后可以使可耕的土地尽量地开发,可用的人力合理地利用,可投放的资本大批地流转于农村。这样,农村的生产关系便能改善,而农村生产力也必然会提高。这样,中国今日的农村便不难从危机中挽救起来。

附 录

附录（1） 广东38县152村村户中自耕农，佃农和雇农底户数统计

县 名	调查村数	村户总数	农户数			
			自耕农	佃 农	雇 农	总 计
英 德	8	474	142	278	37	457
惠 阳	2	185	88	71	3	162
兴 宁	1	200	140	60	—	200
梅 县	2	275	183	80	12	275
蕉 岭	2	265	102	138	25	265
电 白	15	602	137	281	52	470
信 宜	6	648	126	339	79	544
茂 名	43	3 191	884	1 639	242	2 765
阳 江	2	129	70	22	16	108
云 浮	2	100	20	80	—	100
罗 定	3	2 900	1 070	720	405	2 195
新 兴	1	30	10	20	—	30
高 要	2	1 550	485	545	240	1 270
德 庆	2	290	120	110	50	280
鹤 山	1	1 500	100	1 300	—	1 400
顺 德	5	3 150	295	1 983	300	2 578
中 山	6	1 875	435	1 009	61	1 505
台 山	12	1 224	224	737	63	1 024

续表

县　名	调查村数	村户总数	农户数			
			自耕农	佃　农	雇　农	总　计
吴　川	2	137	73	20	25	118
儋　县	1	100	100	—	—	100
琼　东	1	50	40	7	3	50
澄　迈	1	100	60	6	4	70
定　安	1	145	75	30	30	135
临　高	1	380	260	80	40	380
乐　会	1	115	95	12	3	110
琼　山	1	50	49	1	—	50
化　县	7	859	113	482	69	664
曲　江	3	798	161	377	60	598
翁　源	2	870	182	472	116	770
南　雄	1	42	10	25	7	42
仁　化	2	116	9	101	6	116
五　华	2	175	42	89	10	141
平　远	1	550	120	320	10	450
乐　昌	4	427	249	122	17	388
乳　源	1	125	12	102	11	125
连　县	1	600	420	85	35	540
开　平	1	224	112	80	5	197
广　宁	3	325	27	190	108	325
38县总计	152	24 776	6 840	12 013	2 144	20 997

续表

县　名	调查村数	村户总数	农户数			
			自耕农	佃农	雇农	总计
38县各类农户数对农户总数%			32.6%	57.2%	10.2%	—
38县农户总数对村户总数%			84.7%			

附录（2） 番禺69村村户中自耕农，佃农和雇农底户数统计

村　名	村户总数	农户数			
		自耕农	佃农	雇农	总计
南浦三乡	150	8	95	2	105
神　山	450	22	406	—	428
罗　溪	160	—	150	—	150
老鸦岗	770	—	462	—	462
杨梅岗	72	—	13	—	13
湘　岗	130	8	96	—	104
黄　边	108	21	53	20	94
尹　边	93	—	88	—	88
员　村	45	15	20	5	40
鹤　边	150	10	78	12	100
彭　边	200	25	105	50	180
北　山	140	20	58	6	84
赤　沙	256	14	210	22	246
土　华	300	30	240	30	300

续表

村 名	村户总数	农户数			
		自耕农	佃 农	雇 农	总 计
仑 头	300	40	100	140	280
小 洲	420	88	235	13	336
龙 田	70	5	44	—	49
竹篙园	57	10	30	6	46
松柏冈	26	2	22	—	24
松 冈	27	—	27	—	27
迳 子	50	30	10	2	42
坑 村	300	200*	90	10	300
坑 圃	100	8	80	6	94
亨 元	200	4	115	1	120
官桥乡旧村	137	25	60	—	112
山门乡	350	30	250	20	300
岳溪乡	300	10	50	—	60
潭 山	800	144	331	5	480
凌 边	350	74	171	—	245
岗 心	70	—	53	—	53
化 龙	600	25	295	30	350
山 屋	75	—	16	—	16
曾 边	200	8	167	5	180
眉山（苏坑）	88	5	80	—	85

续表

村 名	村户总数	农户数			
		自耕农	佃 农	雇 农	总 计
沙亭岗	119	7	105	2	114
白沙塘	230	3	212	—	215
大㙟垯	70	—	70	—	70
罗 村	160	5	149	—	154
谢家庄	240	20	200	—	220
西园村	62	5	45	12	62
梅 田	170	16	121	8	145
五龙冈	280	28	168	84	280
长沙㘵	130	20	100	10	130
障 冈	85	2	28	10	40
众迳园	22	1	18	3	22
沙 涌	716	50	333	257	640
石 碁	2 400	300	600	300	1 200
傍江乡	1 100	33	363	264	660
新 桥	750	10	430	160	600
大小龙乡	1 500	15	1 308	147	1 470
桂 田	127	96	18	6	120
客 村	254	45	161	20	226
旧市头	60	14	37	3	54
江 贝	105	10	60	10	80
沥 滘	1 400	40	896	184	1 120

续表

村　名	村户总数	农户数			
		自耕农	佃　农	雇　农	总　计
坑头（永宁）	450	60	168	52	280
水　坑	200	30	100	20	150
棠　下	110	8	75	15	98
北　村	400	40	320	40	400
蚌　湖	4 065	—	3 590	10	3 600
圆　下	300	30	210	30	270
柏　塘	140	13	110	7	130
赤　山	1 300	100	350	50	500
木　榍	243	80	80	20	180
涌　口	370	—	360	—	360
九　比	42	—	27	15	42
双　冈	436	80	260	10	350
石　马	1 121	390	515	70	975
月龙庄	270	104	156	—	260
69村总计	26 971	2 563	16 043	2 204	20 810
69村各类农户对农户总数%		12.3%	77.4%	10.6%	—
69村农户总数对村户总数%		77.2%			
*坑村200户自耕农所有土地大都是住宅周围的果园，其中只3—4户有禾田。					

附录（3） 番禺 10 代表村中无地农户的成数
（1933）

村　别	农户总数	无地农户户数			无地农户对全体农户的%
		雇　农	其他无地农户	合　计	
梅　田	148	10	97	107	72.3
南　浦	105	0	70	70	66.7
鼎隆坊	87	16	36	52	59.8
沙亭冈	114	2	64	66	59.5
北　山	73	10	29	39	53.4
桂　田	60	10	18	28	46.7
龙　田	95	20	23	43	45.3
岗　心	52	7	14	21	40.4
旧　村	105	4	26	30	28.6
黄　边	84	4	20	24	28.6
总　计	923	83	397	480	52.0

附录（4） 各类农户中无地农户统计
（番禺 10 代表村；1928 和 1933）

类　别	总户数		无地户数		无地户数对总户数的%	
	1928	1933	1928	1933	1928	1933
富　农	109	107	20	19	18.3	17.8
中　农	202	193	58	52	28.7	26.9
贫　农	493	540	286	326	58.0	60.4
雇　农	82	83	82	83	100.0	100.0
全体农户合计	886	923	446	480	50.3	52.0

附录（5） 各类农户自耕租种比较
（番禺10代表村；1928和1933）

类别	自耕户数		百分比		租种户数		百分比	
	1928	1933	1928	1933	1928	1933	1928	1933
富 农	55	57	50.5	53.3	54	50	49.5	46.7
中 农	75	75	37.1	38.9	127	118	62.9	61.1
贫 农	116	117	23.5	21.7	377	423	76.5	78.3
合 计	246	249	30.6	29.6	558	591	69.4	70.4

附录（6） 各类农户自田租田比较
（番禺10代表村；1928和1933）

类别	自田亩数		百分比		租田亩数		百分比	
	1928	1933	1928	1933	1928	1933	1928	1933
富 农	1 182.2	1 115.5	40.8	40.8	1 712.1	1 617.5	59.2	59.2
中 农	748.5	673.0	30.3	29.7	1 719.5	1 594.3	69.7	70.3
贫 农	509.8	525.0	18.1	17.2	2 306.2	2 530.7	81.9	82.8
合 计	2 440.5	2 313.5	29.8	28.7	5 737.8	5 742.5	70.2	71.3

附录（7） 各类农户自田租田比较
（番禺8村*；1928和1933）

类别	自田亩数		百分比		租田亩数		百分比	
	1928	1933	1928	1933	1928	1933	1928	1933
富 农	1 043.2	958.8	38.3	37.9	1 679.1	1 570.0	61.7	62.7
中 农	665.6	603.1	28.3	27.8	1 682.7	1 567.2	71.7	72.2
贫 农	415.1	436.2	16.1	15.5	2 167.0	2 387.1	83.9	84.5
合 计	2 123.9	1 998.1	27.8	26.6	5 528.8	5 524.3	72.2	73.4

* 龙田桂田二村除外。

附录（8） 各类农户租进田地比较
（番禺——旧村岗心村；1933）

类 别	水 田		旱 地	
	亩 数	%	亩 数	%
富 农	37.0	35.6	67.0	64.4
中 农	240.5	68.5	110.8	31.5
贫 农	316.3	60.2	209.2	39.8
合 计	593.8	60.5	387.0	39.5

附录（9） 各类农户所有田亩底比较
（番禺10代表村；1933）

类 别	户 数	所有亩数	户数%	所有亩数%
雇 农	83	—	9.0	—
贫 农	540	540.5	58.5	22.1
中 农	193	689.8	20.9	28.3
富 农	107	1 212.0	11.6	49.6
总 计	923	2 442.3	100.0	100.0

附录（10） 各类农户所有耕地分段统计
（番禺10代表村；1933）

类 别		0亩	0.1—5.0	5.1—10.0	10.1—20.0	20.1—30.0	30.1—50.0	50亩以上	合 计
富农	户 数	19	27	27	17	8	5	4	107
	百分比	17.8	25.2	25.2	15.9	7.5	4.7	3.7	100.0
中农	户 数	52	96	35	10	—	—	—	193
	百分比	27.0	49.7	18.1	5.2	—	—	—	100.0

续表

类别		0亩	0.1—5.0	5.1—10.0	10.1—20.0	20.1—30.0	30.1—50.0	50亩以上	合计
贫农	户数	326	193	18	3	—	—	—	540
	百分比	60.4	35.7	3.3	0.6	—	—	—	100.0
雇农	户数	83	—	—	—	—	—	—	83
	百分比	100.0	—	—	—	—	—	—	100.0
合计	户数	480	316	80	30	8	5	4	923
	百分比	52.0	34.2	8.7	3.3	0.9	0.5	0.4	100.0

附录（11） 各类农户平均每户所有亩数
（番禺10代表村；1933）

类别	所有亩数	户数	平均每户所有亩数
贫农及雇农	540.5	623	0.87
中农	689.8	193	3.57
富农	1 212.0	107	11.33
总计	2442.3	923	2.65

附录（12） 5年间各类农户平均每户所有亩数比较
（番禺10代表村；1928和1933）

类别	平均每户所有亩数		1933年指数（1928=100）
	1928	1933	
贫农及雇农	0.91	0.87	95.6
中农	3.79	3.57	94.2
富农	11.83	11.33	95.8

附录（13） 各类农户使用田亩底比较
（番禺10代表村；1933）

类　别	户　数	使用亩数	户数%	使用亩数%
贫　农	540	3 055.7	64.3	37.9
中　农	193	2 267.3	23.0	28.2
富　农	107	2 733.0	12.7	33.9
总　计	840	8 056.0	100.0	100.0

附录（14） 各类农户使用耕地分段统计
（番禺10代表村；1933）

类别		0.1—5.0亩	5.1—10.0	10.1—20.0	20.1—30.0	30.1—50.0	50.1—100.0	100亩以上	合计
富农	户数	8	21	26	24	18	8	2	107
	百分比	7.5	19.6	24.3	22.4	16.8	7.5	1.9	100.0
中农	户数	36	66	71	16	4	—	—	193
	百分比	18.6	34.2	36.8	8.3	2.1	—	—	100.0
贫农	户数	320	156	53	8	3	—	—	540
	百分比	59.3	8.9	9.8	1.5	0.5	—	—	100.0
合计	户数	364	243	150	48	25	8	2	840
	百分比	43.3	28.9	17.9	5.7	3.0	1.0	0.2	100.0

附录（15） 各类农户平均每户使用亩数
（番禺10代表村；1933）

类　别	使用亩数	户　数	平均每户使用亩数
贫　农	3 055.7	540	5.7
中　农	2 267.3	193	11.7

续表

类别	使用亩数	户数	平均每户使用亩数
富 农	2 733.0	107	25.5
总 计	8 056.3	840	9.6

附录（16） 各村全体农户所种作物分类统计
（番禺 10 代表村；1933）

村别	稻		杂粮		生果		蔬菜	
	亩数	百分比	亩数	百分比	亩数	百分比	亩数	百分比
南 浦	1 378.4	98.9	15.0	1.1	—	—	—	—
梅 田	864.8	77.4	250.9	22.5	—	—	1.0	0.1
鼎隆坊	488.5	76.9	135.0	21.2	—	—	12.0	1.9
沙亭冈	875.9	74.3	289.2	24.5	—	—	14.5	1.2
旧 村	709.9	66.6	340.0	31.9	0.6	0.1	15.4	1.4
黄 边	395.6	63.1	63.9	10.2	125.3	20.0	41.7	6.7
桂 田	95.5	46.3	12.2	5.8	15.7	7.6	83.1	40.3
岗 心	176.6	40.6	251.5	57.9	1.4	0.3	5.0	1.2
北 山	404.8	37.8	—	—	665.5	62.2	—	—
龙 田	89.8	27.5	—	—	237.3	72.5	—	—
10村合计	5 479.8	68.0	1 357.7	1.9	1 045.8	13.0	172.7	2.1

附录（17） 各类农户所种作物分类统计
（番禺 10 代表村；1933）

类别	使用田亩总数	稻		杂粮		生果		蔬菜	
		亩数	%	亩数	%	亩数	%	亩数	%
富农	2 733.0	1 788.0	65.4	234.1	8.6	672.4	24.6	38.5	1.4

续表

类别	使用田亩总数	稻		杂粮		生果		蔬菜	
		亩数	%	亩数	%	亩数	%	亩数	%
中 农	2 267.3	1 599.9	70.6	446.1	19.7	182.0	8.0	39.1	1.7
贫 农	3 055.7	2 091.9	68.4	677.3	22.2	191.4	6.3	95.1	3.1
合 计	8 056.0	5 479.8	68.0	1 357.7	16.9	1 045.8	13.0	172.7	2.1

附录（18） 各类农户平均每人所有亩数
（番禺 10 代表村；1933）

类 别	所有亩数	人 数	平均每人所有亩数
贫农及雇农	540.5	2 928	0.18
中 农	689.8	944	0.73
富 农	1 212.0	692	1.75
总 计	2 442.3	4 564	0.52

附录（19） 各类农户平均每人使用亩数
（番禺 10 代表村；1933）

类 别	使用亩数	人 数	平均每人使用亩数
贫 农	3 055.7	2 686	1.14
中 农	2 267.3	944	2.40
富 农	2 733.0	692	3.95
总 计	8 056.0	4 322	1.86

附录（20） 各类村户户数底比较
（番禺 10 代表村；1933）

类 别	户 数	对总户数的%
地 主*	35	2.9

续表

类别	户数	对总户数的%
富农	107	8.8
中农	193	16.0
贫农	540	44.7
雇农	83	6.9
其他村户	251	20.7
总计	1 200	100.0

* 村内私人地主

附录（21） 地主及各类农户所有田地比较
（番禺——旧村，岗心村；1933）

类别	水田		旱田	
	亩数	%	亩数	%
地主	94.1*	61.3	59.5*	38.7
富农	77.0	63.0	45.3	37.0
中农	115.8	53.6	100.0	46.4
贫农	78.8	37.3	132.5	62.7
合计	365.7	52.0	337.3	48.0

* 地主行内田地亩数只是指本村私人地主所有田地，不包括集团地主和村外地主所有的。

附录（22） 稻作村和纯粹商品作物村底田租形式
（番禺8代表村；1933）

村　别	租入田亩总数	纳谷租的		纳钱租的	
		亩　数	百分比	亩　数	百分比
四个稻作村	3 459.1	1 802.2	52.1	1 656.9	47.9
四个纯粹商品作物村	1 254.8	44.9	3.6	1 209.9	96.4
合　计	4 713.9	1 847.1	39.2	2 866.8	60.8

注：四个稻作村：南浦，梅田，鼎隆坊，沙亭冈；
　　四个纯粹商品作物村：龙田，北山，岗心，桂田。

附录（23） 各类农户所纳田租形式
（番禺10村；1933）

类　别	租入田亩总数	纳谷租的		纳钱租的	
		亩　数	%	亩　数	%
富　农	1 617.5	273.0	16.9	1 344.5	83.1
中　农	1 594.3	732.2	45.9	862.1	54.1
贫　农	2 530.7	1 281.9	50.7	1 248.8	49.3
合　计	5 742.5	2 287.1	39.8	3 455.4	60.2

附录（24） 5年间各种农产价格底比较
（番禺10代表村；1928和1933）

类　别	价　格		1933的指数（1928=100）
	1928	1933	
谷	7.00	4.50	64
花　生	5.20	4.40	85
番　薯	1.60	0.80	50

续表

类别	价格		1933 的指数
	1928	1933	(1928=100)
芋 头	2.00	1.50	75
萝 卜	1.00	0.50	50

附录（25） 各类村户负债统计
（番禺 10 代表村；1933）

项 目	地 主	农 户					其他村户	总 计
		富农	中农	贫农	雇农	合计		
总户数	35	107	193	540	83	923	251	1 209
负债户数	2	52	102	318	19	491	38	531
负债户数对总户数的百分比	5.7	48.6	52.8	58.9	22.9	53.2	15.1	43.9
负债总额	700	23 904	19 810	53 354	1 592	98 660	5 313	104 673
平均每户负债数额	20.0	223.4	102.6	98.8	19.2	106.9	21.2	86.6

附录（26） 5 年间各类农户田权典卖底比较
（番禺 10 代表村；1928 至 1933）

类 别	1928 所有亩数	5 年间典出卖出亩数	对 1928 所有亩数的%
贫 农	521.8	28.1	5.4
中 农	765.3	27.4	3.6
富 农	1 289.2	62.0	4.8
总 计	2 576.3	117.5	4.6

附录（27） 各类农户雇工数底比较（Ⅰ）
（番禺10代表村；1933）

类　别	户数%	所雇散工数%	所雇长工数%
贫　农	64.3	15.2	—
中　农	23.0	16.5	—
富　农	12.7	68.3	100.0
总　计	100.0	100.0	100.0

附录（28） 各类农户雇工数底比较（Ⅱ）
（番禺10代表村；1933）

类别	户数	使用亩数	所雇散工数	所雇长工数	平均每户所雇散工数	平均每使用亩所雇散工数	平均每户所雇长工
贫农	540	3 055.7	2 355	—	4.4	0.8	—
中农	193	2 267.3	2 192	—	11.4	1.0	—
富农	107	2 733.0	10 585	76	98.9	3.9	0.7
总计	840	8 056.0	15 132	76	16.1	1.9	0.1

附录（29） 稻作区域和生果区域雇工比较
（番禺5村；1933）

类　别	平均每户雇佣散工工数		平均每亩使用散工工数		平均每户雇佣长工人数	
	Ⅰ*	Ⅱ*	Ⅰ	Ⅱ	Ⅰ	Ⅱ
富　农	68.8	151.0	2.49	5.41	0.17	1.61
中　农	17.0	19.4	1.24	2.86	—	—
贫　农	6.9	2.2	1.06	0.77	—	—
合　计	16.1	44.2	1.55	4.36	0.02	0.42

* Ⅰ　三个稻作村——梅田；南浦；沙亭冈。
* Ⅱ　二个生果村——北山；龙田。

附录（30） 男女工工资底比较
（番禺 10 代表村；1933）

类别		工资		
		最低	最高	平均
长 工		60.0 元	160.0 元	100.0 元
忙工	男	0.5	1.8	1.0
	女	0.3	0.8	0.6
闲工	男	0.3	0.8	0.5
	女	0.2	0.4	0.3

附录（31） 番禺 10 代表村地主及各类农户底兼业底分析
（1933）

类别	兼业户数	兼当工人小兵小贩小店员者		兼自由职业者		兼事工商军政者	
		户数	对兼业总户数的%	户数	对兼业总户数的%	户数	对兼业总户数的%
地 主	15	7	46.7	6	40.0	2	13.3
富 农	62	50	80.7	11	17.7	1	1.6
中 农	107	103	96.3	4	3.7	—	—
贫 农	350	344	98.3	6	1.7	—	—
雇 农	54	54	100.0	—	—	—	—
总 数	588	558	94.9	27	4.6	3	0.5

附录（32） 5年间各类村户经济地位的变迁
（番禺10代表村；1928—1933）

类别		1933年各类村户数								因分家而增加之户数
		地主	富农	中农	贫农	雇农	其他	离村	总计	
		35	107	193	540	83	251			
1928年各类地户数	来村						1		1	
	其他	252	3	2	4	23	2	223		257	5
	雇农	82				4	73	3	2	82	
	贫农	493		1	2	480	6	13	1	503	10
	中农	202		8	170	29		2		218	16
	富农	109	4	95	16	4		2		121	12
	地主	30	28	1	1					30	

注意：表内在斜线上各数字表示5年间经济地位并无变动的户数；斜线以上各数字表示经济地位已经上升的户数；斜线以下各数字表示经济地位已经下降的户数。但所谓"其他村户"无上升下降的分别，故应在此例外。

附录（33） 5年间各类村户户数的比较
（番禺10代表村；1928和1933）

类别	1928的%	1933的%	1933的指数（1928=100）
地　主	2.6	2.9	111.5
富　农	9.3	8.8	94.6
中　农	17.3	16.0	92.5
贫　农	42.2	44.7	105.9
雇　农	7.0	6.9	98.6
其　他	21.6	20.7	95.8
总　计	100.0	100.0	—

附录（34） 番禺 10 代表村中非农民地主的村户底职业分析
（1933）

类　别	户　数	对总户数的%
当工人小兵小贩小店员者	177	72.2
当自由职业者	45	18.4
从事工商军政者	23	9.4
总　计	245*	100.0

*此外尚有 6 户职业不详

附录（35） 番禺 10 代表村中离村人家底现今职业分析
（就所调查到的在近 20 年内离去的）

类　别	户　数	对总户数的%
当工人小兵小贩小店员者	57	69.5
当自由职业者	25	30.5
从事工商军政者	—	—
总　计	82	100.0

（录自中国社会科学院科研局编写：《陈翰笙集》，北京：中国社会科学出版社 2002 年版，第 60—120 页；并结合单行本，中山文化教育馆出版 1934 年版）

图书在版编目（CIP）数据

现代中国的土地问题：陈翰笙土地制度研究文集 / 陈翰笙著；孟庆延编. —北京：商务印书馆，2021
（百年中国社会学丛书）
ISBN 978-7-100-20229-9

Ⅰ.①现… Ⅱ.①陈… ②孟… Ⅲ.①土地问题—研究—中国—现代 Ⅳ.① F321.1

中国版本图书馆 CIP 数据核字（2021）第 151684 号

权利保留，侵权必究。

百年中国社会学丛书
现代中国的土地问题
陈翰笙土地制度研究文集
陈翰笙　著
孟庆延　编

商　务　印　书　馆　出　版
（北京王府井大街36号　邮政编码100710）
商　务　印　书　馆　发　行
南　京　鸿　图　印　务　有　限　公　司　印　刷
ISBN 978-7-100-20229-9

2021年12月第1版　　开本 880×1240 1/32
2021年12月第1次印刷　印张 11¾

定价：60.00 元